甲午之殇

徐丽卿 著

中共中央党校出版社

图书在版编目（CIP）数据

甲午之鉴/徐丽卿著．--北京：中共中央党校出版社，2022.1

ISBN 978-7-5035-7218-0

Ⅰ.①甲… Ⅱ.①徐… Ⅲ.①中日甲午战争-研究 Ⅳ.①K256.307

中国版本图书馆CIP数据核字（2021）第229030号

甲午之鉴

策划统筹 曾忆梦
责任编辑 边梦飞
责任印制 陈梦楠
责任校对 王 微
供　　图 甲午战争博物馆
出版发行 中共中央党校出版社
地　　址 北京市海淀区长春桥路6号
电　　话 （010）68922815（总编室）　（010）68922233（发行部）
传　　真 （010）68922814
经　　销 全国新华书店
印　　刷 中煤（北京）印务有限公司
开　　本 710毫米×1000毫米 1/16
字　　数 195千字
印　　张 18.5
版　　次 2022年1月第1版　2022年1月第1次印刷
定　　价 48.00元

微 信 ID：中共中央党校出版社　**邮　箱**：zydxcbs2018@163.com

前言

1894年7月25日至1895年4月17日，甲午战争爆发。甲午战争影响深远，它给中华民族带来了深重的灾难，极大地改变了近代中国的命运，也改变了东亚甚至整个世界的格局。120多年来，我们对这场战争的反思和总结从未停止，每念及此，悲怆莫名。

有学者认为，甲午战争是近代中国历史的一个分水岭。从鸦片战争开始，半个多世纪的时间里，中华民族先后经历了第二次鸦片战争、甲午战争、八国联军侵华战争……屡战屡败，由一个强盛帝国一步步沦为半殖民地半封建国家，一步步跌入历史的谷底。甲午战争是这个过程中至关重要的转折点，甲午之败使大清朝野上下的自信自尊丧失殆尽，清政府的独立财政基本破产，中国向近代化的自然演进失去了物质基础和历史机遇；同时，之前30多年体制不变、相对平和的学习西方模式到此终止，“中学为体、西学为用”成为历史陈迹。此后，中国开始了各种尝试，变法、宪政、共和、民主、议会制、多党制、自由主义、社会达尔文主义……短短几十年，几乎人类历史上一切先进的体制都在中华大地上轮流登场。

历史不是简单逻辑的产物，它为什么走成这样而不是那样，是众多复杂因素互相影响、博弈运行的结果。站在甲午战争的历史节点往前追溯，往后推演，我们看到众多的人物、事件交织在一起，呈现出众多偶然性和偶然中蕴藏的必然性。甲午战争因何而起、中国因何失败？甲午国殇，“殇”在哪？历史镜鉴，如何鉴？弄清这些问题，才能避免重蹈历史的覆辙。

本书通过回望这段历史，力图在零散的、片断式的、偶然必然杂陈的故事和人物中删繁就简，找到带有规律性的、能够影响和决定社会发展的必然因素。总结并揭示这种必然性，有利于我们展开对未来的思考与把握，也为我们党在新时代更好地执政提供理性参考。

目录

第一章 甲午战争概述

一、甲午战争发生的历史背景

西方为何要向东方扩张？日本为何要向中国扩张？对甲午战争的认识不能局限于中日两国之间，要在整个世界格局和历史进程中去理解和把握。

（一）东西方的历史交流与对视

“近代中国”中的“近代”，指的是1840年鸦片战争至1949年中华人民共和国成立这个历史时期。在很长的时间里，中国把西方叫作“泰西”，西方把中国叫作“远东”，代表着欧亚大陆的东西两端。因为交通的限制，东西方对彼此的认识既有真实的，也包括揣测和想象。

从汉代逐步打通丝绸之路开始，虽然每个朝代开放的程度不一样，但中国基本上都保持着对外开放的姿态。丝绸之路以敦煌为起点，经过新疆到达地中海东岸，然后转入罗马，成为两千多年前中西陆上交通的纽带，对东西方经济文化交流曾经起过很大作用。唐代对外交流更加频繁，胡风胡俗在相当程度上进入中国人的生活并与之日益融合。但这个时候交流的范围仍是有限的，西方对中国的了解也是支离的、片断的。

1271年，正值中国元代之始，来自意大利的马可·波罗开始了向东的旅程，经历了4年的艰难跋涉，于1275年来到中国。马可·波罗受到元世祖忽必烈的欢迎，还被任以官职，在中国居留任职17年，1292年才回到欧洲。后来，马可·波罗在一次威尼斯和热那亚之间的海战中被俘，在狱中，他给狱友讲述曾经居留过的中国，后来被记录下来，就是著名的《马可·波罗游记》。游记中关于中国社会的描述丰富而饱含赞美：广阔的国土、繁盛的城市和邑镇、幽美的葡萄圃、广袤的田野，庙宇林立，旅馆众多，生活便利……这些描写让欧洲人半信半疑：世界上真的有这样繁荣富庶的国家？这成功地激起了整个欧洲对于东方的向往和想象，成为西方人东来的巨大诱惑。

15世纪，东西方相继进入了大航海时代。1405年到1433年，郑和七次下西洋，航程最西端到达非洲东海岸。郑和下西洋建立了中国同西亚诸国的联系，当时出使随员留下的《瀛涯胜览》（马欢）、《星槎胜览》（费信）、《西洋番国志》（巩珍）等海外见闻录，为东西方文化交流保存了很有价值的史料。世纪之末，1492年，意大利人哥伦布横渡大西洋到达美洲，发现了“新大陆”。1497年，葡萄牙人达·伽马绕过非洲好望角，于第二年到达印度，成为西方第一个从海路来到东方的人。1519 年到 1522 年，葡萄牙人麦哲伦及其船队绕地球航行一周，麦哲伦虽然死于中途，但他的船队完成了环球航行。这三次航海壮举从地理上沟通了欧、美、亚、非各大洲之间的联系，从此，真正意义上的世界史开始了。

中国的郑和下西洋远在西方航海大发现之前，但影响力却难以与之相比。究其原因，郑和航海的目的是为了扬威海外，使域外的人能够一睹中国泱泱大国的威仪，而不是出自中国社会经济发展的内在需求。而西方的航海者之所以百折不挠、冒死犯难地驶向东方，很大的原因在于神秘东方富庶传说的强大吸引力，当然，萌芽初绽的资本主义生产方式渴求扩大原始积累，这成为航海者背后的生产力要求和经济动力。

地理大发现之后，世界格局发生了重大变化，西方成为殖民者，东方变成了殖民地。在这个过程中，陆续东来的西方人先是占据了中国的周边国家，然后逐步接近中国。1517 年，葡萄牙人驾船进入广东海面，1554 年踏上澳门。1575 年，西班牙人出现在福建沿海。1601 年，荷兰人到达广州，1622 年强占澎湖，进而占领台湾，直到 1662 年被郑成功驱逐。1591 年，英国人开始走向东方；1600 年，东印度公司成立，成为英国进军东方的桥头堡；1637 年，英国船只第一次来到中国。1602 年，法国人来到中国。1784 年，美国船只到达广州……

从《马可·波罗游记》问世开始，西方人就憧憬、向往东方，并一直努力接近。16 世纪，他们终于实现了几百年来的梦想。在东西方日渐接近的过程中，中国由一个强盛的、令西方向往的梦想之地，慢慢地暴露出其衰弱本质，从而成为西方各国最大的争夺目标。

（二）近代化浪潮自西向东席卷全球

15世纪至18世纪，西方世界发生了深刻而巨大的变化：文艺复兴引起了思想大解放，航海技术的发展带来了国际贸易与殖民掠夺，近代科技的发展促使生产力突飞猛进，并从技术领域的革命蔓延到经济政治领域，带来巨大影响。这一切为资本主义的产生和发展提供了思想动力和物质基础。17世纪中期到18世纪，英、美、法等国先后爆发资产阶级革命，历史的车轮驶进新的时代。18世纪60年代，英国率先开始进行第一次工业革命，法、德、美等国纷纷跟进。到19世纪40年代，资本主义生产方式在欧洲主要国家占据统治地位。18世纪末到19世纪初，随着工业革命向西欧和美国蔓延，这些国家的生产力水平急剧提升，对海外市场、原料、资源的需求与日俱增，开始全力向东方寻找原料、劳动力以及商品倾销地。欧美各国不甘心英国利益独享，纷纷加入瓜分掠夺的行列，他们对外侵略的主要目标，是亚洲、非洲、拉丁美洲那些相对落后的国家和地区。伴随欧美列强海外扩张的步伐，由西方国家引领的近代化进程以不可扼制的势头席卷全球。

马克思、恩格斯在《共产党宣言》中对东西方差距的认识和表达非常深刻："不断扩大产品销路的需要，驱使资产阶级奔走于全球各地。它必须到处落户，到处开发，到处建立联系。""资产阶级，由于一切生产工具的迅速改进，由于交通的极其便利，把一切民族甚至最野蛮的民族都卷到文明中来了。”“正像它（资产阶级）使乡村臣属于城市一样，它使未开化和半开化的国家从属于文明的国家，使农民的民族从属于资产阶级的民族，使东方从属于西方。”[①]

而此时的东亚一如既往地处于习惯了的世界秩序法则之中，经济上还在以原有的自然经济模式缓慢演进，文化和生活上仍处于儒家文化传统和缓的氛围里。面对西方国家突然强势闯入而带来的全方位冲击，各国都艰难应对。正是中、日、朝三国面对世界大变局的不同态度和措施，埋下了未来甲午战争的导火索。

（三）战前的东亚秩序及中、日、朝三国关系

历史上，中国是东亚的核心国家，维护着东亚的秩序与和平。东亚秩序就是以中国为主导的宗藩体制，或称朝贡体制。明清以后，这种传统宗藩体制日趋成熟稳固，但随着西方各国的强势东渐及日本的崛起，这一体制逐步呈现出风雨飘摇之势。

西方势力东渐是为了扩大原料产地和产品倾销地，中国因为土地广、人口多、经济繁荣富庶，自然成为列强争夺的主要目标。各方势力纷至沓来，北有沙俄，南有法国，西有英国，东有美国……此时的中国自顾不暇，更无暇顾及周围的藩国，冲击之下，原来稳定的东亚秩序面临解体。

---

① 《共产党宣言》，人民出版社 2018 年版，第 31、31、32 页。

1. 战前中国：在坚船利炮下辗转求强

鸦片战争前，中国是东亚地区毋庸置疑的大国，一向以“天朝上国”自居，也向来被西方国家敬重。早在西周时期，中国的政治文明、农业文明就已经达到很高的水准。自秦朝开始，我国进入中央集权高度统一的帝制时代。此后两千多年的传统社会里，与世界其他国家和地区相比，中国长期处于发达地位，到清朝康熙、雍正、乾隆时期，疆域辽阔，人口众多，国力强盛，文治武功赫赫一时，出现了“康乾盛世”。此时，中国国力达到最盛，GDP 一度占到世界的 1/3，工业产量大约占世界的 32%；乾隆年间，人口达到 3 亿多，疆域面积最多时达到 1300 多万平方公里，是当之无愧的世界强国。

世界近代史的大幕拉开以后，航海大发现、国际贸易、殖民掠夺、产业革命等一系列因素推动世界进入快速发展的轨道。而无知无觉的中国仍按照原有的步调小步缓行，与西方的差距逐渐拉开，东西方实力对比发生了颠覆性的变化。

鸦片战争的实质，是工业文明和农业文明的战争，是已经崛起的英国在世界范围内推行以自己为主导的世界贸易体系和国际秩序的过程中，遇到了来自老牌强国大清政府的顽强抵抗。正是以鸦片战争为起点，中国被迫卷入世界秩序，尝试发展近代工业，开始了向近代化的转型。

但转型谈何容易？长期以来，中国是一个以农业文明为主的国家，重农抑商、重道轻器，因担心商品资本扰乱了中国社会，所以对西方资本主义的到来持抗拒态度。直到两次鸦片战争的连续挫败，清政府才认识到自己的保守、落后，才决心学习西方。坚船利炮是西方世界给近代中国的第一印象，因此，从 19 世纪六七十年代起，洋务派掀起了一场以“自强”“求富”为口号的洋务运动，从兵工建设开始，造枪造炮造船，安庆军械所、江南机器制造总局、福州船政局、天津机器局等当时著名的新兴工厂纷纷建立。在曾国藩、左宗棠、李鸿章、沈葆桢等洋务派大臣的推动下，中国利用后发优势，学习西方，获得了很大成功，一度出现了“同光中兴”（同治中期到光绪中期）的景象。因此，19 世纪下半叶到甲午战争前，中国度过了近代史上最好的一段时期：太平天国运动已经结束，国内没有大的战乱，国际环境也较为缓和，左宗棠成功收复了新疆，冯子材在镇南关及梁山大败法军，刘永福的黑旗军屡创法军，日本在朝鲜鼓动的开化党人政变被挫败……这时的中国，在列强眼中仍不失为一个强国，因此法莱西纳说：“亚洲现在是在三大强国的手中——俄国、英国和中国”[①]。

也许是因为两次鸦片战争的失败付出的代价还不够惨痛，国民的意识没有得到全面而深刻的开化，对改革与发展缺乏足够广泛的共识；国家层面上，改革也没有像日本明治维新那样触及封建制度的核心，而是停留在“器物”的浅层。在此情况下，清政府暂时的经济增长、军事提升没有继续促进社会进步，成功构建起一个现代

① 丁名楠等：《帝国主义侵华史》第 1 卷，人民出版社 1961 年版，第 319 页。

民族国家，反而因一时的成就更安然地停留在原有的体制上，继续着“天朝上国”的迷梦。

2. 战前日本：维新有成

自汉代起，日本就与中国进行往来，至盛唐时期交往趋向密切。近代以来，在西方势力东来的冲击之下，中国原来的光环效应逐渐淡去，对日本的影响力也日趋减弱，甚至成为日本崛起之后觊觎的目标。

645 年，日本一部分贵族立足改革，效仿中国隋唐制度建立了中央集权，改名大化，颁布诏书，实行改革，史称“大化改新”。“大化改新”使日本从奴隶社会过渡到封建社会。经过一系列改革，日本进入相对稳定时期，这一时期，日本注意吸收中国文化，多次派遣使者和留学生来中国学习。

12 世纪，移居地方的皇室后裔平氏和源氏势力逐渐强大，形成了两大武士集团，开始了权力争夺。1185 年，源氏首领攻灭了平氏，并于 1192 年被天皇任命为征夷大将军，开始了镰仓幕府时代（1192—1333 年）。

之后的室町幕府时代（1333—1573 年），将军势力削弱，各地守护大名割据一方，日本进入了混乱的战国时代（1467—1573 年）。在丰臣秀吉统治的战国时期，日本实行了清丈全国土地、没收民间武器、奖励对外贸易和限制天主教等一系列新政策。

1603 年，德川家康任征夷大将军，建立江户幕府。1615 年，德川家康攻陷大阪城，灭了丰臣氏，保证了德川氏政权的稳固，重建了由将军直接掌权的高度中央集权的封建政体。1637 年，德川家康颁布锁国令，禁止国民同外国进行贸易、交流产物，日本从此进入了锁国时代。

实行锁国政策后，日本禁止外国的传教士、商人与平民进入日本，也不允许国外的日本人回国，甚至禁止制造适于远洋航行的船只；严禁基督教传播；只特许日本人与中国人、荷兰人在九州长崎附近的种子岛通商，并允许荷兰人在种子岛长期居住、通商，这为日本后来提出“脱亚入欧”的思想奠定了基础。

1853 年，美国海军准将马修·佩里率领舰队进入江户湾浦贺，要求日本开放通商，史称“黑船事件”。日本长期以来就是中国的学生，因为看到鸦片战争以来清政府与西方列强斗争失败的前车之鉴，所以面对西方的武力要求选择了主动妥协。1854 年，日本对美国不战而降，与西方和平通商，对外开放，并与列强签订了一系列不平等条约。

幕府末期，资本主义萌芽在日本产生，同时产生了所谓的豪农豪商阶层。下级武士中的革新势力和出身好的豪农豪商志士联合与幕府有矛盾的西南强藩和皇室公卿等，展开了“尊王攘夷”的反抗运动。运动失败后，有识之士认识到，要想改变日本现状，实现富国强兵，必须推翻幕府统治，于是“尊王攘夷”运动演变为倒幕运动。1869 年 9 月，倒幕势力迫使幕府撤军，倒幕运动取得成功。

1868 年 3 月，以天皇为首的新政府发布具有政治纲领性质的《五条誓文》，其后发布政体书，9 月 3 日下诏将江户改称东京，10

月23日改年号为明治，1869年5月9日迁都东京，并颁布一系列改革措施：政治上，废除封建专制制度，建立了君主立宪政体，颁布宪法，召开国会，与亚洲传统斩断，与欧美政治意识靠拢，建构起一个合乎自由资本主义发展需要的体制；经济上，推行“殖产兴业”，学习欧美技术，推进本国工业化浪潮，号召发展私营经济；生活上，提倡文明开化；文化上，转身向西，提出“脱亚入欧”，大力发展教育等。这就是历史上著名的明治维新。明治维新是日本近代化的起点，借助向近代化的转型，日本迅速崛起为东方新的强国，走上了对外侵略扩张的军国主义道路，为甲午战争的爆发埋下了伏笔。

3. 战前朝鲜：夹在中日之间内外交困

朝鲜与中国山水相连，历史上曾是中原王朝的属国。到了近代，朝鲜跟中国一样实行闭关锁国的政策，但资本的世界化不会容忍地球上的任何一个角落成为资本主义的例外。在西方势力东渐的过程中，朝鲜和中国一样，成为欧美列强侵略的目标。但是中国体量庞大，实力尚存，并且通过洋务运动取得了一定的富国强兵成果，在短时间内很难被完全控制，相比之下，实力较弱的朝鲜就成了列强侵略的首选。

在东方，逐渐强大起来的日本把朝鲜视作通向中国的踏板，不断向朝鲜进行渗透，成为朝鲜最大的掠夺者。明治维新以后，日本不少人大力鼓吹“征韩论”，1885年至1890年，日韩贸易占朝鲜对外贸易额的80%；日本投机商廉价收购朝鲜的大米、大豆、棉花等农产品，然后运到日本高价出售，从中牟取暴利；同时，日本在朝鲜市场上高价倾销粗劣纺织品，获取巨额利润；日本资本家还控制了朝鲜的金融业、海运业、渔业，朝鲜的城乡手工业开始解体，农村阶级分化加剧，农民和手工业者纷纷破产。

为了削弱日本在朝鲜的影响力，中国决定推动朝鲜对西方开放，借西方各国势力对抗日本。1882 年，李鸿章促成朝鲜与美国谈判，此后又促成朝鲜与英国、法国、德国等国达成开放协议，中国的影响力因此有所恢复，朝鲜依然承认自己是中国的藩属国。日本对此心有不甘，1884 年 12 月，朝鲜亲日派在日本的支持下发动叛乱，即甲申政变，政变被袁世凯带兵平息，但清政府对朝鲜的影响力也进一步下降。

朝鲜外有日本等列强的盘剥，民族矛盾越演越烈；内有中央政府荒淫腐败，国内矛盾逐步激化。深受多重压迫剥削的农民阶级对统治阶级的不满与日俱增，起义反抗的意识日渐强烈。1885 年至 1894 年间，朝鲜官方记录的较大规模的民乱就有 38 起，农民领袖全琫准就是这样一位试图改造朝鲜的志士。

全琫准是东学道的领袖。东学道在当时的朝鲜广泛传播，融儒教、佛教和道教各派思想于一体，其主旨是提倡东方之学，与当时朝鲜流行的西方天主教相抗衡。东学道不被政府认可，从 1860 年创立之日起就被朝鲜政府当作邪教严加禁止。但东学道提出的惩办贪官污吏，“斥倭斥洋”的口号迎合了贫苦农民的斗争需要，因而在劳苦大众中影响极大，迅速传播，形成一股暗涌的潮流。信奉东学道的人被称作“东学军”。东学军纪律严明，当时身居要职的政府官员金允植曾这样描述东学军的军纪：“每于对敌之时，兵不血刃而胜首功，虽不得已而战，切勿伤命为贵，每于行阵所过之处，勿害人物，孝悌忠信人所居之村，十里内勿为屯住。”① 1874 年，全琫准加入东学道，逐步成为东学道的领袖。全琫准通过大量发展东学道徒，宣传东学道的教义，为发动起义做了准备。

国内阶级矛盾的激化，外来侵略带来的民族危机，东学道的传播，加上全琫准等志士的积极推动，朝鲜的局势一触即发。1894 年 2 月 15 日，上千名农民在全琫准的领导下举行起义，一路势如破竹，队伍很快发展到 13000 多人。占领全州后，东学军规模空前盛大，武装力量达到十多万人，席卷朝鲜 3/5 的国土。

声势浩大的农民起义让朝鲜政府无力应对，国王高宗一面急忙向清政府求援，一面向东学党军求和。清政府派遣叶志超和聂士成率淮军精锐 2500 人，于 6 月 8 日在忠清道牙山登陆，准备镇压东学党起义。

鉴于继续对抗会引起外国武装干涉，东学党领袖全琫准等人放弃了驱兵入京的计划，同意和朝鲜政府谈判。在此过程中，日本不甘心朝鲜局面由清政府独掌，处心积虑地寻找机会进入朝鲜，并在东学党起义平定之后迟迟不撤离朝鲜。

4. 中、日、朝三国围绕“宗藩关系”的较量

朝鲜背靠亚洲大陆，面向浩瀚无际的太平洋，处于中、俄、日

---

① 金允植：《续阴晴史》（上），国史编纂委员会刊 1960 年版，第 311 页。

三国之间，具有重要的战略地位。除日本外，英、俄、美、德、法等西方国家也都觊觎着这个半岛。

中国与朝鲜保持着悠久的宗藩关系，政治、经济、文化联系甚深。1880 年，两江总督刘坤一曾说：“盖外藩者，屏翰之义也。如高丽、越南、缅甸等国，与我毗邻，相为唇齿。所谓天下有道，守在四夷。而高丽邻近陪都，尤为藩篱重寄……为该国策安全，即为中国固封守。”[①] 这段话非常中肯地说出了当时中国与朝鲜间相互依存的宗藩关系。所谓宗藩关系，是中国封建统治者与周边小国建立的一种国际关系。在此关系中，中国为宗主国，有保护藩属小国安全的义务；藩属国则必须奉正朔，受敕封，对宗主国称臣纳贡。这种关系意味着国与国之间的不平等，反映了封建大国对弱小国家的歧视与压迫。实际上，中国与众多藩属国的关系较为融洽，并未对其进行过多压迫盘剥，中国皇帝给藩属国的礼物往往比他们进贡的还要丰厚，因此，宗主与藩属更多是礼仪名义。

日本对朝鲜垂涎已久，早在 16 世纪，丰臣秀吉就曾以武力入侵朝鲜。日本侵略朝鲜时，密切关注中国的态度，最大的顾虑是清政府借宗藩关系援助朝鲜。在《江华条约》签订前，日本驻华公使森有礼曾拜访总理衙门，探寻中朝宗藩关系的实质内容。经过缜密研究，总理衙门回复道：“查朝鲜为中国所属之邦，与中国所属之土有异……盖修其贡献，奉我正朔，朝鲜之于中国应尽之分也；收其钱

① 王彦威：《清季外交史料》卷 24，1932 年铅印本，第 16 页。

粮，齐其政令，朝鲜之所自为也；此属邦之实也。纾其难，解其纷，期其安全，中国之于朝鲜自任之事也；此待属邦之实也。不肯强以所难，不忍漠视其急，不独今日中国如是，伊古以来所以待属国皆如是也。”[①] 又说，“朝鲜虽曰属国，地固不隶中国，以故中国曾无干预内政，其与外国外涉，亦听彼国自主，不可相强。”[②] 日本得此回复，喜不自胜，当即照会清政府：“由是观之，朝鲜是一独立之国，而贵国谓之属国者，徒空名耳。……因此凡事起于朝鲜、日本间者，于清国与日本国条约上无所关系。”[③] 1876 年，日本与朝鲜签订《江华条约》时，首条就强调朝鲜的“自主”“平等”，目的就是为了割裂中朝之间的宗藩关系。

—

在日本利用宗藩关系大做文章的同时，西方列强为了方便入侵朝鲜，也纷纷利用中朝宗藩关系威胁清政府向朝鲜施加影响。清政府试图采取“以夷制夷”的办法，通过引进西方势力制约日本吞食朝鲜的野心。

1879 年，总理衙门大臣丁日昌条陈海防事宜时，首倡此说：“朝

---

① 《清光绪中日交涉史料》第 1 卷，第 6 页。后来李鸿章与森有礼谈话中，更提出“内属”“外属”的划分。李森谈话节略如下：“森使云：高丽印度同在亚细亚，不算中国属国。(李) 答云：高丽奉正朔如何不算属国？森使云：各国都说高丽不过朝贡，受册封，中国不收其钱粮，不管他政事，所以不算属国。答云：高丽属中国几千年，何人不知。和约 (指中日修好条规) 上所说‘所属邦土’，土字指中国各直省，此是内地，为内属，征钱粮，管政事。邦字指高丽诸国，此是外藩，为外属，粮钱政事向归本国经理，历来如此，不始自本朝，如何说不算属国？”见《李文忠公全书》第 4 卷，第 35 页；又见《清光绪中日交涉史料》第 1 卷，第 7—8 页。

② 《清光绪中日交涉史料》第 1 卷，第 4 页。

③ 《清光绪中日交涉史料》第 1 卷，第 4 页。

鲜不得已而与日本立约，不如统与泰西各国立约。日本有吞噬朝鲜之心，泰西无灭绝人国之例。将来两国启衅，有约之国，皆得起而议其非。日本不致无所忌惮。若泰西仍求与朝鲜通商，似可密劝勉从所请，并劝朝鲜派员分往有约之国，聘问不绝。”① 清政府采纳了这一建议，派北洋大臣李鸿章致函朝鲜太师李裕元，劝其与西方国家修约通商。这封函把“以夷制夷”的理论发挥得淋漓尽致。但是，外交上的折冲樽俎，一切都要以国家实力为基础。弱国、小国想要对抗强国、大国的侵略，固然可以利用列强之间的矛盾，但自己首先需要具备一定的经济、军事实力和正确的政治方针。显然，19 世纪 90 年代的中国不具备这样的硬实力，一味谋求“以夷制夷”，无异于与虎谋皮，不但不能利用矛盾，反而会成为列强斗争的牺牲品。

经清政府的敦促，朝鲜于 1882 年与美国签订条约，美国取得在朝鲜的领事裁判权和最惠国待遇。紧接着，朝鲜于 1883 年与英、德订约；1884 年与俄、意订约；1885 年与法国订约，逐渐变成了日本和西方列强群起掠夺的目标。

围绕中朝的宗藩关系，西方列强皆有自己的盘算。英国自认为对清政府有很大的影响力，因此竭力劝说其加强这一关系，以便通过中国影响和控制朝鲜。俄国当时在远东驻兵不多，因交通不便、力量不足，因此不能在远东强势出击，对中、日既防范，又拉拢。日本先是鼓动朝鲜脱离与中国的宗藩关系，后来怕因自己实力不济

① 《清光绪中日交涉史料》第 1 卷，第 82 页。

被俄国乘势而入，又改变态度，鼓动清政府充分行使宗主权，这样出尔反尔完全是以自己的侵略利益为转移。美国的朝鲜政策则是扶植日本，抗衡英、俄。

二、甲午战争的过程简述

（一）引发战争的导火索

1. 中日战前冲突

日本是个岛国，地域狭小，发展空间有限，国民心理上有着强烈的不安全感，对大陆有着不可遏制的扩张欲望。由这种大陆情结进而滋生出的日本的大陆政策，最早可以追溯到丰臣秀吉时代。在丰臣秀吉统治时代，日本的野心逐渐膨胀，不仅想征服琉球、台湾、菲律宾，还想要征服朝鲜和中国，甚至提出要把北京作为日本的首都。这是日本政治家最早的扩张主义和野心。丰臣秀吉死后，德川家族继承他的政治主张，企图有朝一日占领中国，建立以日本为中心的国际秩序。

明治维新后，日本统治者逐步将侵略邻国的企图变成国策，付诸实践。明治初年，日本政府宣称要“开拓万里波涛，布国威于四方”[①]。这是日本近代大陆政策形成的雏形阶段。其间，“征韩论”的

① 沈予：《日本大陆政策史》（1868—1945），社会科学文献出版社2005年版，第1页。

提出最有代表性。1870 年 8 月，日本外务权大丞柳原前光在《朝鲜论稿》中阐述了占领朝鲜的必要性："皇国乃是绝海之一大孤岛，此后纵令拥有相应之兵备，而保周围环海之大地于万世始终，与各国并立，弘张国威，乃最大难事。然朝鲜国为北连满洲，西连韃清之地，使之绥服，实为保全皇国之基础，将来经略进取万国之本。若是他国先鞭，则国事于此休矣。"①

日本施行大陆政策的第一步，就是侵略中国台湾，而踏上台湾的踏板则是琉球。琉球群岛位于中国东海的东部外围，介于中国大陆东方和日本九州岛西南方之间，历史上曾长期处于中国的势力范围。1372 年（洪武五年），明太祖朱元璋派使臣杨载携诏书出使琉球，因诏书中称其为琉球，故"琉球"从此成为正式名字。琉球当时"三山分立"，中山王察度领诏，首先派使来中国，奉表称臣。第二年，山南王承察度和山北王怕尼芝也相继向中国皇帝称臣入贡。在明太祖的训导下，三王罢战息兵，使用中国年号，奉行中国正朔。自 1383 年（洪武十六年）起，中国与琉球正式确定君臣关系，之后，历代琉球王都向中国皇帝请求册封，这种关系延续了整整五个世纪。

日本对琉球垂涎已久。1609 年，日本入侵琉球，掳其国王，迫其进贡。1872 年，日本借琉球国王到访之际，突然强制"册封"琉球国王为藩属国王，单方声称琉球为日本藩属国。从此，琉球便成为"日清两属"，即日本和大清的双重属国。

① 日本外务省：《日本外交文书》第 3 卷，日本六一书房 1938 年版，第 149 页。

之后，日本寻机占领琉球。1871 年，琉球国一支船队遇到台风，漂流至台湾东南部牡丹社附近，因语言不通造成误会，船上 54 人被台湾原住民杀害，仅 12 人生还回国。1874 年，日本称琉球是日本属国，以此为借口大举进攻台湾岛。这是日本政府自明治维新以来第一次向国外发动的战争，也是近代史上清政府与日本的第一次重要外交事件。当时日本和中国实力悬殊，加上日军水土不服，进攻失败。在美、英等国的调停下，日本向清政府勒索白银 50 万两，从台湾撤军。但是，日本的侵略脚步并没有就此停止，1879 年，日本吞并了琉球王国，改称其为冲绳县。琉球王国拼死抵抗，并秘密派官员赴天津谒见李鸿章，请求中国“尽逐日兵出境”。实力衰落的清政府虽与日本力争过，但并未派兵援助。

日本施行大陆政策的第二步，是侵略中国的另一个属国——朝鲜。1875 年 5 月，“云扬”号等日本军舰入侵朝鲜釜山，进行武力示威；9 月，入侵江华岛一带并与当地朝鲜夺军发生冲突，制造了江华岛事件，日本大获全胜。1876 年，日本迫使朝鲜政府签订《江华条约》，在朝鲜取得开放港口、租借土地、测量水域及领事裁判等权利，同时否认中朝之间的宗藩关系，充分暴露其吞并朝鲜的野心。

1882 年 7 月，朝鲜发生壬午兵变，中日两国作为宗主国同时出兵朝鲜。清军虽然在这次事件中压制住了日军，但日本还是通过与朝鲜签订《济物浦条约》取得许多特权，特别是取得了在朝鲜的驻兵权，为后来挑起侵略战争准备了条件。壬午兵变后，明治政府的参事院议长山县有朋提交了一份意见书，明确说明，“欧洲各国距我国较远，痛痒之感并不急迫”，日本的假想敌人“在直接的近处”，鼓吹针对中国扩充军备。[①] 1882 年起，日本开始积极准备对华战争。

1884 年 12 月，日本利用朝鲜开化党人导演了甲申政变，借机迫使朝鲜政府签订《汉城条约》，企图驱逐中国在朝鲜的势力。清政府派驻朝鲜的官员袁世凯率清军击败了日军，镇压了这次政变。

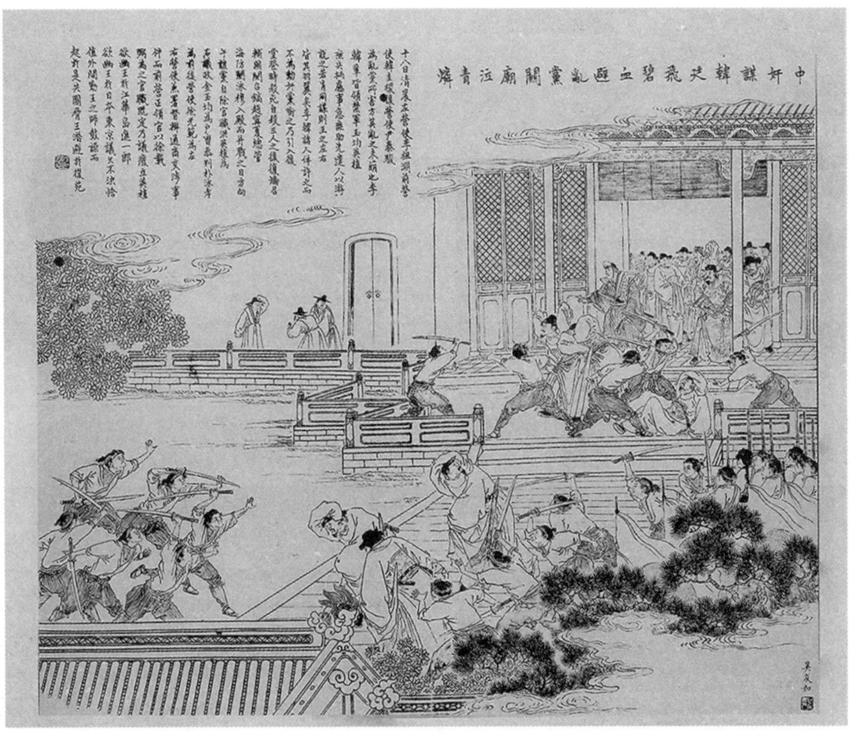

▲ 甲申政变

① 刘天纯等：《日本对华政策与中日关系》，人民出版社 2004 年版，第 119 页。

为协调中日矛盾，1885 年 4 月 18 日，日本专使伊藤博文与李鸿章在天津达成共识，签订了《天津会议专条》。其中约定，“将来朝鲜国若有变乱重大事件，中、日两国或一国要派兵，应先互行文知照，及其事定，仍即撤回，不再留防”①。事后看，这个条款不仅否认了中国对朝鲜的宗主权，反而让日本享有对朝鲜的出兵权。这是李鸿章的重大疏忽，主要原因是其不具备近代国家知识，在世界进入新秩序时，没有及时将宗藩关系转化为正常的近代国家关系。这为后来的甲午中日战争埋下了伏笔。

▲ 伊藤博文（1841—1909）

▲ 李鸿章（1823—1901）

① 王芸生：《六十年来中国与日本》第 1 卷，生活 · 读书 · 新知三联书店 2005 年版，第 278 页。

2. 中日关系恶化：金玉均被杀事件

19 世纪晚期，李鸿章为了通过西方列强制约日本在朝鲜的影响力，施行“以夷制夷”的军事策略，推动朝鲜对外开放。世界各国的资本、商品相继进入朝鲜，利益相争，使朝鲜成为冲突的热点地区。

甲申政变后，日本采纳“军事退缩、外交进攻”的策略，被迫承认中国在朝鲜的优势地位，在朝鲜的影响力大幅下降。这一时期，清政府委派袁世凯进驻朝鲜，主持朝鲜事务。袁世凯的强势作风引起朝鲜朝野的反感，朝鲜内部亲日派势力渐长，最重要的代表是金玉均与开化党。

金玉均出身于朝鲜没落贵族家庭，青年时代接触了西方资本主义近代文明思想，1872 年由科举及第进入政界。1882 年至 1884 年间三度赴日本考察，与洪英植、朴泳孝等结成开化党，力图使朝鲜仿效日本明治维新进行自上而下的改革，跻身于近代国家。在日本的支持下，1884 年，金玉均组织开化党发动甲申政变，试图推翻旧政权，使朝鲜走上近代化道路。但政变被袁世凯率领的驻守清军镇压，之后，金玉均流亡日本。流亡期间，金玉均对日本越来越失望，政治主张也随之改变，由原来单纯依赖日本转变为利用多边，希望中、日、朝三国和解合作，以共同抵御欧美对亚洲的蚕食。1894 年 3 月 23 日，金玉均离开日本，27 日抵达上海，被朝鲜人洪钟宇刺杀。金玉均之死，引起了中、日、朝三国关系大调整，成为甲午战争爆发的重要因素。

3. 战争的引爆点：朝鲜东学党起义

金玉均在上海被刺身亡，严重恶化了中日关系，但真正引起甲午战争的是朝鲜东学党起义。东学党又称东学道、东学教。所谓东学，指东方之学。东学党倡导以东方之学与西方文明相区别、相抗衡，以诚、敬、信为基本教义，容易为下层民众所接受，具有强大的社会号召力。1894 年 4 月，东学党首领全琫准率众起义，一路攻城略地，建立义军政权，与统治者形成全面对抗。5 月 31 日，东学党攻占全州，向京城进攻。朝鲜国王商请中国借兵助剿，袁世凯随即转报北洋大臣李鸿章，并力主出兵干预。李鸿章奏请朝廷分别派遣聂士成、叶志超率淮军奔赴朝鲜，又派遣北洋海军“济远”“扬威”两舰分赴仁川、汉城。

中国出兵正合日本之意。随着《江华条约》的签订，日本对朝鲜影响加大，高度关注朝鲜政局。获悉朝鲜已向中国求救，时任日本外相陆奥宗光建议日本必须采取相应对策。“如果中国确有向朝鲜派遣军队的事实，不问其用任何名义，我国也必须向朝鲜派遣相当的军队，以备不测，并维持中日两国在朝鲜的均势。”[①] 日本政府经审慎讨论，确定如下原则：“即中日两国既已各自派出军队，何时发生冲突未可预料。如果发生战争，我国（日本）当然要倾注全力贯彻最初的目的，但在不破坏和平的情况下，应尽力保全国家荣誉，

① 〔日〕陆奥宗光著，伊舍石译：《蹇蹇录》（中译本），商务印书馆 1963 年版，第 9 页。

维持中日两国的势力均衡；其次，我国（日本）尽可能居于被动地位，使中国成为主动者。且每当发生此种重大事件，根据外交惯例，在第三者的欧美各国之中，必然会有支持一方和反对一方的情形，除非事势万不得已外，必须把事态严格的局限在中日两国之间，应竭力避免和第三国发生纠葛。”[①] 这条原则在后来的战争过程中得到日本官方的坚决贯彻。

6 月 4 日，李鸿章命太原镇总兵聂士成由大沽前往牙山，救援朝鲜。6 日，根据《天津会议专条》，中国将出兵的决定通知日本。日本闻知清政府出兵欣喜若狂。7 日，陆奥宗光宣布日本也将向朝鲜出兵。8 日，日本一方面派先遣队 400 人以保护使馆和侨民为借口在朝鲜仁川登陆；另一方面，陆奥宗光训令驻朝公使大鸟圭介，授权大鸟圭介挑起战争。9 日，李鸿章命直隶总督叶志超率一千余名清兵赶赴牙山。

当中日军队进入朝鲜时，朝鲜内部发生了戏剧性变化。为防止继续对抗引起外国武装干涉，6 月 11 日，东学党接受政府安抚，全琫准率义军退出全州。在此情形下，中日出兵的理由不复存在，各国均希望中日撤军维护和平。在舆论的压力下，大鸟圭介、袁世凯于 6 月 12 日举行会晤，达成共识：中国不再增兵，日本后续部队不再登岸，原船返回。但日本政府迟迟不撤兵，大鸟圭介开始不断挑衅，其目的就是为战争的爆发创造条件。

① 〔日〕陆奥宗光著，伊舍石译：《蹇蹇录》（中译本），商务印书馆 1963 年版，第 10 页。

6月12日，陆奥宗光照会中国，否认朝鲜为中国属邦，宣称日本派兵是根据《济物浦条约》第五款，目的是维护日本的在朝利益。13日，陆奥宗光致电大鸟圭介，命令日军进驻汉城，暂不撤兵。14日，日本内阁向中国提出“共同改革朝鲜内政”的要求，并宣布，如果中国不愿接受日本共同改革朝鲜内政的建议，那么日本将独自进行。这个突如其来的变化，将朝鲜问题复杂化。

鉴于日本的态度，清政府驻日公使汪凤藻建议李鸿章派遣大军赶赴朝鲜彻底荡涤东学党，之后，再以实力与日本交涉。李鸿章没有采纳汪凤藻的建议，同时拒绝了日本“共同改革朝鲜内政”的提议，但亦不愿与日本直接冲突。

6月18日，李鸿章电令叶志超、袁世凯，叮嘱在牙山的清军不要向汉城移动，更不要与日军起冲突，不要给日本人提供寻衅的口实。

当时，针对中、日两国的矛盾冲突，英、俄两国均表示要出面调停，李鸿章对此寄予厚望。6月25日，俄国驻日公使希特罗渥求见日本外相陆奥宗光，力劝中国与日本同时撤军，被陆奥宗光拒绝。7月2日，日本政府照会俄国，婉言拒绝其共同撤军的要求，将朝鲜问题严格限定在中日之间。李鸿章继而将希望寄托在英国人身上。在英国公使的斡旋下，7月9日，中日大臣再次会晤。本次会晤中，中国主张中日两国先撤兵，再谈朝鲜内政改革，而日本主张先谈朝鲜改革，再撤兵，因此英国的调解也无果而终。俄国和英国的调停失败，使日本更加有恃无恐，在通往战争的路上越走越远。

为了加速向外扩张，日本迅即强化战时体制，成立由参谋总长、参谋次长、陆军大臣、海军军令部长等组成的战时大本营，将其作为指挥侵略战争的最高领导机关，同时吸收枢密院议长、内阁首相、外相列席大本营会议。战时大本营精心制订作战计划，明确作战目标——在直隶平原与清军主力决战，迫使清政府投降。战时大本营认为，中日海军的交锋情况将对整个作战计划起决定作用，因此制订了两个阶段的作战方案：第一阶段，由第五师团出击朝鲜，牵制清军；仍在国内的陆军随时做好增援准备；联合舰队在黄海或渤海寻找战机，与北洋舰队主力决战，力争夺取制海权。第二阶段，根据海战结果，考虑三种选择：第一，如果海战胜利，当即运送陆军主力于渤海湾登陆，直接进入直隶平原与清军主力决战；第二，如海战虽胜，但并未取得制海权，则派陆军赴朝，驱逐在朝清军，扶植朝鲜独立；第三，如海战失败，则坚守在朝既有地盘，视时局变化再图后谋。这个方案的核心是首先击垮北洋舰队，取得制海权。基于这样的战略布局，预备役海军中将、著名的主战论者桦山资纪恢复现役，被任命为海军军令部部长，负责筹组联合舰队；伊东祐亨被任命为司令长官。

日本发动战争的企图已经昭然若揭，中国国内舆论和清军驻朝将领纷纷请求清政府增兵备战，朝廷内部形成了以光绪帝载湉、户部尚书翁同龢为首的主战派和以慈禧太后、李鸿章等为代表的主和派。李鸿章明知日本狼子野心，但并没有充分备战，而是寄希望于

▲ 日本战时大本营

美、英、俄等欧美列强的调停。但由于各方利益的牵扯和日本的坚决拒绝，调停均宣告失败。

7 月 23 日，大鸟圭介指挥日军攻入朝鲜王宫，解除朝鲜军队的武装，囚禁国王及闵妃。国王生父大院君李昰应再度摄政，主持国事，建立由日本人控制的傀儡政权。同时，日本唆使朝鲜亲日政府断绝与清政府的关系。7 月 25 日，朝鲜宣布脱离中国，独立自主，废除中朝所订一切条约，授权大鸟圭介率日军驱逐在朝全部清军。同日，日本不宣而战，在朝鲜丰岛海面袭击了北洋水师的战舰，丰岛海战爆发。至此，日本终于引爆了战争。

（二）战争的过程及主要战役

1. 第一阶段：1894 年 7 月 25 日至 9 月 17 日

（1）丰岛海战

在俄、英两国先后调停均告失败之后，清政府亡羊补牢，抓紧调兵遣将，派兵 1.4 万人日夜兼程赶赴朝鲜，准备在朝鲜北部阻击日军。李鸿章另重金雇用英国商船“爱仁”“飞鲸”“高升”，运载清兵 2500 人，分批驰往牙山，增援先期到达的叶志超、聂士成部。

7 月 21 日下午，满载清军及武器弹药的“爱仁”号从大沽口起航。22 日，“飞鲸”号离港。23 日，“高升”号启程。“爱仁”“飞鲸”在牙山顺利登陆。25 日晨，北洋水师将领方伯谦率“济远”“广乙”两舰出海，迎接“高升”号，在丰岛附近遭遇日本舰队。双方迅速进入战斗状态，日舰“吉野”率先开炮，拉响了丰岛海战的序幕。

日舰装备先进，拥有火力猛烈的速射炮。清军“济远”等舰装备较旧，在舰艇火力、质量、速度及人数等方面均处于劣势。将士们虽顽强抵抗，但敌众我寡、敌强我弱，在苦苦支撑激战一个多小时后，“济远”舰难以为继，向中国方向突围撤退，日军舰艇“吉野”“浪速”全力追赶。

此时，载有一千多名清军官兵和武器弹药的运输船“高升”号出现。日本军舰逼停“高升”号，要求将船驶向日本海军基地，被清军将士拒绝。由于“高升”号是英国商船，几番交涉之后，欧洲船员撤离。日本向“高升”号开炮猛攻，“高升”号沉没，除200余人侥幸逃生获救，“高升”号上871名将士壮烈殉国。

(2) 成欢驿之战

按照战时大本营的计划，日本双管齐下，水陆并进。7月23日，日军从汉城南下，直扑牙山。牙山距汉城70公里，是叶志超、聂士成进入朝鲜之后的临时营地。为防止正面冲突，聂士成率领清军撤至成欢驿，叶志超率部留守公州，以为后援。25日夜，日军4000余人兵分两路偷袭成欢驿，遭遇清军伏击。可惜清军伏兵少，再加上沼泽、水田等不利地势，成欢驿阵地宣告失守。聂士成率部突围，退往公州。镇守公州的叶志超贪生怕死，拒不救援，率部退往平壤。聂士成沿途收集残部，抵达平壤。

成欢驿之战，是中日在朝鲜的一次小规模交锋，以清军战败，损失8门大炮及大批大米、弹药等军需物资，败退平壤而结束。日军死亡37人，受伤50人，清军伤亡200余人。

丰岛海战、“高升”号事件，以及牙山成欢驿之战的失败使清政府决心反击。7月29日，清政府下令召回出使日本的大臣汪凤藻。30日，总理衙门照会各国公使，控诉日本悖理违法，不宣而战。31日，日本外务大臣陆奥宗光照会各国公使，宣称中日两国已处于战争状态。8月1日，光绪帝、日本天皇不约而同地发布宣战诏书，同时宣战，中日甲午战争正式拉开序幕。

光绪帝宣战诏书：

朝鲜为我大清藩属二百余年，岁修职贡，为中外所共知。近十数年来，该国时多内乱，朝廷字小为怀，迭次派兵前往戡定，并派员驻扎该国都城，随时保护。本年四月间，朝鲜又有土匪变乱，该国王请兵援剿，情词迫切。当即谕令李鸿章拨兵赴援，甫抵牙山，匪徒星散。乃倭人无故派兵，突入汉城，嗣又增兵万余，迫令朝鲜更改国政，种种要挟，难以理喻。我朝抚绥藩服，其国内政事向令自理。日本与朝鲜立约，系属与国，更无以重兵欺压强令革政之理。各国公论，皆以日本师出无名，不合情理，劝令撤兵，和平商办。乃竟悍然不顾，迄无成说，反更陆续添兵。朝鲜百姓及中国商民，日加惊扰，是以添兵前往保护。讵行至中途，突有倭船多只，乘我不备，在牙山口外海面开炮，轰击伤我运船。变诈情形，殊非意料所及。该国不遵条约，不守公法，任意鸱张，专行诡计，衅开自彼，公理昭然。用特布告天下，俾晓然于朝廷办理此事，实已仁至义尽，而倭人渝盟肇衅，无理已极，势难再予姑容。著李鸿章严饬派出各军，迅速进剿，厚集雄师，陆续进发，以拯韩民于涂炭。并著沿江沿海各将军督抚及统兵大臣，整饬戎行，遇有倭人轮船驶入各口，即行迎头痛击，悉数歼除，毋得稍有退缩，致于罪戾。将此通谕知之，钦此。[①]

---

① 《清光绪中日交涉史料》第16卷，第2—3页。

日本明治天皇宣战诏书：

保全天祐践万世一系之帝祚大日本帝国皇帝示汝忠实勇武之有众：朕兹对清国宣战，百僚有司，宜体朕意，海陆对清交战，努力以达国家之目的。苟不违反国际公法，即宜各本权能，尽一切之手段，必期万无遗漏。惟朕即位以来，于兹二十有余年，求文明之化于平和之治，知交邻失和之不可，努力使各有司常笃友邦之谊。幸列国之交际，逐年益加亲善。讵料清国之于朝鲜事件，对我出于殊违邻交有失信义之举。朝鲜乃帝国首先启发使就与列国为伍之独立国，而清国每称朝鲜为属邦，干涉其内政。于其内乱，借口于拯救属邦，而出兵于朝鲜。朕依明治十五年条约，出兵备变，更使朝鲜永免祸乱，得保将来治安，欲以维持东洋全局之平和，先告清国，以协同从事，清国反设辞拒绝。帝国于是劝朝鲜以厘革其秕政，内坚治安之基，外全独立国之权义。朝鲜虽已允诺，清国始终暗中百计妨碍，种种托辞，缓其时机，以整饬其水陆之兵备。一旦告成，即欲以武力达其欲望。更派大兵于韩土，要击我舰于韩海，狂妄已极。清国之计，惟在使朝鲜治安之基无所归。查朝鲜因帝国率先使之与诸独立国为伍而获得之地位，与为此表示之条约，均置诸不顾，以损害帝国之权利利益，使东洋平和永无保障。就其所为而熟揣之，其计谋所在，实可谓自始即牺牲平和以遂其非望。事既至此，朕虽始终与平和相终始，以宣扬帝国之光荣于中外，亦不得不公然宣战，赖汝有众之忠实勇武，而期速克平和于永远，以全帝国之光荣。[①]

比较起来看，光绪帝的宣战诏书以宗主国身份昭告天下，充满悲情，陈明战争乃不得已而为之；明治天皇的诏书则站在近代国家模式建构的角度，指责大清试图控制朝鲜阻碍其独立。这两份诏书都站在维护朝鲜的立场，对各自立场的解释都相当充分，但相比较而言，日本将出于自己利益而发动的战争矫饰为近代国家的独立性构建，无疑更接近于西方的价值观，从而深刻影响了后来国际社会的立场和态度。

（3）平壤战役

中日宣战后，并没有立即开打，而是都加紧调兵遣将进行布局。

在朝鲜危机初露端倪之时，李鸿章就根据朝廷部署向朝鲜派遣南北两路大军，南路大军由“高升”号等运输船运送至牙山，目的是接应先期驻扎在此的叶志超、聂士成部，未能成功。北路大军由陆路进入朝鲜，总兵力1.3万余人，主要是淮军旧部，分别由卫汝贵、马玉坤、左宝贵统领。北路大军练习西洋新式武器多年，堪称清军精锐。北路大军从陆路入朝后，平壤形势已非常紧张。平壤的战略位置极其重要，中日双方都以抢占平壤为目标。7月31日，卫汝贵一部率先进入平壤，至8月9日，北路各部全部在平壤集结，清军控制了平壤。但在平壤的清军各自为政，互不统属。叶志超从牙山溃退平壤后，颠倒黑白，谎报战功，将千里溃逃描述为屡战屡胜、战略转移。李鸿

① 日本外务省：《日本外交文书》第27卷，日本六一书房1938年版，第610页。

章不明真伪，上奏朝廷，8 月 25 日，清政府任命叶志超为平壤各军统帅，责其督率诸军相机进剿。一个畏敌溃逃又谎报军功、饰败为胜的人居然成了前敌总指挥，清军全军皆惊，了解真相的将士非常生气，不服领导，将帅间矛盾激化，导致军心涣散。

9 月 8 日，为便于就近指挥，日军战时大本营由东京迁入广岛，天皇亲自坐镇广岛。日军 1.6 万人在山县有朋的统率下兵分四路直扑平壤。14 日，日军完成对平壤的包围，切断了清军后路，然后采取分进合击的战术，从各个方向对平壤的清军进行攻击。

清军总指挥叶志超以“我军弹药不济，地势不熟”为由，提出撤出平壤。将领左宝贵挺身而出，反对临阵脱逃，力主抗敌。城北

▲ 左宝贵（1837—1894）

战场是平壤保卫战的主要战场，城北玄武门牡丹台是全城制高点。9月15日凌晨，日军以炮火猛轰牡丹台清军炮垒，继而以步兵轮番冲锋。清军将领左宝贵登城指挥，身先士卒，慷慨战死。牡丹台、玄武门相继失守，平壤保卫战进入艰难时刻。主将叶志超急于逃命，下令撤退。由于指挥不力，命令传达不畅，导致清军群龙无首，在四散而逃时遭遇日军伏击，损失惨重。

平壤战役是中日陆军间的一次大规模战斗，清军死伤失踪2000余人，被俘700余人，损失大量武器弹药，退出朝鲜。日军死亡180余人，受伤500余人，失踪10余人。

（4）黄海海战

平壤战役结束后，中国将朝鲜的控制权拱手相让，但战争却没有结束。日本不依不饶，在平壤战役之后的第三天，就向北洋海军主力发起了进攻。

中国传统上是农业社会，国家的经济利益主要在本土，因而，中国近代海军当时虽获得很大发展，但性质上只是沿海炮台的延伸，目的在于保护中国本土，缺少出洋作战的主动意识，更没有想到将战场引向日本。日本与中国的防御方针完全不同，从一开始，日本就没有想固守防线，朝鲜危机发生后，日本立即制订海上作战计划，目的是尽快寻找北洋海军主力并与之作战。

9月初，李鸿章增派4000人奔赴朝鲜，驻防平壤后路，命丁汝昌率北洋舰队护航。9月16日，海军提督丁汝昌奉命率北洋舰队大小船舰共18艘自大连湾开行，护送清军乘招商局轮船赴大东沟，午后抵达鸭绿江口。9 月 16 日夜，日本联合舰队司令官伊东祐亨率 12 艘战舰前往鸭绿江口一带搜索北洋海军行踪。17 日午前，日本联合舰队发现清军舰队煤烟，随即驶向中国舰队停泊的地方。与此同时，中国舰队也发现了日本舰队，丁汝昌迅即传令升旗，命令各舰点火起锚，准备战斗。

此时，两军参战兵力大致如下：北洋舰队主力铁甲舰为“定远”“镇远”，其余为巡洋舰、炮舰、鱼雷艇，大小火炮约 190 门，鱼雷发射管 27 个，总排水量 3.1 万吨，平均时速 15 海里多，总兵力 2000 多人。日本舰队有“松岛”及其他共 12 艘舰艇装备，火炮、速射炮近 250 门，机炮 29 门，鱼雷发射管 37 个，总排水量 4 万吨，平均时速 17 海里多，总兵力 3500 人。比较而言，日本战舰的总吨位、机动性、航速、火器、功能均略优于清军。

中午 12 时 50 分，两国舰队相距约 5000 米时，“定远”舰首先发出黄海海战第一炮，随后，各舰发起第一轮炮击。开战不久，丁汝昌即身受重伤，简单处理后坐在甲板上安定军心，由“定远”舰管带总兵刘步蟾代为督战，指挥进退。

下午 2 时 30 分，日舰“松岛”中弹起火，仓皇退出战场。黄海海战第一阶段大致结束。此阶段，北洋舰队略占上风，“超勇”沉没，“扬威”损坏，而日舰“比睿”“赤城”亦遭重创，逃离战场，大东沟海战进入第二阶段。

至下午 3 时 20 分，第二阶段结束，北洋舰队“致远”“经远”被击沉，“济远”“广甲”逃走，只剩“定远”“镇远”“靖远”“来远”四舰留守战斗。日舰除“西京丸”被击成重伤逃离战场，尚余九舰。力量对比上，日舰已占绝对优势。北洋舰队处境艰难，但将士们面对险境，斗志高昂，毫不退却。

至下午5时，“靖远”代替旗舰，升起归队旗，“平远”“广丙”二舰及两艘鱼雷艇也前来会合助战，北洋舰队重整队伍，摆开阵列，猛追敌舰。日军见北洋舰队队形严整，声势大涨，当即南逃而去，北洋舰队追击数海里，因日舰速度快，追赶不及，于是收兵返回旅顺基地，历时五个小时的黄海战役，至此方告结束。

黄海战役规模大，持续时间长，战斗激烈，是人类历史上第一次完全由蒸汽动力军舰参加的大规模海战，也是人类海洋战争史上的一次标志性战役。黄海战役中，北洋海军“致远”“经远”“超勇”“扬威”“广甲”五艘军舰被击沉、击毁，死伤千余人；日本舰队“松岛”“吉野”“比睿”“赤城”“西京丸”五舰受重伤，死伤约600人。黄海战役结束后，中日两军互有胜负，北洋海军打出了气势，也为此付出了极大牺牲，舰队损失惨重，丧失了黄海、渤海的制海权，中国门户由此洞开。

2. 第二阶段：1894年9月17日至11月22日

（1）鸭绿江之战

中日交战中，日本的战略目标非常明确，希望在战场上速战速决，以图深入中国境内，迫使中国签订城下之盟。基于这样的战略意图，平壤战役一结束，日本战时大本营就命令山县有朋率领3万人渡过鸭绿江，寻找机会进攻辽东，占领奉天，直指山海关，威逼北京；同时命令陆军大臣大山岩大将为司令官，率兵约3万人从辽东半岛登陆，进攻金州、旅顺、大连湾，然后进入辽南地区。两军相互配合，相互呼应。在海陆作战连续胜利的激励下，日军士气高涨，求胜心切。

反观清政府，平壤战役失败后，清军的战略防线退至鸭绿江北，执行李鸿章提出的“严防渤海以固京畿之藩篱，力保沈阳以固东省之根本”[1] 的防御计划。中方布局一如既往地采取守势，在漫长的鸭绿江防线上，各将领分兵把关，极大地分散了本来就不充实的兵力，布防上存在诸多漏洞。在士气上，平壤溃败后，清军士气低落，避敌唯恐不及，已无抵御勇气，鸭绿江防卫战未及开打，清军已呈败象。

10月24日，日军攻占安平河口清军炮垒，冲破鸭绿江防线。25日，日军向虎山阵地发起猛攻。中午时分，虎山攻陷，清兵夺路而逃。26日，日军攻占九连城。短短三天，拥有3万重兵的鸭绿江防线全线崩溃，其间，清军没有一次像样的抵抗。11月18日，日军南北夹攻，攻占岫岩。至此，日军几乎完全控制了东边道所，并在安东设立民政厅，任命民政长官，实施殖民统治。至11月底，山县有朋率第一军与第二军相互配合，攻占辽东半岛大部分地区。

12月4日的日本战时大本营会议上，伊藤博文提出进攻威海，

① 《李鸿章传》，人民出版社1994年版，第304页。

略取台湾的方案，力主另组一支军队渡海作战，进攻威海，聚集优势兵力尽快歼灭北洋海军残余，使山东半岛与辽东半岛一起扼住渤海之锁钥，进而为日军南下夺取台湾创造条件。

（2）争夺海城

12月23日，日军攻占海城。海城素有“辽沈门户”“海疆咽喉”之称。海城失守的消息传出，朝野大震，清政府急调各路援军驰援辽阳。至12月底，清军在海城北、西、南集结兵力以备反攻。

1895年1月17日至3月2日，清军先后五次反攻，试图收复海城，中间多次反复，不乏英勇，尤以大平山之战最为激烈，但最终仍以失败告终。此后，日军进犯辽阳、鞍山，清军陆路战场已呈败象，再也无力夺回海城了。

（3）金州浴血

日军第一军向鸭绿江、安东、九连城防线发起进攻的同时，第二军2.5万人在旅顺口后路花园口登陆，试图发动对辽东半岛的攻势作战。旅顺口位于辽东半岛南端，与山东半岛的威海卫隔海相望，同为北洋海军重镇。为夺取旅顺，日军经过多次侦察和反复研究，最终选定花园口为登陆地点。

自古以来，花园口都属军事要地，但清政府在这里不曾设防，日军在此登陆长达14天，如入无人之地。1894年10月24日凌晨，日本联合舰队护送第二军抵达花园口外。半个月内，第二军司令部和24000多名士兵及2700多匹军马顺利在花园口登陆。如此大规模的登陆行动，清军竟然一无所知，致使金州城处境危急。

▲ 日军运送登陆物资

日军进攻金州，意在截断清军后路，进而夺取旅顺、大连。驻防金州的徐邦道沉着镇定，指挥士兵英勇作战。日军多番进攻，11月6日，金州城破。当晚，日军制订了进攻大连湾、夺取旅顺港的作战计划。11月7日凌晨，日军向大连湾发动进攻。大连湾守军将领赵怀业连夜退守旅顺，将大连湾防御工事及无数枪炮弹药、马匹等，拱手送给日军。

（4）旅顺喋血

日军占领金州和大连湾后，目标直指旅顺口。旅顺口自然地理条件极为优越，属天然军港，素有“东洋第一坚垒”的称号。从1880年起，清政府苦心经营十余年，耗费无数白银修建船坞。因旅顺口地理位置重要，清政府部署1.5万兵力防守，调集了七位统领，决心与日本一战。然而这七位统领各自为战，被动防御，有将无帅，稍战即溃。

11 月 15 日，日军第二军进逼旅顺。18 日，日军与清军在土城子展开搏杀。土城子之战，是甲午战争期间清军在陆战中的一次较大胜利，毙伤敌人近 60 名，打击了日本侵略者的嚣张气焰。21 日，日军向旅顺发起总攻。退守旅顺的徐邦道拼死力战，战至夜间，旅顺口全部陷落。日军夺得各炮台各式火炮 140 余门，弹药两箱，军用物资无数。这一战，清军无论在火炮数量、质量上，还是士兵数量上，均占有优势，更有多年经营的坚固炮台、壁垒为掩护，却仍然一天之内就丢了旅顺，究其原因，一方面是因为缺乏统一指挥，将领畏敌如虎，士兵缺乏训练；另一方面，也是因为李鸿章“消极防御、保船制敌”的错误方针。日军占领旅顺后，一连四天血洗全城，2 万余人遇难，史称“旅顺大屠杀”，这是甲午战争中最残忍的一幕。

为进一步逼迫清政府投降，实现日军在直隶平原与清军决战的作战方案，为谈判争取更多筹码，1895 年 2 月底，日军进攻辽阳东南。3 月 1 日，日军进抵八盘岭。交战不久，清军即撤。3 日，日军分左右纵队向牛庄进军。战至 4 日凌晨，牛庄失守。牛庄之战激烈残酷，清军以弱敌强，以 5000 余人抗击日本士兵 1.2 万人。这一战，清军阵亡 1800 多人，被俘近 700 人，损失大炮 24 门，步枪 1800 支，子弹近 40 万发，及其他大量军需物资；日军伤亡士兵近 400 人。牛庄一失，营口陷于孤立境地，辽南战场清军防御已现瓦解之态。3 月 6 日，日军直扑营口。7 日，营口陷落。9 日，田庄台陷落。

六天之内，清军接连丢失山海关外牛庄、营口、田庄台三座重镇，辽东屏障尽失。清军防线全面崩溃，人心瓦解，士气沮丧，已不可言战。

3. 第三阶段：1894 年 11 月 22 日至 1895 年 4 月 17 日

北洋海军在黄海战役中损失巨大，为保存其战斗力，李鸿章提出了更加保守的战略战术——“保船制敌”，即让剩余的北洋舰队全线回撤，退回旅顺和威海卫港湾。

威海卫位于山东半岛东北端，北、东、南三面濒海，西连烟台、蓬莱；北隔渤海海峡与辽东半岛相对，与旅顺口海军基地成掎角之势，共为渤海锁钥，拱卫京津海上门户；东面及东南面与朝鲜、日本列岛隔海相望。就地理环境而言，威海卫确属中国海军天然良港。威海卫背后峰峦叠嶂，南北两岸，山势险峻，向东伸出，突入海中，为天然屏障。刘公岛巍然屹立在港口中央，将海港分为南北两口，巨舰出入畅行无阻，并与南部日岛、西部黄岛遥相呼应。刘公岛上设有北洋水师提督署、水师学堂、兵营、制造局、鱼雷局、医院等军事设施。刘公岛与黄岛之间修筑有大堤，岛西有船坞，岛南有码头。威海港南北两岸设置陆路及海岸炮台，称南帮炮台、北帮炮台，在刘公岛、日岛、黄岛也修筑有炮台，装备了从德国克虏伯厂、英国阿姆斯特朗厂购买的新型大炮。刘公岛后炮台和日岛修建有暗台，交战时大炮可以从地下井中升至地面，旋转自如，四面攻击，交战后又退回井中，“敌人无从窥，炮弹不能及”[①]。为弥补后防空虚，充实南北岸炮台后路，清军还在陆路增建多座临时炮台。至战前，威海卫防区共建有各类炮台25座，并在海港东西两口敷设水雷和拦阻设施，用铁索将直径一尺半长一丈的方圆木材连接起来，每隔一定距离，用巨绳系在海底，以防风浪和潮水的冲击。同时，各式水雷遍布于防材附近。由于南口过于开阔，为防备日舰夜间偷袭，清军将南口完全堵死，只在北口留有活动门，平时关闭，用时打开。（见插图：北洋海防地理形势图）

▲ 德国克虏伯大炮

① 戚其章：《甲午战争史》，人民出版社1990年版，第343页。

关于威海卫的重要性，中日双方都很清楚。中国海军在威海卫有重要设施，驻扎重兵；而日本很久以前就对威海卫进行过详细勘查，对威海卫的防务交通了如指掌。

日军进攻辽东半岛的同时，也在山东半岛积极组织威海卫战役。1895年1月19日，日军调动25艘军舰、50艘运兵船，分三批从大连湾出发，登陆山东半岛作战。仅五天时间，日军就顺利占领荣成，完成登陆山东半岛作战的初步目标。

日军登陆山东半岛前后，中国犹处在战与和的争论之中。有人主张袭击日本运兵船，阻止日军登陆山东半岛；有人主张增援威海卫，殊死抵抗；有人主张主动出击，让北洋海军与日本海军在海上一决雌雄。但拥有决定权的李鸿章始终左右摇摆，让北洋海军错失了阻止日军登陆山东半岛的良机。威海卫的铁链没有防住日舰的进攻，反而极大地束缚了北洋海军的手脚。

为统一指挥，清政府任命前属广西巡抚李秉衡为山东巡抚，主持威海卫防务。李秉衡到任后，大力招募兵将、整顿防务。至战前，山东半岛清军总兵力已达60营计3万余人，分兵驻防各战略要地。

1895年1月25日，日军分左右两路进犯威海卫，同时从后路抄袭威海卫城和北岸炮台。威海卫海岸炮台系德国人设计，存在后路没有防御设施的严重缺陷。日军利用这一缺陷，组织陆军从后路包抄进攻，同时命令联合舰队从正面进攻海港，配合陆路进攻。

1月30日拂晓，日军对南岸炮台发起总攻，日舰也从海上发炮助攻。日军分左右两翼向摩天岭猛扑。摩天岭地势险要，是威海卫南岸的制高点，也是整个南帮炮台防御战的关键。清军与日军在此展开了激战，台上“清军大旗倒了三回，硬是竖起了三回”[①]，但终因寡不敌众使炮台失守。日军负责指挥的少将大寺安纯得意忘形，登上炮台耀武扬威，被停泊在港内的“定远”舰发炮击毙，这是甲午战争中第一个被击毙的日本将军。

上午8时，日军使用清军大炮，利用占领的摩天岭炮台轰击杨枫岭炮台，杨枫岭炮台失陷。日军占领南帮陆路炮台后，立即又对三个海岸炮台发起炮击，南帮炮台亦宣告失守。清军死亡达800余人，另有50余人被俘。日军也付出沉重代价，死伤230人。日军夺得南岸炮台后，立即抢修大炮，并猛轰港内北洋各舰。北洋各舰奋勇还击，但地处劣势，无险可守，无奈之下，丁汝昌下令撤往刘公岛。

2月1日，日军从西面进攻威海卫城。驻防将领贪生怕死，率部撤走，致使清军防线全线动摇、溃散。日军顺势占领威海卫城，随即分兵攻打北帮炮台。丁汝昌担心北邦炮台落入敌手，下令炸毁。随着南北帮炮台的失守，清军在刘公岛、日岛的防守更加艰难。港口进出口均被日本联合舰队封锁，北洋舰队被困港中，与外界联系断绝。日军致信丁汝昌，劝其投降，被丁汝昌严词拒绝。

2月3日，日军海陆两路向困守刘公岛的清军发动猛烈攻击，被清军击退。4日，日军战舰在威海外海耀武扬威，虚张声势，夜间则派出鱼雷艇，悄无声息地摸进威海港南口。5日凌晨，日军自缺口悄

① 《邵景泰、谢增口述》(1958年记录稿)。按：邵景泰。威海南岸海埠村人，当年18岁；谢增，威海南岸百尺崖所人，当年17岁。

悄进港，发动偷袭。6日凌晨，日军再次发动偷袭。清军密切注意日军动向，日舰几次试图冲入港口，均被击退。7日，日舰司令伊东佑亨下达对刘公岛的总攻击令。在北洋将士的顽强抵抗下，日军的进攻再次被击退。8日，日军采用围困战术，水陆两路轮番进攻，动用所有陆路大炮和海上舰炮对刘公岛及港内北洋各舰狂轰滥炸，士兵平民伤亡无数，刘公岛上水师学堂、机器厂、煤厂、民房等均被击毁，港内仅存“镇远”“济远”“平远”“广丙”四艘战舰、六艘炮艇及训练舰“康济”号，共计船舰11艘。（见插图：威海卫战役形势图）

▲ 日军利用修复的鹿角嘴炮台炮击北洋海军

此时，刘公岛上弹药将尽，存粮告急，军心动摇，局势难以控制。北洋舰队部分洋员劝丁汝昌投降，被丁汝昌严词拒绝，发誓“我必先死，断不能坐睹此事”。[①] 9日，丁汝昌从容命令炸沉已搁浅的“靖远”“定远”等舰。10日，刘步蟾在悲愤中自杀。12日，丁汝昌自杀。16日，中日签署《威海降约》，威海战役至此结束。17日上午10时30分，日本舰队举行捕获式，耀武扬威地驶入威海港口，表示正式占领威海卫。北洋舰队全军覆没，威海卫失陷。

▲ 丁汝昌（1836—1895）

▲ 刘步蟾（1852—1895）

① 范文澜：《中国近代史》（上册），人民出版社1955年版，第261页。

北洋舰队的覆灭，不仅是中国海军的惨败，也宣告了洋务运动的失败。在当时人们的心目中，北洋舰队象征着进步、强大和希望，甲午战争的失败，使清政府开始正视自己的落后，也让主战派完全丧失了抵抗信心。自此，清政府再也无力调动军队抵抗日军，形势发展至此，除了求和，别无选择。

▲ 日军占领刘公岛上的北洋海军公所

三、甲午战争的战后谈判及结果

一连串失败，挫败了清政府的信心和勇气。战后，日军在战场上长驱直入，直取中国腹地，清政府被迫寻求与日本谈判的可能。

在此情况下，恭亲王奕䜣重出江湖。奕䜣是著名的主和派，1860 年负责第二次鸦片战争的善后处理，主持《北京条约》谈判，化解了外交危机，因与慈禧太后有权力冲突而退出历史舞台，此番受命重出，意在通过外交转圜寻找和解的可能性。

可是，期待西方列强出面阻止日本继续用兵，只是中国的一厢情愿罢了。从日本政府的既定方针来看，其目的就是要通过战场上的绝对优势让清政府屈服，以攫取最大的利益。所以不是清政府想不想谈判与求和，而是日本根本不想在此时开始与清政府的和谈。和比战难，这是当时清政府面临的最大困境。

（一）洋人代表首次出使，无功而返

日本之所以不轻易接受调停，是因为他们的目标很清晰——第一步，获得对朝鲜的全部控制权；第二步，要清政府付出更多的代价。为了避免日本人漫天要价，清政府责成李鸿章邀请各国进行调停，寻找外交斡旋办法。李鸿章建议先派津海关税务司德人德璀琳赶赴日本探探口风，成则有助于化解僵局，败也不至于使清政府陷于尴尬。

1842年，德璀琳生于德国，1864年进入中国海关任职，是李鸿章的外交事务助理，深得李鸿章信任。1894年11月22日，52岁的德璀琳带着清政府的外交照会，踏上前往日本的征途。照会强调德璀琳此行是寻找化解中日冲突的方法。李鸿章托德璀琳给伊藤博文带去一封私人函件，表达自己对中日和平相处的恳切期待，希望伊藤博文看在老朋友的份上，尽快提出日方停止战争、重订合约的基本条件。

日方以德璀琳国籍、身份不能代表清政府为理由，拒绝接见德璀琳，也拒绝接受李鸿章的私信，令德璀琳在限定时间内离开日本。伊藤博文通知德璀琳：第一，阁下并非经过正当手续任命的使节，因此我无法与阁下会面；第二，中日两国正在交战，中国政府如果有什么事情需要与日本政府商议，也必须通过正当手续，派遣具有相当资格并能发挥实际作用的人前来；第三，即使阁下带有李鸿章的亲笔书信，如果想以这样的书信作为派遣正式代表的准备工作，那么亦必须是中国的官吏，而且有权利有资格能完全代表中国政府。11月29日，德璀琳一行从神户返回中国。此行没有什么实际效果，但算是战争开始以来，中日两国政府一次比较正式的接触。

（二）美国试图单独调停，被日婉拒

清政府在派遣德璀琳出使日本的同时，也加紧争取国际援助。恭亲王奕䜣邀请各国公使进行协商，希望找到解决的方法。基于现代国际法和现代国家意识，美国政府总体上比较倾向于日本，认为

日本发动战争并无过错，清政府不该在现在这种历史条件下继续保持对朝鲜的宗主权，朝鲜必须独立，这是美国介入调停的前提条件。清政府在战场上屡战屡败，除了和解别无他路，不得不默认美国的条件。

有了清政府的默许，美国力主单独出面调停，不愿与他国搅和在一起。11 月 6 日，美国国务卿指令驻日大使询问日本是否愿意接受调停。17 日，日本拒绝美国居中调停，但认为中日战争不能无限期进行下去，谈判不可避免。如果将来中国愿意媾和谈判，日本并不反对，只是为了避免第三国插手，日本不同意美国以调停者的身份参与，仅同意其以传信人身份介入谈判事宜。11 月 21 日，美国向清政府提出，愿意出面调处中日争端，但中国必须同意朝鲜独立、赔偿日本兵费两个基础条件。

11 月 27 日，日本通过驻华公使田贝向中国转达意见，强调中国如真诚希望和平，可任命具备正当资格的全权委员，日本当于两国全权委员会商时宣布停战条件。11 月 30 日，中国经美使向日本转达，希望日本能就停战媾和给出明确说法，以便中国进行有针对性的准备。实际上，日本早就拟好了与中国和谈的条件，但在何时公布另有考虑。日本进行和谈的基本方针是，在中国诚意求和前绝不泄漏议和条件，另外将问题严格限定在中日两国之间，使第三国在事前绝无插手余地。

12 月 2 日，陆奥宗光请美国转告中国，此次停战要求出于中国，所以日本方面强调，如不经具备正式资格的全权委员会会商，日本不能宣布媾和条件，否则可以不谈。日本的强硬态度使清政府无路可走，唯有尽快派遣全权代表与其谈判。

12 月 4 日，慈禧太后主持最高层会议进行讨论，同意接受美国调处，同意按照美国建议和日本要求尽快派遣全权大臣。12 月 12 日，清政府决定派张荫桓负责此次谈判。

中国之所以进一步退让，主要与此时战局有关。在中日交涉的过程中，日本一刻都没有停止进攻，在战场上不断取得新进展。战场上的节节败退使得清政府别无选择，只能加快和谈步伐。

（三）张荫桓、邵友濂再次出使日本，再次被拒

12 月 20 日，清政府发布谕旨，宣布任命尚书衔总理衙门大臣、户部左侍郎张荫桓，头品顶戴兵部右侍郎署湖南巡抚邵友濂为全权委员，前往日本全权会商。中国提出两个小要求：一是为了中国代表往返便利，请日本选定与上海相近地点为会议场所；二是希望日本能立即任命全权委员，速订会商日期，并望于日本任命全权委员之日，决定两国开始休战的日期。

对于中国的这两个小要求，日本亦不愿迁就，提出了停战的三个条件：一是朝鲜独立，二是割让土地，三是赔偿军费。12 月 26 日，陆奥宗光通过美使致电中国，表示日本将任命全权议和大臣，谈判地点为广岛；同意在中国全权委员到达广岛后 48 小时内，召开两国全权委员会议；至于休战条件，须在两国全权委员进行会商后方能决定。

1895年1月5日，张荫桓向慈禧太后、光绪帝及恭亲王辞行。清政府对张荫桓一行寄予厚望，嘱其到了日本后，注意与国内保持联系，所有应议各节，凡日本所请，都要随时电报朝廷，听从朝廷指示。

1月6日，张荫桓离京，经天津，转上海，与邵友濂会合。张荫桓在上海并没有急着启程，而是等待观望，希望前线传来好消息，以在谈判桌上争取更多的主动权。遗憾的是，清军节节后退，日军连连得手，没有等到期待中的好消息。1月14日，朝廷电令张荫桓一行即赴广岛。

1月27日，日本天皇任命伊藤博文、陆奥宗光为日本全权办理大臣，并在御前会议上批准日本的谈判原则策略。1月31日，中国代表团抵达广岛。

2月1日上午11时，中日两国全权大臣在广岛县厅会晤。张荫桓、邵友濂缺乏国际法常识，没有携带国际公法上通行的全权委任状，而是拿出一张中国人最看重的国书，请伊藤博文、陆奥宗光呈送日皇。然而在伊藤博文和陆奥宗光看来，张、邵二人所谓的国书，只不过是一张信任状，而不是两国交往所需要的全权委任状，必须参照国际惯例，使用全权委任状。

几经沟通，未能取得协调结果。伊藤博文提出，如果中国诚意求和，应授予使臣确实全权，并遴选负有众望、官爵足以保证实行缔结条约的人员当此大任，否则日本拒绝谈判。

2月5日，张、邵一行到长崎等待朝廷进一步指示。2月6日，清政府召集文武大员进行讨论，最终按照日本的要求，对国书进行了修改，希望以此让张、邵一行继续留在日本谈判，早日达成和议。2月8日，日本通过美使再次宣布，如果中国诚意求和平，就应派遣有资格有全权能切实负责的大臣前来。

此时，清军在前线已经无法支持。2月12日，清政府御前会议决定任命李鸿章为全权大臣，前往日本议和。

（四）李鸿章责无旁贷，承重出行

1. 清政府的谈判预案

2月22日早朝，光绪帝主持御前会议，与李鸿章和各位军机大臣讨论即将到来的议和谈判以及中国应坚持的原则。对于朝鲜独立和战争赔款，清政府已有心理准备，但对于割地，众大臣意见不一。以翁同龢为首的“清流”坚持可以赔款，但绝不能割地，而李鸿章显然对日本的条件有更多的心理准备。

2月23日，总理衙门将授予李鸿章的敕书底稿正式送交驻华公使田贝，请他转呈日本政府。谈判的真正障碍是怎样应对日本的要价，能赔多少钱，能不能割地，如果能又准备割多少地？就这些核心问题，23日，光绪帝召见李鸿章、恭亲王、翁同龢等再次磋商，但没有形成统一的意见。

2月24日，李鸿章前往英、俄、德各国公使馆寻求帮助。25日，三国公使分别回拜李鸿章，但是并没有带来什么值得高兴的消息。日本政府坚决要按照自己的原则办事，拒不接受他国斡旋。3月

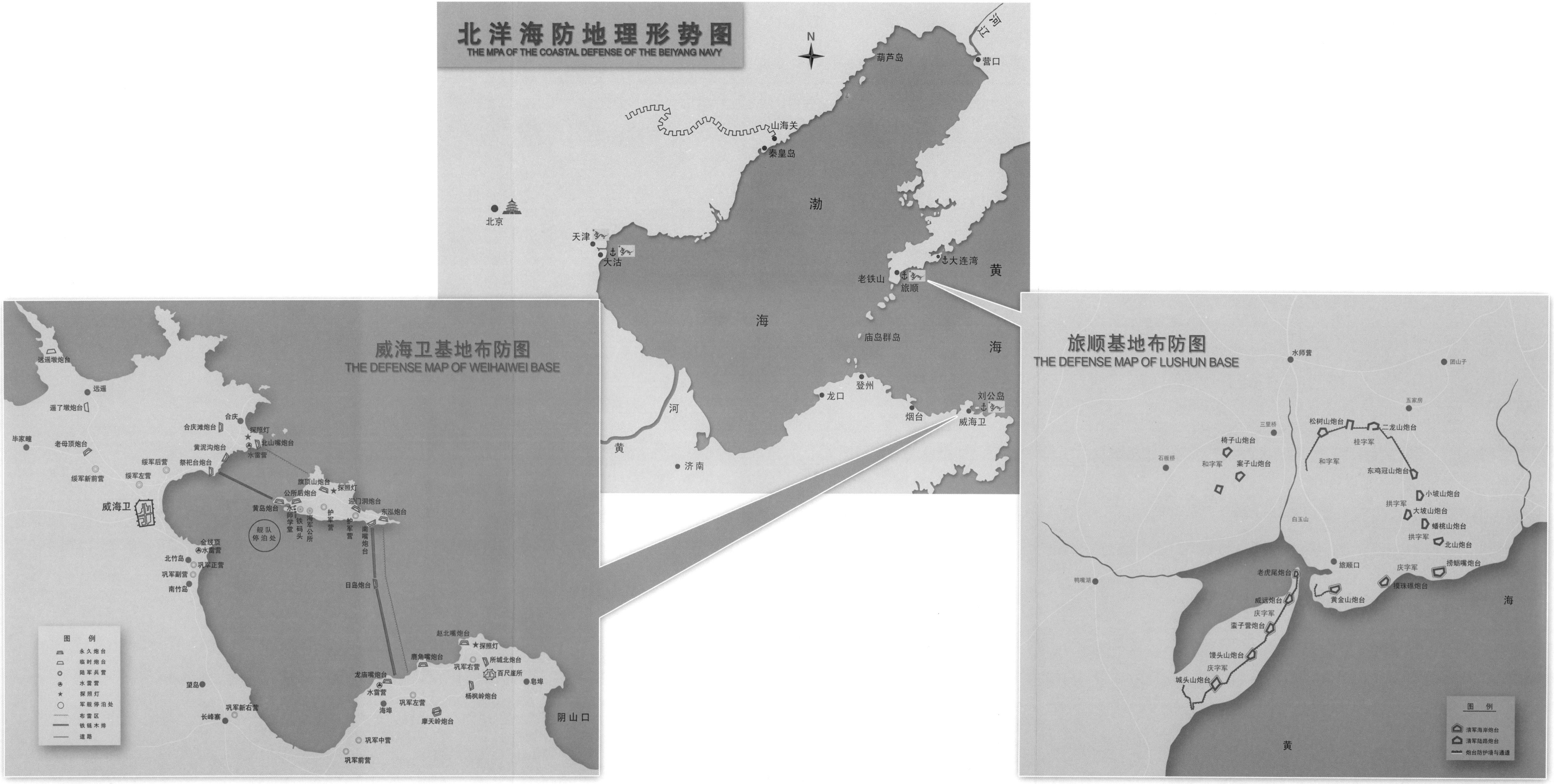

北洋海防地理形势图
THE MPA OF THE COASTAL DEFENSE OF THE BEIYANG NAVY
N
辽河
营口
葫芦岛
山海关
秦皇岛
北京
天津
大沽
渤
海
大连湾
老铁山
旅顺
黄
海
庙岛群岛
登州
龙口
烟台
刘公岛
威海卫
河
黄
济南
威海卫基地布防图
THE DEFENSE MAP OF WEIHAIWEI BASE
遥遥墩炮台
远遥
逼了墩炮台
毕家疃
老母顶炮台
绥军新前营
绥军后营
绥军左营
祭祀台炮台
黄泥沟炮台
合庆滩炮台
合庆
探照灯
北山嘴炮台
水雷营
威海卫
旗顶山炮台
探照灯
公所后炮台
黄岛炮台
水师学堂
铁码头
海军公所
护军营
护军营
迎门洞炮台
东泓炮台
南嘴炮台
舰队停泊处
金线顶
水雷营
北竹岛
巩军正营
巩军副营
南竹岛
日岛炮台
赵北嘴炮台
探照灯
鹿角嘴炮台
所城北炮台
巩军右营
百尺崖所
皂埠
龙庙嘴炮台
水雷营
杨枫岭炮台
海埠
巩军左营
摩天岭炮台
望岛
巩军新右营
长峰寨
巩军中营
巩军前营
阴山口
图例
永久炮台
临时炮台
陆军兵营
水雷营
探照灯
军舰停泊处
布雷区
铁链木排
道路
旅顺基地布防图
THE DEFENSE MAP OF LUSHUN BASE
水师营
团山子
五家房
三里桥
松树山炮台
二龙山炮台
椅子山炮台
桂字军
石板桥
和字军
案子山炮台
和字军
东鸡冠山炮台
小坡山炮台
拱字军
大坡山炮台
蟠桃山炮台
白玉山
拱字军
北山炮台
旅顺口
庆字军
捞蚪嘴炮台
鸭嘴湖
老虎尾炮台
摸珠礁炮台
黄金山炮台
威远炮台
庆字军
蛮子营炮台
海
馒头山炮台
庆字军
城头山炮台
黄
图例
清军海岸炮台
清军陆路炮台
炮台防护墙与通道

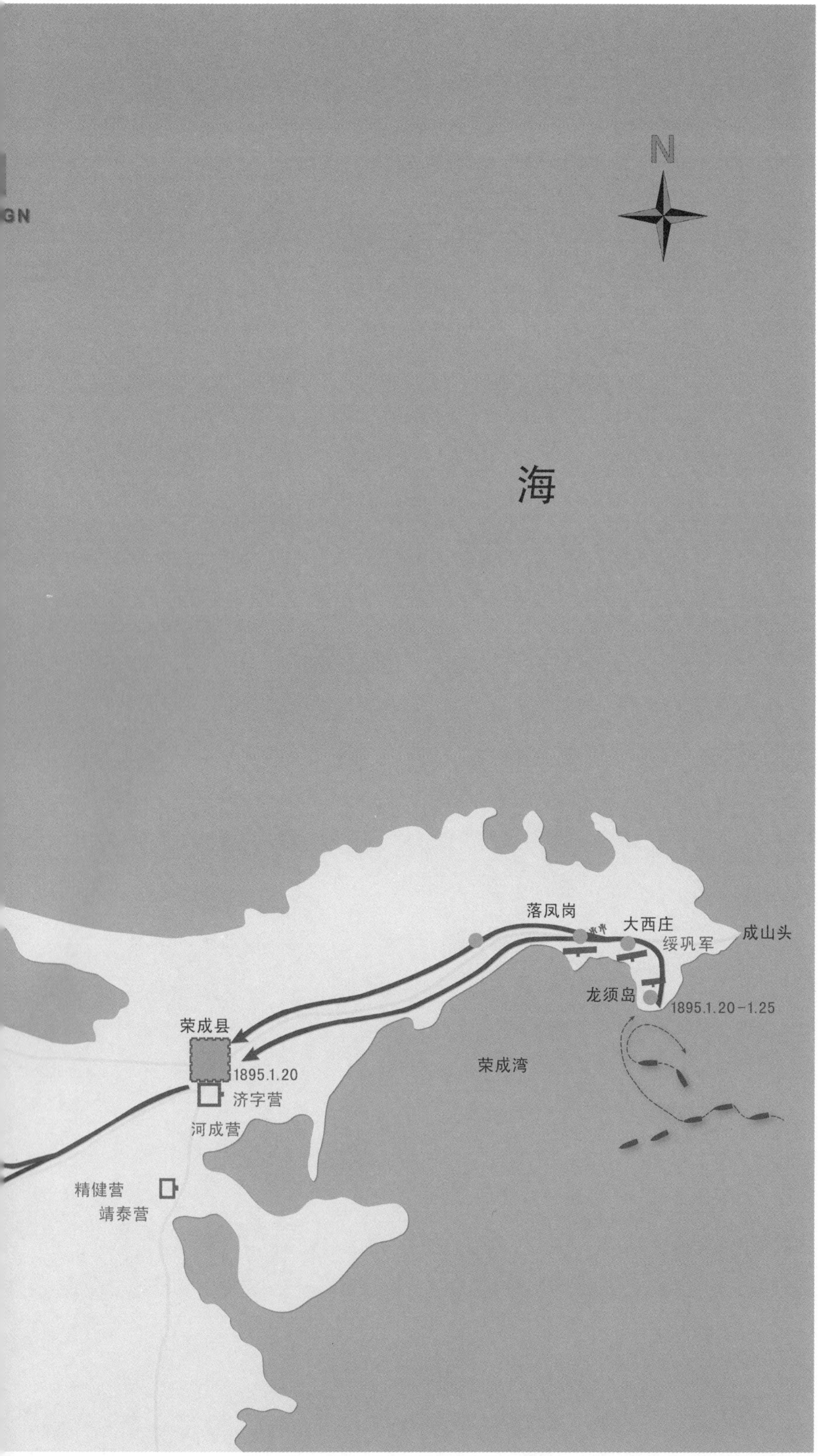

N
海
落凤岗
大西庄
绥巩军
成山头
龙须岛
1895.1.20-1.25
荣成县
1895.1.20
济字营
河成营
荣成湾
精健营
靖泰营

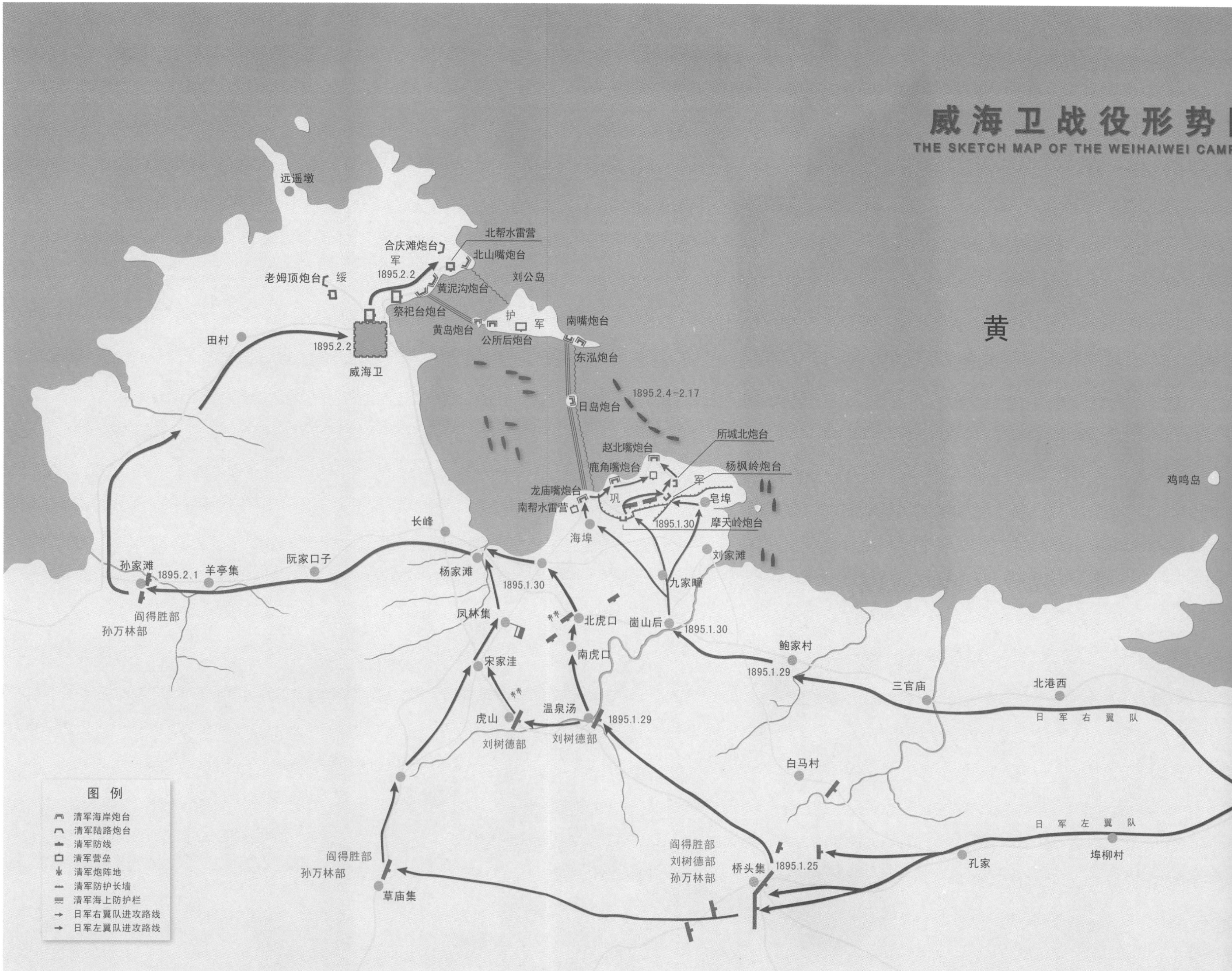
威海卫战役形势图
THE SKETCH MAP OF THE WEIHAIWEI CAMPA
黄
远遥墩
北帮水雷营
合庆滩炮台
北山嘴炮台
军
1895.2.2
老姆顶炮台
绥
刘公岛
黄泥沟炮台
祭祀台炮台
护
军
南嘴炮台
黄岛炮台
公所后炮台
田村
1895.2.2
威海卫
东泓炮台
1895.2.4-2.17
日岛炮台
所城北炮台
赵北嘴炮台
鹿角嘴炮台
杨枫岭炮台
龙庙嘴炮台
军
南帮水雷营
巩
皂埠
1895.1.30
摩天岭炮台
鸡鸣岛
长峰
海埠
刘家滩
阮家口子
杨家滩
孙家滩
1895.2.1
羊亭集
1895.1.30
九家疃
阎得胜部
孙万林部
凤林集
北虎口
崮山后
1895.1.30
鲍家村
宋家洼
南虎口
1895.1.29
三官庙
北港西
温泉汤
虎山
1895.1.29
日军右翼队
刘树德部
刘树德部
白马村
图例
清军海岸炮台
清军陆路炮台
清军防线
清军营垒
清军炮阵地
清军防护长墙
清军海上防护栏
日军右翼队进攻路线
日军左翼队进攻路线
日军左翼队
阎得胜部
阎得胜部
刘树德部
孙万林部
孙万林部
桥头集
1895.1.25
孔家
埠柳村
草庙集

2 日，光绪帝祭祀列祖列宗，禀告为了中国的安危和未来，只好接受日本人的要求，同意授予李鸿章商让土地之权。

割地虽已确定，但仍遭到朝廷重臣的各种非议。面对舆论和各方压力，朝廷通过上谕方式对为什么同意割地进行了解释：这次议和，日本关注的焦点问题就是割地，这个问题不解决，和谈就不能开始，大清臣民就可能因此承受更多损失。时机紧迫，这是朝廷不得不如此的苦衷。至于议和中的其他问题，清政府责成李鸿章权衡利害，统筹全局。达成基本共识后，日本作出回应，决定在马关与李鸿章进行会谈。

3 月 4 日，光绪帝单独召见李鸿章，表达对他促成和谈的殷切期望。5 日，李鸿章出京。14 日，李鸿章离开天津，前往日本。李鸿章一行出发后，清政府即通过美国公使通知了日本政府。18 日，陆奥宗光率先抵达马关。19 日清晨，伊藤博文和李鸿章同时抵达马关。

2. 李鸿章遇刺与谈判转机

3 月 20 日，李鸿章在李经方（李鸿章之子）、罗丰禄、伍廷芳、马建忠及翻译卢永铭等人的陪同下，前往会谈地点春帆楼。春帆楼位于马关红石山脚下，原本是座寺庙，后来改建为旅社，自然环境幽静开阔，适宜进行和谈。此次会谈，中日双方各有七人出席，日方除伊藤博文、陆奥宗光，还有内阁书记官伊东巳待治、外务书记官井上胜之助、外务大臣秘书官中田敬义、外务省翻译官陆奥广吉和楢原陈政。伊藤博文和李鸿章是多年相识，双方简单寒暄后进入正题。

▲李经方（1855—1934）

▲陆奥宗光（1844—1897）

按照议程，当天的主要事务是校验文书。文书校验完成后，李鸿章提出一个临时动议，让罗丰禄宣读拟请停战的英文备忘录，并请求日本政府能从两国大局考虑，同意于媾和条件谈判开始，即宣布两国陆海军一律休战，以商议合约条款。此事出乎伊藤博文、陆奥宗光意料，约定第二天再议。

3 月 21 日，李鸿章与伊藤博文各自率领团队在春帆楼举行第二次会谈。日本提出，依据现在的军事形势，考虑到彼此交战所发生的后果，应附加以下条件才能停战：允许日军占领大沽、天津、山海关；在上述各处，中国军队须将一切武器、军备等一律移交给日军；天津、山海关间的铁路由日本军务官支配管理，中方承担日军全部费用。如中国全权大臣同意以上条件，日本就可提出实行休战的日期期限、两军实际控制线等详细内容。李鸿章对此条件连呼

"过苛，过苛!"[①]

日本之所以提出如此苛刻的休战条件，是因为在他们的谈判预案中没有停战这个环节。从战场态势看，日军气势如虹，没有停战的必要，且日本就是想以武力迫使中国屈服，主动沟通和谈判。中国提出停战要求有一定的合理性，日本如果拒绝就违背了国际交往惯例，就要承受国际压力。因此，日方提出非常严苛的休战条件，就是要使中国无法接受，自动撤回休战要求，重回谈判。

李鸿章认为休战条件过于苛刻，希望日本重新考虑。日本则只允许李鸿章在此方案的基础上提出修正，谈判的主动权完全掌握在日本手中。李鸿章婉转相商，乃至哀求，始终无法打动日方，日方只同意给我方三天的限定考虑时间。任何谈判都必须以实力作后盾，中国在军事上一败再败，防线已形同虚设，无论如何都必须尽快与日本谈判，而要谈判就必须让步，否则以日军在战场上的进攻态势，京城危在旦夕。

当天会后，李鸿章将此次会谈情形如实汇报至清政府，指出日本"要挟过甚，碍难允行"[②]。光绪帝派人前往各国公使，通报李鸿章与日方会谈情况，期望各国能出面劝说，不要太为难中国。根据各国公使建议，朝廷于3月23日向李鸿章发出指示，经与各国公使相商，还是回到此行主题，先索要议和条款为要。

---

① 〔日〕陆奥宗光著，伊舍石译：《蹇蹇录》（中译本），商务印书馆1963年版，第133页。

② 《李鸿章传》，人民出版社1994年版，第319页。

3 月 24 日，中日双方在马关举行第三次会谈。双方各持己见，多番往来。

会谈结束后，李鸿章返回住处。在距住处仅 50 米的地方，被日本人小山丰太郎开枪行刺，击中左眼下颊骨。后来查明，小山丰太郎之所以行刺李鸿章，是因为他认为中日之所以发生冲突，日本之所以未能吞并朝鲜，都是因为李鸿章的缘故。现在李鸿章来日本议和，更是凭其三寸不烂之舌阻止日本进攻。小山丰太郎坚决反对议和，为了日本的前途，为了激励日军，决心向李鸿章行刺。可万万没想到的是，他的行动不仅没有达到自己的目的，反而使李鸿章通过这次事件赢得了和谈的主动权。

李鸿章遇刺的消息一经传出，陆奥宗光与伊藤博文就立即赶往行馆进行慰问。天皇闻知大为震惊，立刻派遣宫廷御医前来诊治。皇后也亲自制作绷带，委派护士照料，给予李鸿章最隆重的礼遇。更重要的是，刺杀事件在日本国民中影响巨大，大部分国民为在自以为文明的国家发生了这样的野蛮事件深感惭愧。为了弥补缺憾、表达善意，日本国内公司、团体代表及个人纷纷前去行馆慰问探视李鸿章。

刺杀事件使得日本政府颇为被动，与其说是惋惜李鸿章遇刺，毋宁说是担心因此而带来的外交责难。陆奥宗光知道，必须要在议和协议上对此事有所体现，否则日本不仅会失去道义上的支持，在实际利益上也将有非常大的损失。日本政府也担心，如不及时善后，李鸿章会以负伤为借口一走了之，在国际社会上要求欧美各国再度出面斡旋。而欧美各国在舆论的压力下，未必不会同情中国。如此一来，日本势将陷入被动。

因为有这个顾虑，伊藤博文、陆奥宗光请求天皇以最高规格礼遇相待李鸿章，希望李鸿章留下来继续和谈。为了诱导李鸿章继续商谈，避免列国联合干涉，日本主动提到之前否决的停战提议。

3月28日，陆奥宗光前往行馆探病，郑重告知李鸿章，日本政府决定无条件休战："我天皇陛下闻悉本月二十四日之变故后，宸襟深感烦恼，对前所未予见诺之无条件休战，兹已命其全权办理大臣可规定期限，在某些区域内予以允诺。"① 此决定出乎李鸿章的意料，他当即表示自己虽然负伤未愈，不能亲赴春帆楼继续会谈，但如日方同意，会谈可在他的病榻前举行。

3月29日，陆奥宗光再次来到李鸿章行馆，一是探视，二是讨论停战协议。30日，两国全权大臣签署《中日停战协定》，共有六款：

第一款　大清帝国、大日本帝国政府，现允中日两国所有在奉天、直隶、山东地方水陆各军，均确照以下所定停战条款一律办理。

第二款　两国军队应遵该约暂行停战者，各自须驻守现在屯扎地方，停战期内不得互为前进。

第三款　中日两国现约，在停战期内，所有两国前敌兵队，

① 〔日〕陆奥宗光著，伊舍石译：《蹇蹇录》（中译本），商务印书馆1963年版，第139页。

无论或攻或守，各不加增前进，并不添派援兵及加一切战斗之力，惟两国如有分派布置新兵，非遣往前敌助战者，不在此款之内。

第四款　海上转运兵勇军需，所有战时禁物，仍按战时公例，随时由敌船查捕。

第五款　两国政府于此约签订之后，限二十一日期内，确照此项停战条约办理，惟两国军队驻扎处所有电线不通之处，各自设法从速知照，两国前敌各将领于得信后，亦可彼此互相知照，立即停战。

第六款　此项停战条款，约明于光绪二十一年三月二十六日，即明治二十八年四月二十日，中午十二点钟届满，彼此无须知会。如期内和议决裂，此项停战之约亦即中止。[①]

一百多年来，人们对这份停战协定有各种看法，有人认为是日本政府鉴于国际压力的重大让步；有人认为是李鸿章巧妙利用刺杀事件为中国谋取的重大利益；还有人认为这个协议是日本政府巧妙利用刺杀事件，以退为进获取先前用强硬手段无法获得的利益的重大胜利。不管怎么说，能够暂时停战，缓解一下中国战场上的压力，确实是清政府一直期待的。

3.《马关条约》的谈判过程及主要内容

4 月 1 日上午，陆奥宗光邀请李经方商量议和程序及方法。下

① 《中日战争》第 7 卷，上海书店出版社 2000 年版，第 501—502 页。

午，日方将媾和条约草案送至李鸿章行馆。合约草案共 11 款，包括朝鲜独立、割地、赔款、最惠国待遇四大项。

关于朝鲜独立。草案规定，中国承认朝鲜为完全无缺之独立自主国，凡有损独立自主体制，如该国过去向中国所修贡献典礼等，此后一律废绝。这个议题没有引起争论，中国政府默认了日本的方案。

关于割地。作为一个岛国，作为一个刚刚兴起的近代国家，日本对领土有着不可遏制的占领欲望。草案中，日本要求中国割让的土地大致分为三大块：辽东半岛、台湾、澎湖列岛。与割地相关的是当地人民，草案规定，被割让土地上的人民在中日双方交接前可以自愿离去，任意变卖所有田地；移交完成后，未迁出者将被视为日本臣民。

关于赔款。日本要求清政府赔偿 3 亿两白银，分五次付清。未交清部分，按年加抽百分之五的利息。

关于最惠国待遇。日本政府要求尽快签订两国通商行船章程及陆路通商章程。新约没有签订前，日本臣民在中国享受西方各国所享有的同等待遇。包括：一、另开直隶省顺天府、湖北省荆州和沙市、湖南省长沙府、四川省重庆府、广西省梧州府、江苏省苏州府、浙江省杭州府为通商口岸，日本有权在通商口岸派驻领事官；二、日本轮船可以在下列航道自由行驶，搭客运货。这些航道是从湖北省宜昌溯长江以至四川省重庆府、从长江驶进洞庭湖溯入湘江以及湘潭县、从广东省溯西江至梧州府、从上海驶进吴淞江及运河以及苏州府、杭州府；三、日本臣民运进中国各口的一切货物，享受关税优惠；四、日本臣民在中国内地购物时，也享有优惠。

日本条件之苛酷大出李鸿章的意料，在与幕僚随从相商的过程中，美国顾问科士达建议李鸿章不妨将这些条件由总理衙门密告英、俄、法三国，希望这三个国家能在关键时刻在外交上予以帮助。

李鸿章将合约草案全文报送清政府，并提出两点意见：一是日本索要兵费过多，无论如何不能答应，即使一时勉强答应，后面必然公私交困，善后事宜势必无力筹办；二是奉天为满洲腹地，中国万不能让，日本如不将拟索兵费大加删减并将拟索奉天南边各地一律删去，和局必不能成，两国只有苦战到底。至于日本所拟通商新约详细条目，李鸿章建议朝廷保密，因为这些条款，特别是增加通商口岸等，是西方多国多年想要而没有得到的。

清政府收到李鸿章的合约草案后，君臣立即分为两派，一派主张及时止损，“战”字不可再提；一派认为日本要价过高，实在难以同意。在割地问题上，众臣似乎都明白必定要割，但究竟割哪里，是割台湾还是奉天以南辽东半岛，还是两个地方都割，也分成至少两派。台湾是军事要地、交通要塞，很重要，不可弃；奉天为大清王朝龙兴之地。两个地方如果只能保住一个，满族大臣如恭亲王、庆亲王等倾向于先保奉天；而汉族大臣翁同龢却考虑到台湾的重要战略价值，主张台湾绝不可弃。

日本要价过高，致使谈判无法进行，朝廷一方面指示李鸿章尽心联络，甚至指示他利用与伊藤博文、陆奥宗光的个人情谊，看是否能争取适当让步；另一方面，告知前线将领日本索价过高，和谈很难顺利结束，一旦停战期满势必再战，指示他们务必做好准备。

清政府的指示太过原则，没有对具体条款提出更正和商量的意见。4月5日，双方约定时间已到，李鸿章提出一个自己忖度的修正案，全面回应日方要求。

关于朝鲜，中方承认朝鲜为完全无缺独立自主国，此条并无异议。

关于割地，李鸿章指出，日本如果勒令中国割地，必须充分考虑后果，这样做不但不能杜绝争端，且日后两国必生分歧，两国子孙永成仇敌，传之无穷。我辈既为两国全权大臣，不能不为臣民深谋远虑，自应立一永远和好相互援助之约，以保东方大局。中日两国是近邻，史册文字、艺事商务，一一相通，何必结此仇衅？国家所有土地都是列代相传数千年数百年无价之基业，一旦令其割弃，其臣民势必饮恨含冤，日思报复。何况奉天为我朝发祥之地，若其南边各处都被日本控制，以为训练水陆各军基地，随时可直捣京师，这样中国人必然生发这样的认识，那就是日本取我祖宗之地作为其军事基地，作为对我京师的巨大威胁，随时可以向我进攻。这不是要和中国人世代为仇吗？李鸿章强调，日本在此次开战之初，曾明确宣示，此次与中国打仗所争者，为朝鲜自主自立，非贪中国土地。日本如果不负初心，可与中国将此约稿好好修改，使之成为一个永远和好彼此援助的合约；如果日本不这样做，图恃一时兵力任性索取，则中国势必尝胆卧薪，力筹报复。

关于兵费，李鸿章指出，此次战事，中国并非首先开战之人，亦未侵占日本土地，论理不当责令中国赔偿，但美国公使愿意出面调停，中国政府确曾答应适度赔偿一些兵费，现在中国政府仍然愿意遵守这个承诺，只是所定数目必须公道，不能漫天要价。

关于通商权利，李鸿章表示，日方提出的这些权利，中国既有可以照准之处，也有必加更改之处。中国愿意与日本重新讨论通商问题，参照西方各国现行条约章程，重新签订新条约，只是所有优惠应是双向的，不能只顾及日本臣民，而不顾及中国百姓。比如，中国如果按照日方要求，准许洋商在华制造土货，那么必定尽夺小民生计，中国工业必然尽毁，所以不能不想办法保护这些工厂。中国如完全答应日方要求，那么西方各国皆缘一体均沾原则，中国企业必定立即全部被击垮，所以外国资本进入中国应遵循渐进原则，不能要求中国政府不计后果完全开放。至于具体修正条款，李鸿章一一列举。李鸿章这个说帖长达数千言，笔意精到，仔细周详，将他想说的都表达出来了。陆奥宗光阅读后也佩服李鸿章的睿智和沉稳，对李鸿章给予了相当的理解和同情。然而，伊藤博文认为，不能被李鸿章牵着鼻子走。

4 月 6 日，日本政府向李鸿章递交了一份外交照会，要求中方直面事实，不要在理论上纠缠，回到 4 月 1 日双方的约定，对条约草案是否全部接受，或对各条酌量回答，均应作明确答复。中方应清楚战争结果所要求的条款，不能与通常情况下的谈判相提并论，丛林法则，赢者通吃。这个照会将李鸿章逼进了死胡同。李鸿章对日本提案只有两种选择，或全部允诺，或逐条允诺或修正，若某项条款不能应允，应如实说明，勿再延缓。

清政府在过去若干天对日本的议和草案进行了详细讨论，吵得一塌糊涂。4 月 8 日，清政府通过电报指示李鸿章，强调奉天为陪都重地，岂能轻让？台湾则是兵争所未及之地，人心所系，又安忍资敌？至于赔款，万万以上，中国肯定付不出来。至于通商，朝廷已与赫德密商，寻求解决办法。增加通商口岸七处，重庆、沙市、梧州可以答应，京师、湘潭不太方便，苏州、杭州均系内河亦多不便。稍后，清政府又指示李鸿章："南北两地，朝廷视为并重，非至万不得已，极尽驳论而不能得，何忍轻言割弃。"① 万一实在顶不住，"先将让地应以一处为断，赔费应以万两为断，与之竭力申说"②。这就是朝廷的底牌。

李鸿章将部分朝廷答复回复日本，伊藤博文表示无法接受。他强调日本军费耗费巨大，索赔 3 亿两白银并不算多，即便削减也极有限；割地方面，奉天、台湾皆须割让，没有讨价还价的空间。这些条件是日本上下文武臣僚仔细研究后提出的，希望中国使臣能够

① 《李鸿章传》，人民出版社 1994 年版，第 321 页。
② 《李鸿章传》，人民出版社 1994 年版，第 321 页。

深切考虑中日两国目前所处形势，即日本为战胜国，中国为战败国这一基本事实。在中国使臣不先对日方提案给出大体是否承诺的明确答复之前，再面议几次，亦属无益。

4月8日，李鸿章给朝廷发电报，详细报告谈判要点和细节，以为事迫势急，如果不能适当满足日方要求，谈判势必破裂，战火必将重燃，谈判前景不容乐观，应及早命令前线将帅做好重新开战准备。

在日方的催促下，4月9日，李鸿章提交了一个修正案。要点有两条：一是同意割让辽南的安东县、宽甸县、凤凰厅，岫岩州及澎湖列岛；二是同意赔款白银1万万两。

4月10日，中日双方进行第四次正式会谈。伊藤博文表示，现在已停战多日，留给谈判的时间也很有限，合约必须从速定夺，否则难免重燃战火。日本准备了对中方和约修正案的改定条款节略，以免彼此因辩论空耗时间。与和约底稿相比，此节略在某些条件方面有所减少，仍为11款，内容更加集中在割地、赔款和通商条约的修改。关于割地，日方在新草案中坚持台湾及澎湖列岛仍以原案；关于奉天省南部之地，减为从鸭绿江口溯该江以抵安平河口，又从该河口起，至凤凰城、海城及营口，划成折线以南地方，所有各城邑，皆包括在界限内。此外，凡在辽东湾东岸及黄海北岸属于奉天省的诸岛屿亦在割让之列。关于赔款，减为两万万两白银。关于通商条约修改，日本不容变更其原案。但是，新开商港可减为沙市、重庆、苏州、杭州四处；另外，日本轮船航线可修正为由长江上游湖北省宜昌至四川省重庆，由上海入吴淞江及运河，以至苏州、杭州。

伊藤博文强调这个方案为日方最后让步，希望中国使臣对此只需给出接受或不接受的答复，再行辩论已无意义。李鸿章又提出了三点辩护，被伊藤博文全面驳回。双方颇多来回。当晚，李鸿章将谈判情况向朝廷作了详细汇报，表示他已竭尽全力，反复辩说，徒劳无功，希望朝廷尽快决定。

4 月 11 日，伊藤博文派人送来一份外交照会，重申日本立场，强调日方最后提案已充分酌量中国意见，减无可减。这份被视为最后通牒的外交照会让李鸿章深感事态严重，他在收到的当天迅即致电朝廷。同时，李鸿章复函日方，希望尽己所能，在日本已定条件上再往下压，能压多少是多少，争得一分是一分。现在看来，不过是徒劳而已。

4 月 14 日，伊藤博文派人到行馆催要中国的答复，称四天期限已到，中国政府如果不答应日方条件，立即重燃战火。无奈之下，中国政府做了最后的妥协和退让。4 月 15 日晨，李鸿章收到朝廷指示，既无可再争，就参照先前指示与日人订约吧。

4 月 15 日下午 2 时 30 分，李鸿章与伊藤博文在春帆楼举行第五次会谈。谈判桌上，李鸿章仍然据理力争，试图减少哪怕略微的损失，但伊藤博文坚守不让。4 月 17 日，李鸿章被迫签署了丧权辱国的不平等条约——《马关条约》。

▲ 马关谈判

根据条约规定，中国承认朝鲜脱离与中国的宗藩关系；日本获得中国台湾及其附属岛屿、澎湖列岛和辽东半岛；中国赔偿日本军费白银两亿两，两国此前所订的所有约章均作废，待《马关条约》批准互换后重新谈判新的通商行船条约及陆路通商章程；日本臣民得以在中国通商口岸城邑任便从事各项工艺制造，可将各项机器任便装运进口，只需缴纳所定进口税；中国开放沙市、重庆、苏州、杭州为商埠，日本于各口岸派领事官。

《马关条约》使日本获得了巨大利益，刺激了其侵略野心。与此同时，也使中国的民族危机空前严重，半殖民地化程度大大加深。

4. “三国干涉还辽”始末

就在李鸿章离开日本不久，俄、法、德三国强硬要求日本将条约中规定的辽东半岛还给中国，史称“三国干涉还辽”事件。

事实上，甲午战争并不是中日两国一对一的战争，而是远东政治格局的重新洗牌，既涉及中、日、朝三国，也涉及俄、德、英、法、美及其他列强在远东地区的利益。列强对中日间的战争密切关注，所谓局外中立立场，实际上是坐等日本用武力打开中国半掩的大门后分一杯羹。中国虽然在半个多世纪前的鸦片战争中被迫打开了国门，开放了五个通商口岸，后来又在英法联军的侵略中被迫融入国际社会，但一直不是对外开放的主导者，始终不愿彻底融入国际社会。那时的世界，资本主义在经历了早期发展后向帝国主义转变，过剩的生产力要向外转移，过剩的资本需要寻找投资机会，中国拥有的庞大市场无疑成为西方列强进行扩张的首选之地。

中国经历了30年的洋务运动，却并没有真正完成向现代社会的转轨。日本引诱中国在朝鲜问题上犯错，其实就是寻找彻底打开中国大门的办法。对中国来说，《马关条约》虽有割地、有赔款，但对后来影响最大的是准入开放，中国从此被迫踏上了世界一体化的道路。

从这个角度反观甲午战争，就明白列强所谓的中立，只是不愿帮助中国的借口，他们对两国战争保持着高度关注，关注程度甚至超过了大多数中国人，他们希望日本教训中国，但又不希望日本借此过于强大，破坏远东原来的平衡格局，影响到他们的利益。所以，当日本的谈判条件传出后，列强就开始策划干涉。

李鸿章出发去日本之前，曾经开展了一系列外交活动。2 月 17 日，驻华美使田贝将日本的和谈条件转达给中国，归纳起来就是朝鲜独立、割地、赔款、最惠国待遇。其中，朝鲜独立无须讨论，最惠国待遇也不会引起列强干预，这本来就是各国的共同目的。需要讨论的问题只有割地、赔款。赔款不能太多，因为列强不希望一个即将开放市场的政府赤贫；割地也不能太多，还要看割的位置，不能因对日本的赔偿而损害列强的在华利益。

割让辽东的条款提出后，理所当然地遭到了列强的抗议。4 月 8 日，俄国邀请英、德共同干预日本对辽东的割地要求，遭到英国婉拒。俄国再找法国商量，法国同意与俄国一起行动。16 日，沙皇与德皇达成一致，训令两国在远东的海军做好战争准备。

俄、法、德三国愿意出面阻止日本割让辽东半岛，当然不是无代价地支援中国，而是各有各的目的：法国公使施阿兰向总理衙门要求将云南猛乌、乌德划归越南，实际上就是划给法国。德皇致信沙皇，明确表示希望在中国得到一个港口。至于俄国，一方面，俄国与日本原本就有地缘冲突，日本在亚洲每进一步，都在削弱俄国的影响力，因此，俄国希望扼制日本的在华势力；另一方面，俄国对中国也有自己的诉求，不仅要港口，还要土地。

三国联盟形成时，中日谈判已结束。4 月 17 日，中日双方在《马关条约》上签字。签字当天，俄、法、德三国迅即反应。俄国外交大臣罗巴诺夫在圣彼得堡约见德、法公使：“俄国政府决定，立即以友谊方式，直接向日本政府提出不要永久占领中国本土的请求”，主张“为使朝鲜独立和远东的持久和平免受威胁，日本必须放弃辽东半岛”。[①] 德、法两国出于自身利益的考虑，欣然接受。德皇威廉二世当天下令往远东调兵，外交大臣马沙尔也指示驻日公使向日本提出抗议，以为日本严重损害了德国和欧洲的利益，日本必须就此让步。

4 月 23 日下午，三国公使相继来到日本外务省，就《马关条约》中关于割让辽东半岛一条提出异议。三国政府分别提交了备忘录，指出辽东半岛的割让不仅对中国首都构成极大威胁，使朝鲜独立有名无实，而且将对远东的持久和平构成威胁，因此劝告日本放弃辽东半岛。

4 月 24 日，日本召开御前会议，经过反复盘算，伊藤博文、陆奥宗光等制定了如下行动方针：即便日本最后不得不对俄、法、德三国让步，但也绝对不能对中国让步。

4 月 30 日，日本政府向驻俄、德、法三国公使发出指示，请他们知会三国政府，日本对三国的友好劝告进行了缜密研究，同意在交换条约批准书后以另外方式做两点修改：第一，除金州厅外，日本对于辽东半岛永久占领权完全放弃，但中国当以相当款项作为放弃领土的报酬；第二，在中国完全履行条约义务前，日本有占领辽东作为担保的权利。

① 《中日战争》第 7 卷，上海书店出版社 2000 年版，第 351 页。

此建议被俄国强硬拒绝。5月4日，日本内阁接受陆奥宗光的建议，决定完全放弃辽东半岛。三国获悉后，表示满意。

俄、德、法三国干涉联盟大致形成后，清政府将其奉为救星、恩人。没想到的是，日本在三国强势压力下的让步，只是对三国，而不是对中国。

6月4日，日本内阁就归还辽东问题作出决定，强调作为永久放弃辽东的补偿，中国政府必须支付白银一亿两。9月11日，三国将赔款金额定为三千万两，并通知日本，要求日本接受，同时确定一个尽早撤兵的日期。在三国的压力下，日本只好让步。

10月14日，中国仍以李鸿章为全权大臣，与日本驻华公使林董在北京谈判还辽事宜。

11月8日，李鸿章与林董签署《辽东半岛收还条约》，约定在中国支付赎金后，日军一律从原《马关条约》第二款规定的中国让与日本管理的奉天省南边地方撤回，该地所有堡垒、军器、工厂及一切属公物件永远交还中国。约定中国为此向日本支付白银三千万两，自交款之日起三个月内，日军从辽东全部撤出。

11月29日，中日双方完成换约；30日，日军退出牛庄、营口；12月2日退出盖州，10日退出复州，21日退出金州、旅顺，25日退出大连湾。至此，"三国干涉还辽"事件以中国增加三千万两白银作为赎金而结束。

第二章 甲午战争的后果及其影响

一、对世界格局、远东格局的影响

120 多年前的甲午之战，不仅是中日两国近代史上的大事，也是亚洲乃至世界近代史上的大事。这场战争的挑起方日本、应战方中国，以及被迫卷入的朝鲜，都因为这场战争而使自身的国家、民族命运发生了巨大的变化。不止如此，它还在一定程度上改变了东亚的政治格局，甚至影响着整个世界的走向。

甲午战争前，在东亚事务中发挥作用的国家主要有中、日、俄、英四国，此外，法、德、美、朝鲜等国也扮演着重要角色，呈现出俄、英争霸，中国、日本、朝鲜的情况虽各有不同，但都受到不平等条约的制约的局面。甲午战争直接造成东亚各国的力量此消彼长，间接导致列强利益分化，影响着世界战略格局的变化。远东地区由原来的英、俄争霸，变成世界列强群起瓜分的局面。

1. 俄国

甲午战争中，除了中日双方之外，最关心战争趋势和进程的，是一直试图向远东进行势力扩张的沙皇俄国。

1895年2月和4月，甲午战争即将结束之时，沙皇俄国召开了两次大臣特别会议，商讨如何与日本对抗。当时，沙俄在远东没有足够强大的海军，由于担心日本占有辽东半岛之后获得更多的土地、资源、人口，包括向中国内地挺进的战略空间，于是联合法国和德国一起对日本进行干涉，迫使日本把辽东半岛还给中国，史称“三国干涉还辽”事件。甲午战争之后，沙皇俄国进一步加强了对中国东北地区的侵略，为了对付英日之间形成的同盟，1902年，俄国与法国结盟，以保护俄法两国在远东的利益。

2. 英国

英国是近代以来最早来中国开辟战场的国家，通过两次鸦片战争获得的侵略利益最多，所占据的势力范围最大，因而在甲午中日战争中，英国想方设法地维护既得利益，以保持自己的优势地位。当时，英、俄两国之间的矛盾和竞争是全球性的，两国在争夺伊朗、土耳其和朝鲜等战略要地的过程中互不相让，剑拔弩张，竞争的战线从欧洲绵延到亚洲。对英国来说，要在东亚地区抵制俄国扩张，就需扶植日本。

英国虽然支持日本，但也并不希望清政府因为战败被过分削弱甚至垮台。甲午战争之前，英国曾经把中国当成它与沙俄之间的缓冲，还考虑过缔结英中同盟，但清政府暴露出来的腐朽无能和不堪一击使得英国舆论和政府决策发生了变化，在选择同盟者时把目光投向了新兴的日本，从而形成了英日同盟，这也是英国为什么没有参与干涉还辽的原因。

3. 法国

1883 年 12 月至 1885 年 4 月，法国为了实现对越南的殖民统治，以便据越南而侵入中国，对中国发动了一场战争。战争中，中方老将冯子材率部取得镇南关大捷，一度使法军陷入困境，战争胜利在望。但由于清政府的懦弱、妥协，最终中国不败而败，法国不胜而胜。1885 年，清政府被迫与法国签订《中法新约》《中法越南边界通商章程》《中法界务条约》《中法续议商务条约》等一系列条约，对越南的保护权、对印度支那诸殖民地的宗主权尽失，从此，中国西南门户洞开，法国长驱直入。1885 年之前，法国和英国原本是中国问题上的合作者；1885 年之后，随着法国在中国的势力日渐增强，两国变成竞争者。甲午战争之后，法国通过“三国干涉还辽”攫取了更多利益，与英、德、俄、美等国一起参与到在华划分势力范围的行列中来。

4. 德国

德国因为与俄、法两国合作促成“三国干涉还辽”，因而以清政府的恩人自居。战争结束之后，德国是最早向清政府讨要回报的国家，并主动提出德国舰队在中国需要一个理想的海港，被清政府拒绝。1897 年，山东巨野县发生了“巨野教案”，两个德国传教士被杀。德国以此为借口，将军舰悍然开进了胶州湾。1898 年，德国强迫清政府签订了《胶澳租借条约》，将山东划入它的势力范围。德国的行径创下了直接夺取沿海领地作为租借地来确定其在华势力范围的先例，并由此吹响了列强在中国强占租借地的号角。其他国家也争先恐后地来抢占地盘，德国与英、法、美、俄等国一起组成了在

▲ 德军占领清军兵营

中国划分势力范围的大军，把山东变成了自己在华的势力范围，为攫取更多利益做准备。

5. 美国

甲午战争之前，美国较大程度地守持了中立原则，努力在中日两国之间周旋劝说，试图避免战争发生。战争过程中，美国也积极参与调停。因为其中立态度，中日两国都比较容易接受。经历了一系列波折之后，中日两国终于在美国的斡旋下走向谈判桌。

甲午战争之后，借助《马关条约》的规定，美国凭借雄厚的经济实力于 1894 年到 1900 年短短的时间内，将其对华出口贸易额增加了五倍。1898 年 12 月，美国总统麦金莱宣布："正在中国发生着的重大事件，美国并不是一个漠不关心的旁观者……我们的目的是要用一切适当的、合乎美国政府传统的手段，来促进美国在该地区的巨大利益。"[①] 1899 年，美国向其他列强提出在中国实行"门户开放"的政策，主张保持中国的领土完整，反对列强把中国瓜分得七零八落，但在承认列强在华势力范围和已经获得的特权前提下，美国要求利益均沾。

6. 朝鲜

19 世纪七八十年代中期，沙俄的扩张重点在东北亚地区，试图把朝鲜变成保护国；而英国为了维护自己在东亚的优势地位，则希

① 卿汝楫：《美国侵华史》第 2 卷，人民出版社 1956 年版，第 440 页。

望朝鲜成为缓冲区。朝鲜是甲午战争前后东亚矛盾冲突的焦点所在，甲午战争爆发的导火索和初期战场。战争结束后，中朝两国持续了上千年的宗藩关系宣告终结，朝鲜名义上获得了独立，实际上沦为日本的附庸。日本在朝鲜推行大陆政策，把朝鲜当作入侵中国东北的桥梁和入侵亚洲大陆的桥头堡，因而对朝鲜的控制越来越强。朝鲜政府转而向沙俄寻求庇护。1904 年，日俄为争夺朝鲜利益和中国的东北发生战争。1905 年，日本在战争中获胜，此后形成了独霸朝鲜之势。1910 年，朝鲜彻底沦为日本的殖民地。

7. 日本

甲午战争之前的 2000 多年，中国一直是东亚地区的核心强国，东亚秩序一直处于中国的主导之下。甲午战争就是借助明治维新逐渐强大起来的日本，向原来的地区强国和国际秩序发起的挑战，战后，中国逐渐失去了在东亚地区占绝对优势的影响力，日本逐渐掌握了在东亚的主导权。

日俄战争中，日本再次取胜，获得了中国东北三省的控制权，获得了更多的土地、资源、人口。1931 年，“九一八”事变爆发，日本发动了全面侵华战争，在军国主义的侵略掠夺道路上越走越远。

甲午战争之后，因为战争的失败带来的沉重负担和深刻反省(中国败于甲午战争，俄国败于日俄战争)，中俄两国分别推翻了国内的专制王朝，经历了不同的曲折发展过程，最终选择了社会主义道路。

而此后的世界历史中，发生了一系列重大事件，如八国联军入侵中国、第一次世界大战爆发、巴黎和会召开、华盛顿会议召开及九国公约的签订、第二次世界大战爆发、太平洋战争爆发、开罗会议召开等，这些事件都直接与东亚、与中国密切相关，与列强战后所形成的新的利益格局密切相关。因此，说甲午战争影响了世界格局亦不为过。

二、对日本社会和国家发展的影响

甲午战争的胜利对日本具有划时代的意义，使日本从半殖民地国家完成了向殖民强国的转折，从此搭上了时代的顺风车，一举变成了东方新崛起的资本主义强国，并一步步跻身于世界强国之列。因为深受军国主义影响，又在不断的对外侵略战争中屡尝甜头，日本的扩张野心急剧膨胀，逐渐步入了历史歧途，为第二次世界大战中的一败涂地埋下了种子，留下了祸根。

（一）加速了资本主义经济发展

日本在明治维新之初提出“殖产兴业”“文明开化”“富国强兵”三大政策，其中的“殖产兴业”要求发展工业，推进经济近代化。但由于多种历史条件的制约，日本的工业化进展缓慢，直到甲午战前，日本仍是一个农业国，其工业的迅速发展、产业革命的全面勃兴，是在甲午战争之后的十几年间。而在甲午战争中获得的巨额赔款，则为日本的战后建设提供了重要资金来源。

1894 年，日本全国各类会社（包括工业、交通、商业、金融）共有 2844 家，资本总额为 24500 万日元。这个数字相当于中国赔款（折合 36408 万日元）的 67%。可见，自明治维新开始到甲午战争前，虽维新之策历时 27 年，但日本积累的资本数量仍很有限。

战后，由于赔款大量倾注，日本各类会社、工厂如雨后春笋般蓬勃发展，经济十分活跃，资本的增殖、积累异常迅速。据统计，1900 年，日本半数工厂企业为甲午战争后创建。也就是说，甲午战争结束之后，日本用五年时间所取得的工业化成就相当于自明治维新以来近 30 年的发展总和。至 1904 年，日本会社总数达到 8895 家，较 1894 年增加了 3.1 倍，资本额达到 92100 万日元，较 1894 年增加了近 3.8 倍。日本在甲午战争中攫取的巨大利益，使其一改战前 27 年的缓慢发展节奏，资本主义经济大踏步跃进。

轻工业方面，日本轻工业的主体是纺织业，由制丝、纺织、织物三大部门组成，其中以棉纺、缫丝生产发展最为迅速。甲午战争后，机械制丝在更大范围内得到推广，加上创建了许多新厂，产量和产值大增。

重工业也在甲午战争后有显著发展。造船、机械制造和矿冶业这些行业与军事紧密相关，大多数为官营工业，少数为享受津贴的民营企业。日本政府将中国的赔款直接投注于上述行业，作为战后扩军计划的一部分，行业的发展达到惊人速度。重工业中钢铁工业

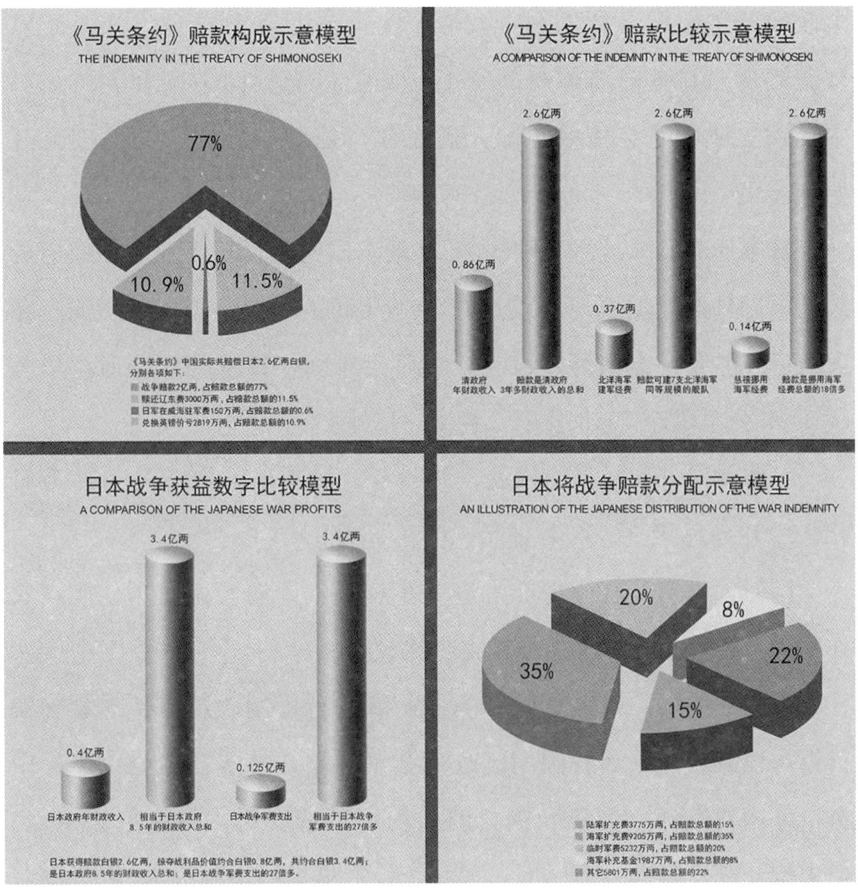
《马关条约》赔款构成示意模型
THE INDEMNITY IN THE TREATY OF SHIMONOSEKI
77%
0.6%
10.9%
11.5%
《马关条约》中国实际共赔偿日本2.6亿两白银，
分别各项如下：
战争赔款2亿两，占赔款总额的77%
赎还辽东费3000万两，占赔款总额的11.5%
日军在威海驻军费150万两，占赔款总额的0.6%
兑换英镑价号2819万两，占赔款总额的10.9%
《马关条约》赔款比较示意模型
A COMPARISON OF THE INDEMNITY IN THE TREATY OF SHIMONOSEKI
0.86亿两
清政府
年财政收入
2.6亿两
赔款是清政府
3年多财政收入的总和
0.37亿两
北洋海军
建军经费
2.6亿两
赔款可建7支北洋海军
同等规模的舰队
0.14亿两
慈禧挪用
海军经费
2.6亿两
赔款是挪用海军
经费总额的18倍多
日本战争获益数字比较模型
A COMPARISON OF THE JAPANESE WAR PROFITS
0.4亿两
日本政府年财政收入
3.4亿两
相当于日本政府
8.5年的财政收入总和
0.125亿两
日本战争军费支出
3.4亿两
相当于日本战争
军费支出的27倍多
日本获得赔款白银2.6亿两，掠夺战利品价值约合白银0.8亿两，共约合白银3.4亿两；
是日本政府8.5年的财政收入总和；是日本战争军费支出的27倍多。
日本将战争赔款分配示意模型
AN ILLUSTRATION OF THE JAPANESE DISTRIBUTION OF THE WAR INDEMNITY
20%
8%
35%
22%
15%
陆军扩充费3775万两，占赔款总额的15%
海军扩充费9205万两，占赔款总额的35%
临时军费5232万两，占赔款总额的20%
海军补充基金1987万两，占赔款总额的8%
其它5801万两，占赔款总额的22%

▲《马关条约》赔偿示意图

尤为重要，因为它直接关系到军事工业的强弱，所以被日本政府视之为“生命产业”。但钢铁工业耗费巨大，生产周期长，所以甲午战争前因资金、原料没有着落而被一再搁置。1896 年，日本政府从中国赔款中拨付 1920 万日元作为启动资金，开办了八幡制铁所；在铁矿石原料问题上，则把目光投向中国和朝鲜。日本钢铁工业就是在榨取中国人民血汗、掠夺中国资源的基础上开始起步的。

日本还颁布《航海奖励法》，推动本国海上运输事业。在政府的鼓励下，日本船舶不仅遍及远东，还开辟了欧洲、美洲、澳洲三条大的远洋航线。在铁路建设上，战后十年间，日本的铁路通车里程从 3409 公里增至 7553 公里，翻了一倍还多。

日本的对外贸易迅速发展。1893 年，日本出口总值为 9000 万日元，1903 年增至 31500 万日元，增长了 250%。

同时，日本的农业生产力进一步提高，国内开始使用化肥，农作物进一步商品化，种植结构得到调整。

甲午战争后，日本利用中国的赔款进行币制改革。日本原来实行银本位制，而欧洲各国均已改为金本位制，日本在工业化进程中进口外国的机器、设备和钢材时，均用英镑支付，并用白银抵偿。但银价连跌，日本亏损巨大，因此，日本早想将币制改为金本位制，但苦于缺乏黄金和外汇储备无从着手。战争使日本政府获得了巨额赔款，这笔赔款是清政府分别从俄、法、英、德分批借来，以英镑支付的。1897 年 10 月 1 日，日本将币制改为金本位制。币制改革有利于稳定币值，扩大对外贸易，吸收外国资本。之后，日本经济与国际市场建立了紧密联系。

19 世纪末 20 世纪初，日本资本主义大步前进。如果说甲午战争前它已经具备了初步基础，那么甲午战争后十年经济的高速发展，使它快速完成了产业革命，实现了资本的大量积累并向垄断阶段过渡。自此，在国际经济圈中，特别在远东经济竞争中，日本占有重要位置。

（二）军国主义体制进一步强化

甲午战争后，日本大资产阶级日益与从旧藩阀中脱颖而出的官僚军阀相结合，逐渐建立起军国主义的国家体制。

甲午战争爆发前五年，即 1889 年，日本颁布了帝国宪法，规定国家主权为天皇所有，天皇为国家元首，总揽统治权。在天皇制下，日本人民只有纳税、服兵役的义务，没有民主权利可言，工商业阶层也受到种种压制。早期明治政府的权力完全掌握在藩阀出身的官僚手中，代表资产阶级要求的新兴政党势力被排斥在内阁之外。甲午战争后，资产阶级力量壮大，随着经济地位的上升，其政治要求也日益强烈。为了获得广大工商业者的支持，日本政府开始有条件地吸收政党参政。但当时日本国内各种势力十分复杂。1898 年，著名陆军元老山县有朋组阁，他采取的一项重大措施是修改陆海军省官制，规定陆海军大臣必须由现役大将或中将担任，士官必须以现役中将或少将充任，从而彻底排除了文官领导军队的可能，使军阀控制军队的局面长久保持下去。其后又经过伊藤博文、桂太郎等多次组阁执政的反复推进，日本政界、军界的大权转入新一代少壮派手中。其推行的军国主义和对华侵略的基本方针被全盘继承，并变本加厉，使日本日益向着军国主义体制演进。

日本的军国主义体制之所以不断强化，一方面是因为军人集团实力强大，独立于内阁之外，成为一支超政府的力量，其他政治势力不具备挑战军阀派系的实力；另一方面是由于甲午战争使日本军部的威望空前提高，军人的社会地位也随之提高。在此情况下，军国主义在日本具备了雄厚的社会基础，军国主义的思想意识深刻影响了国民。

从19世纪90年代到20世纪40年代，日本与中国、俄国（苏联）、德国、法国、英国、荷兰、美国和澳大利亚等几乎全世界主要国家都发生过战争，把战火烧向整个亚太地区，其疯狂程度在人类历史上绝无仅有，直到最终引火烧身，在第二次世界大战中几乎将自己的国家、民族置于死地。

（三）一跃成为新的东方霸主

甲午战争后，日本从中国攫取的大量赔款，加利息共计白银24233万两，折合日元36408万元。当时，日本每年财政收入不过八九千万日元，这笔巨额赔款相当于日本政府四年的财政收入。长期以来，日本一直因财政拮据、资源匮乏而发展受限，骤然间获得的巨额财富犹如天上掉下的一个巨大馅饼，使日本经济活力大增，军事迅速发展。

这种意想不到的胜利，这种军事冒险带来的巨大收获，使日本的政客、藩阀、商人、军人乃至普通民众个个心花怒放，喜出望外，军国主义的扩张野心进一步膨胀。在明治政府看来，要充当“东洋盟主”，就要进一步积敛财富、扩充国力，这一切仍然要依靠战争。扩军备战势在必行。

甲午战争后，日本称霸东亚的下一个重要对手就是沙皇俄国，对于主导干涉还辽的俄国，日本充满了强烈的复仇情绪。1895 年，第二届伊藤内阁以“战后经营”的名义，在议会中提出扩军兴产的庞大预算，支出项总额高达 1.9 亿日元，比上年度增加一倍。这一军国主义的预算提案没有遇到任何阻力，在贵族院和众议院被顺利通过。

依据日本提出的扩军目标，陆军要达到平时 15 万人、战时 60 万人的规模；海军在夺取制海权、争霸远东的目标中地位尤其重要，故投入更大。第一期扩建方案为新造军舰 54 艘，第二年又追加预算，扩大为用十年时间（1896—1905 年）建造各种舰艇 94 艘，桨船 584 艘，经费总计 2.13 亿日元。海军的总吨位要从甲午战争时的 6 万余吨增加到 27 万余吨。①

由于扩军狂热弥漫朝野，日本的军费在预算总额中的比例迅速扩大，由 1895 年的 27.6％增至 1896 年的 43.4％，1897 年，军费开

① 杨东梁：《甲午较量——中日近代史上第一次大比拼》，中国青年出版社 2015 年版，第 251 页。

支又比上一年翻了一番。1896 年至 1903 年，陆军军费总计为 413765709 日元，海军军费总计为 359216307 日元。经过连年扩军，日本武装力量迅速膨胀。日俄战争期间（1904—1905 年），日本常备兵力为 24 万人，战时可动员 36 万人。在海军方面，1904 年日本舰队总计远洋战舰 6 艘，海防战舰 2 艘，装甲巡洋舰 11 艘，非装甲巡洋舰 14 艘，驱逐舰 50 艘，炮舰 17 艘，实力已超过了俄国太平洋舰队。[①]

为对抗俄国，日本于 1902 年 1 月 30 日与英国签订了《日英同盟协定》，这一协定解除了日本对俄作战的后顾之忧。有西方学者认为，如果没有日英同盟，就没有日俄战争。

1904 年 2 月 8 日，日本联合舰队偷袭驻泊在中国旅顺口的俄国军队，2 月 10 日，两国正式宣战，日俄战争爆发。至 1905 年 7 月，日本占领库页岛，守岛俄军投降，日俄战争基本结束。8 月 10 日，在美国斡旋下，日、俄双方在美国波士顿附近的朴茨茅斯海军基地进行和谈，9 月 5 日签订《朴茨茅斯条约》，其主要内容是：日本取得独霸朝鲜的绝对权力；俄国将其在中国旅顺、大连及其附近领土、临海的租借权转让给日本；俄国将从长春到旅顺的铁路及在该地区的特权、财产无偿转让给日本；俄国答应割让库页岛南部给日本。另外，日本还获得了俄国濒临日本海、鄂霍次克海、白令海沿岸的捕鱼权。

① 杨东梁：《甲午较量——中日近代史上第一次大比拼》，中国青年出版社 2015 年版，第 252 页。

▲ 日俄签约

日俄战争的根本原因是日、俄两国争夺对中国东北地区的控制权，战争在中国领土上进行，给当地百姓带来了巨大灾难。昏庸无能的清政府竟然宣布中国保持局外独立，甚至将辽河以东划为日俄两国的交战区，可谓国格丧尽。

日俄战争的结果又一次改变了列强在远东的力量对比。日本从沙俄手中接过了所谓“关东州”的租借权，在中国东北地区建立了进行殖民扩张的桥头堡，控制了东北境内总计 1100 多公里的铁路线和铁路两侧地区。为此，日本成立了满铁公司，以经营铁路为主，兼及矿业、电力、房地产业；在鞍山开办炼钢厂，扩大对东北的掠夺性贸易，攫取东北的农矿产品。中国东北被纳入了日本的殖民势力范围。

日本在东北掠夺的租借地，加上南库页岛和吞并了的朝鲜，其所拥有的殖民地超过本土面积的76%。美国总统西奥多·罗斯福曾这样评论："日本获得了满洲及韩国制驭权，取得了旅大和库页岛南部，又因为击败俄国的海军而自然地拥有强大的海军力量，在太平洋内除了英国之外，造成了任何国家也难以匹敌的优势。"[①] 日本通过在东亚发动的两次战争——甲午战争和日俄战争，一跃成为东洋霸主，东亚的政治格局发生了新的变化。

三、对中国社会和国家发展的影响

（一）传统中国的强国地位被彻底颠覆

1. 大清的羸弱大白于天下

甲午战争前，清政府统治下的中国虽然经历了鸦片战争、第二次鸦片战争、中法战争的战火，签订了《南京条约》《天津条约》《北京条约》《中法新约》等不平等条约，但通过办洋务、建海军以及收复新疆之役、镇南关大捷等军事上的胜利，给了世界尚具一定实力的假象。一些官僚士大夫甚至盲目乐观，自以为清政府国力远

① 张富强：《"三国干涉还辽"与日本军国主义的外交转折》，《社会科学战线》1997年第2期。

在日本之上。还有人甚至以为日本国力甚弱，自我吹嘘说："倭不度德量力，敢与上国抗衡，实以螳臂当车，以中国临之，直如摧枯拉朽。"① 1894年7月28日的《申报》评论是国内舆情的典型表现："以我堂堂天朝，幅员之广大，人民之多，财赋之厚，兵卒之精，十倍于尔，尔乃不自量力，轻启兵端是不明乎大小之势矣。"②

甲午战争前，列强普遍认为中国的军事力量，特别是人口和土地面积要强于日本，因此一旦两国发生战争，中国占七成胜率、日本占三成胜率。中法战争结束时，法国新任外交部长法莱西纳曾这样估计亚洲的形势："亚洲现在是在三大强国的手中，俄国、英国和中国，而我们就是第四个。"③ 在这位法国外长眼中，当时的中国仍是亚洲三强之一。但甲午战争的结果彻底改变了人们的看法。中国国力的孱弱和清政府的软弱无能在列强的铁蹄面前暴露无遗，从此，中国在世界上的形象由一个大国强国变成一个又大又富又软弱可欺的国家，最终沦为列强瓜分掠夺的对象。

2. 台湾的殖民之痛

《马关条约》第二条明确规定：中国割让辽东半岛、台湾全岛及附属岛屿、澎湖列岛给日本。

台湾北临东海，面向太平洋，东北与琉球群岛隔水为邻，南边

① 蒋廷黻：《中国近代史大纲》，东方出版社1996年版，第71页。

② 蔡双全：《近代中国实业救国思潮研究》，中国社会科学出版社2011年版，第144页。

③ Lyons to Salisbury，july 17，1885. Correspondence Respecting the Treaty with Annam，and Negotiations between France and China，1886，p. 29.

与菲律宾群岛隔水相望，西北是台湾海峡，具有非常重要的战略地位，是中国大陆的一道天然屏障、海上长城。

鉴于台湾重要的战略位置，日本很早就对台湾垂涎三尺。1871年底，琉球漂民在台湾遭遇的“牡丹社事件”，成为日本向中国发动战争的借口。1874年4月，日本陆军中将西乡从道组织“台湾生番探险队”数千人在台湾登陆。清政府得知后，一面进行外交交涉，一面令福建船政大臣沈葆桢前去支援。清政府的威慑及台湾的抗争迫使日本转而通过外交谋取利益。年底，清政府为了息事宁人，以赔款了事。

日本对台湾的野心引起了清政府的警觉，尤以李鸿章反应最为敏锐，他在当时就作出了判断，今后日本将是中国最危险的敌人。1885年，清政府决定建立台湾行省，加强对台湾的实际管制，但这个举措并没有消除日本对台湾的觊觎之心。

1894年11月，伊藤博文向日本战时大本营提出占领台湾的计划，认为攻占台湾最符合日本利益。台湾之于日本，犹如南门装锁钥，日本如果想向南发展，迟早必须攻下台湾。

清政府朝野上下均意识到了台湾危机。两江总督张之洞致电台湾巡抚唐景崧，表示早就听说日本人索要台湾，台湾位置接近福建、浙江，如被日本占有，中国沿海将永无宁日，希望唐景崧在中日开展谈判的关键时刻，能够向朝廷详细阐述台湾的重要性，避免出现对台湾的不利情况。唐景崧格外认同当前的形势，在复电中表示，台湾是南洋第一要害，中国如欲固南洋就必先保台湾，台湾如丢了，南洋也就不得安枕。日本将索要台湾的传言对台湾社会冲击很大，官民一片哗然。唐景崧表示，不管朝廷怎样，自己作为朝廷命官的职责在守土，日本人如攻打台湾，势必起而抗争，死而后已。

1895 年 2 月 23 日，日本联合舰队出现在澎湖水域。2 月 28 日，张之洞向朝廷上了奏折，提出两点建议：一是以台湾为抵押，二是向英国借钱购买军舰，允许英国在台湾开采矿产资源，借助英国的力量保护台湾。这种以夷制夷的办法在传统中国或许有效，但到了近代，已经没有实际上的可操作性。

3 月 15 日，即李鸿章奉命出使日本进行谈判，离开天津的第二天，日本联合舰队满载 5000 名日军直指澎湖，准备通过武力先行占领，然后再与清政府交涉。在澎湖各岛驻防的清军有 5000 人，守军将领为署澎湖镇总兵周振邦。守军发现日舰驶入澎湖湾后立即开炮，但因日军有备而来，守军不敌，激战多时，最终战败。25 日，日军攻占澎湖列岛，周振邦逃往台湾。

随着《马关条约》的签订，台湾被割让给日本，台湾官绅百姓纷纷向朝廷请愿抗议，表示要死守这座美丽的岛屿，请朝廷支持。丘逢甲等乡绅民众的呼吁并没有得到清政府的积极回应，但得到了台湾巡抚衙门的支持，唐景崧在绅民的支持和感召下，慨然表示绝不会将台湾交给日本人。

4 月 18 日，唐景崧致电朝廷，说明了台湾绅民在获悉割让台湾之后的愤怒，建议朝廷借助外国力量来保护台湾，同时将日本的要求提交国际社会，请求各国从公决断。4 月 20 日，总理衙门在回复中表示："割台系万不得已之举。台湾虽重，比之京师则台湾为轻。倘敌人乘胜直攻大沽，则京师危在旦夕。又台湾孤悬海外，终久不能据守。"①

获悉朝廷答复之后，台湾民情沸腾，誓死不愿接受日本统治。台湾民众一方面继续加大对朝廷的呼吁请求，另一方面自行组织起来保卫家园，争取独立自主。台湾官绅的呼吁、哀求震动整个中华大地，台湾的民情、大臣们的看法、言官的言论，牵动着每一个中国人，也牵动着朝廷最敏感的神经。然而朝廷讨论再三，战端终不能再开。5 月 3 日，光绪帝终于在合约上盖章，派遣武廷芳、连芳同往烟台，与日本人换约，割让台湾成为不可更改的事情。

《马关条约》签订后，张之洞依然对列强的干预怀有期待，希望通过列强干涉来阻止日本侵台，并与唐景崧多次磋商如何力保台湾。

"三国干涉还辽"后，唐景崧看到了希望，立即转变保台手段。5 月 9 日，唐景崧致电总理衙门，请求清政府同各国公使、日本政府商谈台湾安民之策。日本政府对此毫无兴趣，拒绝与任何方面商谈台湾事宜。朝廷无力，日本无情，终于使台湾陷入绝境，也使张之洞、唐景崧等人所期待的借助外力保台策略彻底破产，转而期待台湾民众自己组织起来抗击日本。

5 月 21 日，台湾绅民蜂拥至唐景崧的巡抚衙门，宣布成立台湾民主国，拥戴唐景崧为总统，刘永福为民主将军，丘逢甲为义军统领，

① 《中日战争》第 6 卷，上海书店出版社 2000 年版，第 385 页。

陈季同为外务大臣，改年号为永清，即台湾永远属于大清的意思。

台湾民众的勇气和行动没有获得朝廷的支持，朝廷命令唐景崧和在台大小文武官员回撤内地，同时电令南洋、两广等地方官员不许再支援台湾，不得再给台湾提供军械枪药，也不得再派兵勇前往台湾或暗中接济。

6 月 2 日，李经方与桦山资纪在基隆口外轮船上签署《交接台湾文据》，履行了交接手续。接着，日军向基隆发动进攻。6 月 3 日晚，日军在基隆登岸。7 日，台北陷落。11 日，日军向台中门户新竹发

▲ 日军占领台湾

起猛攻。17日，桦山资纪在台北成立台湾总统府，宣布殖民政权开始运作，台湾正式沦为日本的殖民地。10月21日，日军攻占台南，随后宣布“全台平定”。

台湾人民不愿意接受日本的殖民统治，奋起抵抗和自救，各地抗日义军揭竿而起，与刘永福领导的清军密切配合，开展反对日本殖民统治的武装斗争。但失去了朝廷的支持，仅凭台湾的力量是有限的，挡不住日军的脚步。10月，刘永福战败、台南陷落，之后，台湾民主国也随之销声匿迹。台湾民众大规模的反抗活动基本结束，日本对台湾全岛完成了实际控制。从此，台湾人民失去了祖国的庇护，陷入了长达半个世纪的殖民地的苦难生活。为了反抗日本的殖民统治，台湾人民持续开展各种斗争，前后牺牲了60多万人。

3. 瓜分中国的掠夺狂潮

《马关条约》规定，中国开放沙市、重庆、苏州、杭州为通商口岸，苏州、杭州地处沿海，沙市、重庆却在长江中上游，开放沙市、重庆为通商口岸，意味着日本的军舰、轮船可以在长江自由通航。按照最惠国待遇，英、法等列强也纷纷获得了进入中国长江的特权，他们的炮舰也可以在长江任意横行。对一个主权国家来讲，这是莫大的耻辱。

事情的发展并未到此为止，“三国干涉还辽”事件成为德、法、俄等国向中国索取利益的借口，并由此掀起了瓜分中国的狂潮。西方列强争先恐后地来中国强占租借地，并以租借地为据点向周边地区扩张，划分各自的势力范围。偌大的中国已经被瓜分殆尽，中华民族到了亡国灭种的危险境地。

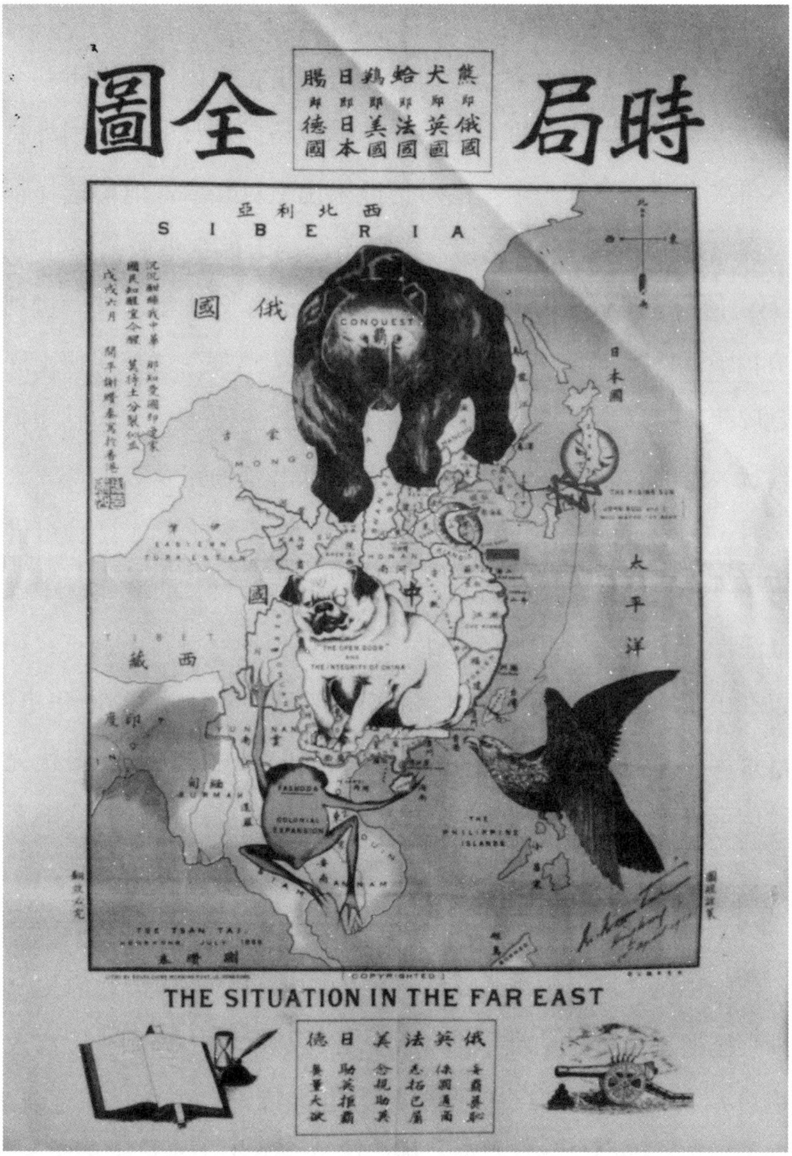
時局全圖
熊即俄國
犬即英國
蛤即法國
鷄即美國
日即日本
腸即德國
西北利亞
SIBERIA
俄國
日本國
太平洋
西藏
CONQUEST
THE SITUATION IN THE FAR EAST

▲ 时局全图（漫画）

（1）德国

1895年10月29日，德国向清政府提出在中国沿海取得一个军港和储煤站的要求。1896年6月，李鸿章访问柏林时，德国外长马沙尔再次强调，占有一个军港对德国来说绝对必要，他们选择了内湾宽深、外口窄束、依山为险、严冬不冻的天然良港胶州湾。12月16日，德国驻华公使海靖向总理衙门提出租借胶州湾50年，遭到清政府拒绝。1897年11月4日，德国借“巨野教案”之机将德国舰队开赴胶州湾。11月20日，海靖向清政府提出六条要求，包括撤换山东巡抚、惩凶、赔偿损失、中德合资修筑山东铁路及开矿等。1898年3月6日，李鸿章、翁同龢与海靖在北京签订了《胶澳租借条约》，主要内容是：清政府把胶州湾租给德国，租期99年；中国在胶澳海岸周围一百华里内有“自主之权”，但德军可自由通行；德国可以在山东境内修两条从胶州到济南的铁路，铁路沿线30华里内，允许德国人开矿；清政府如需借助外国在山东开办工程，应优先考虑德国商人。山东成了德国独占的势力范围。德国的行动吹响了列强疯狂瓜分中国的号角。

（2）俄国

俄国也以“三国干涉还辽”事件的功臣自居，向清政府提出兼并斯列坚斯克至布拉戈维申斯克的铁路线以北的中国领土、修改乌苏里边界等一系列要求。俄国财政大臣维特胃口更大，在他看来，占领满洲不是俄国的最终目的，俄国应分得这个中国巨人的大部分，因为迟早它将成为欧洲外来人的猎物。外交大臣穆拉维约夫声称，鉴于德国人已占领了青岛，俄国占领某个中国港口的大好时机来到了。1896 年 5 月 3 日，维特与李鸿章举行正式会谈。6 月 3 日，《中俄密约》在俄国签署，密约全文共六款，主要内容是：如日本侵占俄国、中国、朝鲜土地，即照约办理；两国应将所有水陆各军，届时所能调遣者，尽行派出，互相援助，至军火、粮食，亦尽力互相接济；两国协力御敌，未经公商，一国不能独自与敌议和；开战时，中国所有口岸均准俄国兵船驶入，如有所需，地方官应尽力帮助；中国允于黑龙江、吉林地方修造铁路以达海参崴，俄不得借端侵占中国土地；俄国御敌时可使用所修铁路运兵、运粮、运军械。平常无事，俄国亦可用此铁路运过境之兵粮。

根据密约规定，1896 年 9 月 8 日，中俄两国签订《合办东省铁路公司合同章程》，规定由华俄道胜银行建造、经营东省铁路。铁路名义上是中俄合办，实际上由俄国财政部直接控制。此外，俄国还取得了铁路沿线附近地区的经营管理及军警护路权、森林采伐权、采矿权、土地开垦权及在中国境内的立法、行政、文化教育等特权。一位西方学者评论道：中东铁路是在中国疆域内建立的俄罗斯帝国。满洲的铁路区域以及邻近铁路和兼并入该地带的广大土地，完全受俄国政治和经济的控制。在这个区域，是俄国的法律和俄国的法庭在发生作用，警察和武装力量掌握在俄国人手中。俄国人利用铁路，力求迅速将其经济渗透向满洲推进。《中俄密约》的签订，使俄国不费一枪一弹，将东北变成俄国的势力范围，这对于俄国将侵略矛头进一步伸向华北和长江流域、争夺远东霸权具有重要意义。

1898年3月，清政府与俄国签订《旅大租地条约》；5月，签订《续订旅大租地条约》。其主要内容是：清政府把旅顺口、大连湾及附近水面租给俄国25年，期满可"相商展限"；租地以北，划出一段"隙地"（即中立区），非经俄方同意，中国军队不得进入，也不得让与他国；允许俄国从东省铁路干线修筑一条至旅顺、大连的支线。借助强租旅顺、大连，俄国的势力范围扩展到整个东北。1899年，俄国擅自把租借地改称"关东省"，设立总督进行殖民统治。

（3）法国

1898年4月10日，清政府被迫与法国达成协议：中国不得割让或租借邻近越南诸省给其他国家；允许法国或由其指定的公司修筑越南边界至云南昆明的铁路；中国若设邮政局并派大臣管理时，须聘请法国人；中国允许把广州湾租借给法国，租期99年。

1899年11月16日，法、中正式签订《广州湾租借条约》，规定租界内全归法国管辖，法国可以修筑广州湾赤坎至安铺的铁路，并可敷设电线。从此，两广和云南成了法国的势力范围。

（4）英国

作为最早在中国开辟战场的国家，英国唯恐丢掉了自己在中国的先发优势，1895年11月4日，在英国资本家集团——中国协会的一次会议上，有人提出，如果日本占领台湾，英国就应占领澎湖列岛；如果俄国进入旅顺，英国就应有舟山群岛作为补偿。伦敦《每日新闻》发表文章，鼓吹与俄、法商定各国在中国的监管范围，英国应索取从华南珠江到华北山东省南部之间的全部地区。

同时，德、俄在华抢占海军基地的行动让英国心急如焚，英国政府迅速作出反应，立即命军舰驶向威海卫。1898 年 5 月，清政府偿清日本甲午赔款，日本撤离在威海卫的占领军。英国为与俄国租借旅大相抗衡，谋求租借威海卫，并于 5 月 24 日派兵强占刘公岛。1898 年 6 月 9 日，英国强迫清政府签订《展拓香港界址专条》，租借九龙半岛界限街以北地区及附近 262 个岛屿，租期 99 年（至 1997 年 6 月 30 日结束）。

▲ 英军在刘公岛黄岛升起英国米字旗

此前，1841 年 1 月 26 日，英国在第一次鸦片战争中已强占香港岛，清政府曾试图收复，未能成功；1842 年 8 月 29 日，清政府与英国签订不平等的《南京条约》，将香港岛割让给英国；1860 年 10 月 24 日，中英又签订了不平等的《北京条约》，割让九龙半岛界限街以南地区给英国。加之此次的租借协议，整个香港及九龙地区已完全落入英国之手。

列强以租借方式强占中国领土的行径，恰恰是从参与“干涉还辽”的国家开始的，这真是一个绝妙的讽刺！连德国驻华公使施阿兰也不得不羞答答地承认：“由于德国开了头，以及中国所表现的极其懦弱的姿态，所有强国无不张牙舞爪地竞相向这块猎物扑过来，最严重的其中三国，是在马关条约以后，曾参与维持中国领土完整

列强在华租借地一览表

Western Power Leased Territories From China

租借地	租借国家	租借条约	签约时间	租借期限	备注
胶州湾	德国	《胶澳租借条约》	1898.3.6	99年	1914年日本强行占领
旅大	俄国	《旅大租地条约》	1898.3.27	25年	1905年俄国战败转让日本
九龙新界	英国	《展拓香港界址专条》	1898.6.9	99年	
威海卫	英国	《租威海卫专条》	1898.7.1	“租期应按照俄国驻守旅顺之期相同”	
广州湾	法国	《广州湾租借条约》	1899.11.16	99年	
澳门	葡萄牙	《中葡会议草约》	1887.3.26		

▲ 列强在华租借地一览表

的国家……结果租借给俄国的港口恰好是旅顺口，他是俄国曾经会同法国与德国，友好地劝告日本归还给中国的。这是对一八九五年政策‘三国干涉还辽’最明目张胆的违背。”[①]

（二）中国近代化发展进程严重受阻

甲午战争后巨额的战争赔款，以及列强的趁火打劫，使近代中国长期背上沉重的财政包袱，向工业化社会的转型失去了物质资本和历史机遇，民族工业遭受挫折，近代化进程严重受阻，在苦难的深渊里陷得更深。

1. 中国政府背上沉重的财政负担

根据《马关条约》的规定，中国要赔偿日本军费 2 亿两白银，加上赎回辽东半岛的 3000 万两，共 2.3 亿两白银。当时，清政府全年财政收入大概在 7000 万～8000 万两，扣除财政支出，每年的节余几百万两；差的年头，入不敷出的情况也是有的。这笔巨款，相当于清政府几十年的国库盈余总和。要筹集这笔庞大款项，唯一的办法就是对外举债。俄、法、英、德踊跃向中国提供借款，因为这些借款都附加高额利息和苛刻的政治、经济条件。赔款的本金加借款的利息，使中国最终付出了超过 5 亿两白银的代价。

这种政治贷款不仅使列强通过输出资本榨取高额利润，而且利用债权人的地位左右清政府财政，控制中国海关。当时，中国最稳

① 〔法〕施阿兰著，袁传璋、郑永慧译：《使华记（1893—1897）》，商务印书馆 2010 年版，第 198 页。

定的国家收入是海关关税，列强的借款都要求以关税作为抵押。从此，中国海关关税的收入几乎全部用于归还外债。

1895 年 7 月 6 日，中国全权公使许景澄在圣彼得堡签订《四厘借款合同》，向俄、法两国借款 4 亿法郎，年息 4 厘，分 36 年偿还。其中，俄国出资 1.5 亿法郎，法国出资 2.5 亿法郎。此外又签订了《四厘借款声明文件》，规定如果中国到期不能偿付应还本利，可由订约之俄、法银行团垫付，条件是中国应许俄国“以别项进款加保”，清政府不许别国“办理照看税入等项权力”。①

俄、法借款引起英、德的强烈不满，英国驻华公使甚至不惜以诉诸武力相威胁，迫使清政府答应在第二次借款时优先考虑英、德。1896 年 3 月 23 日，清政府与英国汇丰银行、德国德华银行正式签订《英德洋款合同》，共借款 1600 万英镑，折合白银 9700 余万两，年息五厘，九四折扣，以海关收入为担保，借款期 36 年，中国不得加项归还，不得一次还清。

1898 年 1 月 15 日，俄国驻华代办巴甫洛夫警告总理衙门不得向英国借款，若要再借就从俄国借，并威胁说“不借即失和”②。两天后，英国财政大臣希克斯·比奇也声称，英国将不惜发动战争来保持它在华的贸易地位。清政府左右为难，最后只能于 2 月 3 日通知英、俄，两国的款暂时都不借。英国政府并不罢休，竟无理要求清政府给予赔偿，无奈之下，清政府被迫同意英国船只可在中国内河

① 《沙俄侵华史》第 4 卷（上），人民出版社 1990 年版，第 44 页。

② 丁名楠等：《帝国主义侵华史》第 2 卷，人民出版社 1985 年版，第 53 页。

自由行驶，并保证不把长江流域让与他国。

3月1日，清政府又与汇丰银行、德华银行正式签订《续借英、德洋款合同》，借款总额为1600万英镑（约合白银一亿两），年利四厘五，八三折扣，分45年还清。借款的附加条件是45年内，中国海关由英国控制，并以关税、货厘、盐厘做担保。

俄法借款和两次英德借款都是政治性大借款。通过借款，英、俄、法、德等西方列强取得了诸多特权，榨取了巨大的经济利益，控制了中国的经济命脉，其在华的政治势力大为扩张。从1895到1898年，英、德、俄、比等国先后向清政府提供了七笔铁路贷款。1897年7月27日，比利时在俄、法的支持下，与清政府签订了卢汉铁路借款合同。1898年9月，为了谋求平衡，英、德两国达成瓜分中国路权的协定，划定了双方在华的铁路投资范围。1899年4月，英、俄也通过互换照会的形式，达成瓜分中国路权范围的协议，英国答应不把自己的势力伸入长城以北，俄国则保证不染指长江流域。

对于铁路借款带来的恶果，当时一些有识之士曾有中肯评论。《国闻报》发表文章说："中国卢汉一路，既暗受俄人之挟控，势不能因英人之请而开罪于俄人。但英人又不肯从此甘休，则将来不免另指一路与英商承办，以为平均权利之议。如果计出于此，则大河以北俄主之，大河以南英主之；而其中分歧错出之处，英、俄、德、法各国又同主之。则中国之铁路，均属西人之铁路，路成而中国亦遂不国矣！”[①]

甲午战争之后，因《马关条约》中有允许日本在中国通商口岸“任便从事各项工艺制造”[②] 的条文，其他列强纷纷要求援引最惠国条款享受同等待遇，纷纷在华投资设厂。据有关统计，从 1896 年到 1898 年，外资在华设厂达 15 家，总资本 766.7 万元，分别从事矿冶、机器造船、纺织、食品等行业。这些外资企业依仗所获特权，运用中国的廉价原料与劳动力排挤打压中国民族工业，力图独霸中国市场。

战争赔款带来的沉重财政包袱，外资涌入带来的市场压力，使近代中国几乎无法喘息，更谈不上向近代化的转型和发展。甲午战争后的几年之内，中国在半殖民地的深渊里滑得更深，出现了空前严重的民族危机。

2. 民族工业的发展举步维艰

1894 年 11 月，甲午战争的消息传到欧洲，已经 74 岁的恩格斯以哲学家的敏锐，站在人类社会文明演进的历史高度，对中国的失败作出了精辟而独到的阐释。恩格斯指出：“在中国进行的战争给古老的中国以致命的打击。闭关自守已经不可能了；即使是为了军事防御的目的，也必须敷设铁路，使用蒸汽机和电力以及创办大工业。”[③] 他认为：“不管这次战争的直接后果如何，有一点是

① 《戊戌变法》第 3 册，上海人民出版社 1957 年版，第 393 页。

② 戚其章：《甲午战争史》，人民出版社 1990 年版，第 485 页。

③ 《马克思恩格斯文集》第 10 卷，人民出版社 2009 年版，第 674 页。

必不可免的：古老中国整个传统的经济体系将完全崩溃……在陆地和海上打了败仗的中国人将被迫欧化，全部开放它的港口通商，建筑铁路和工厂，从而把那种可以养活这亿万人口的旧体系完全摧毁。”①

事实确实如此，甲午战争前，我国的自然经济已经开始逐渐解体；战后，随着列强对华资本输出的日益加剧，自然经济更是到了崩溃瓦解的边缘。商品经济的不断扩大，破产失业的农民和手工业者的急剧增多，为中国民族资本主义的发展准备了条件。甲午战争后的三四年间，中国出现了一个兴办工厂企业的高潮。

中国民族工业发展的第一次高潮与民族危机的空前激化是分不开的。一方面，一些具有资产阶级思想的士大夫从日本明治维新的成功中看到采行“西法”的意义，于是积极设厂自救。另一方面，战后清政府对民间办企业的控制有所放松。1898 年，总理衙门颁布了《振兴工艺给奖章规》，承认并鼓励发展民族工业，给民族工业的发展提供了一定的政策支持。战后几年间，中国民族工业发展的规模和速度远远超过了 19 世纪 60 年代至 90 年代初的 30 年。1895 年到 1898 年，新成立的工矿企业有 80 家，资本总额 1781 万元。战前 20 多年，所设厂矿企业之和还不足 80 家，资本总额只有 730 万元，前后比较，能看出甲午战争给中国民族工业的发展带来的刺激作用。②

① 《马克思恩格斯全集》第 39 卷，人民出版社 1974 年版，第 258—286 页。

② 《中国近代工业史资料》第 2 辑，生活·读书·新知三联书店 1958 年版，第 870—919 页。

中国民族资本虽然在战后有了初步发展，但《马关条约》关于允许外商在中国投资设厂的规定，使外国资本在华投资获得了更加迅猛的发展。外国资本在中国设立的工厂，从战前的80余家增至1900年的933家。这些外资企业不但资金雄厚，技术先进，且享有免纳各项苛捐杂税的特权，因而给中国民族工业的发展带来了严重冲击。列强不只对华输出资本，同时商品输出量也持续增长。甲午战争前四年（1890—1894），每年平均贸易额入超3000多万两白银，而战后五年（1895—1900）入超额翻了一番，增至6000多万两。在外国资本和外国商品的排挤下，中国民族工业的发展可谓举步维艰。

（三）民族自尊心自信心丧失殆尽

中国历史上长期居于先进国家之列，无论是经济还是文化，都是当之无愧的强国。早期的时候，因为航海技术不发达，这个老大帝国的形象主要是在亚洲地区确立的，遥远的西方对中国的认识极其有限，只能从一些来过中国的人口中得知片断性的了解，比如《马可·波罗游记》。

明代后期，世界航海技术有了大发展，随着环球航道的开通，西欧传教士成批来到中国，被眼前所见的这个国家深深震撼。当时欧洲还处于割据时代，小国林立，战火连绵，中国却是个高度集中统一的大帝国，保持着持久的高度文明。他们在寄回欧洲的信中对中国大加赞赏，称中国是“举世最优美、最古老、最广大、人口最多和治理最好的国家”①。中国的国君就像父亲，官员就像兄长，他们用孔老夫子的理论治理国家和社会，整个国家就像一个和睦的大家庭。不只是写信点赞，传教士们还把中国的“四书五经”运回欧洲翻译、出版、发行。这些经典著作凝聚了中国人数千年的智慧，里面既包括治国理政的经验，也包括丰富的人生智慧，一经出版传播，就在西欧的思想界、文化界引起了强烈反响。法国启蒙思想家伏尔泰在自家的小礼堂中供奉着孔子的画像，还把自己的笔名叫作“孔庙大管家”，将书房起名为“孔庙”。他出门讲学，要穿一件中国的长袍，并自称是孔子的弟子。不只是伏尔泰，当时的欧洲学者几乎达成了共识：要向中国学习，要与中国接轨。中国这个老大帝国的形象在西方得以确立，从亚洲强国变成举世公认的世界强国。

到了清朝，从康熙中叶经过雍正到乾隆，清朝的发展进入了全盛期，被后人称作“康乾盛世”。“康乾盛世”持续了 134 年，是传统中国的最后一个盛世。其间，中国经济快速发展，GDP 一度占到世界的 1/3 左右；社会稳定，人口增长迅速，乾隆年间最多时达到 3 亿，而当时世界总人口只有 10 亿。在农耕文明的时代，一个国家能养活多少人，标志着它的发达程度；疆域面积更是一度达到 1300 多万平方公里，可谓文治武功，泱泱大国。可惜的是，这个泱泱大国的形象从 18 世纪末 19 世纪初开始逐渐坍塌了。

首先是文治形象的坍塌。1793 年（乾隆五十八年），英国国王乔

---

① 〔法〕伏尔泰著，王燕升译：《哲学词典》，商务印书馆 1991 年版，第 91 页。

治三世派外交使团来到中国，这是世界近代史上中西交流的一件大事。使团团长马戛尔尼是英国资深外交家，他走遍了大半个世界，本来打算退休，听说国王派他访问中国，便欣然前来。马戛尔尼使团的来访有两大目的：一是和中国建立平等的外交关系，双方互派公使；二是试图扩大与中国的经贸往来，增开通商口岸，重新议定税则。

19 世纪以前，中西方之间没有正式邦交，西洋没有派遣驻华使节，我们也没有派大使到外国去。究其原因，一是因为中西相隔很远，交通不方便，那时没有苏伊士运河，从伦敦到广州最快也需要三个月；二是因为当时的中国长期处在闭关锁国的状态，对国际间的秩序变化茫然无知，也缺乏平等外交的意识。

这次来访的结果众所周知——无功而返。很多人认为是因为马戛尔尼不肯按中国规矩给皇帝下跪，被清政府认为是蛮夷人的大不敬，所以拒绝了英国的请求。实际上这只是表面原因，真正的原因是长期的封闭保守政策使清政府上至皇帝下到朝臣都没有真正意识到英国使团来访的意义。乾隆皇帝给乔治三世下了一道圣旨（大清朝习惯于以天朝上国的态度对待来访小国的使臣，故用圣旨对其请求予以答复）：“天朝物产丰盈，无所不有，原不藉外夷货物以通有无。特因天朝所产茶叶、瓷器、丝帛，为西洋各国及尔国必需之物，是以加恩体恤……”[①] 圣旨以“物产丰盈”为由拒绝了使团增加通商

① 徐伟新、刘德福：《落日的辉煌：17、18 世纪千秋编剧中的“康乾盛世”》，人民出版社 2021 年版，第 129 页。

口岸的请求。而关于双方平等建交、互派公使的请求，更以“祖宗向无此例”为由拒绝了。

马戛尔尼虽然获得了清政府赠送的大量礼物，但因两项来访的任务并没有完成，只能失望地回到了英国。这次来访，他们亲眼见到的中国和他们所向往的、想象中的中国大相径庭，更与传教士们的描述相去甚远。在他们看来，清政府的统治充满暴虐、压迫和不公，官员保守、腐败，老百姓缺乏自尊心，冷漠、自私、麻木，对政府充满畏惧、欺瞒和忤逆。马戛尔尼对此做了这样的结论：“这个政府正如它目前的存在状况，严格地说是一小撮鞑靼人对亿万汉人的专制统治。这种专制统治有着灾难性的影响。至少在过去的一百年里没有改善，没有前进，或者更确切地说反而倒退了；当我们每天都在艺术和科学领域前进时，他们实际上正在成为半野蛮人。”[①]他因而断定，中国社会已经被卡住无法前进，它的繁荣已经结束。

这次造访，像戳破窗户纸一样打破了传教士们在欧洲建造起来的中国神话。西方人对中国的印象从此发生了根本性的转折：那个繁荣、富庶、文明、开化、包容的中国被封闭、保守、愚昧、无知、落后的中国所替代。这种认知导致了西方对中国的畏惧之心、敬重之意烟消云散。

关于这次近代历史上中西方的重要交往，法国历史学家、作家佩雷菲特后来总结说：“如果这两个国家能增加它们之间的接触，能

---

① 〔英〕乔治·马戛尔尼、〔英〕约翰·巴罗著，何高济、何毓宁译：《马戛尔尼使团使华观感》，商务印书馆 2013 年版，第 23 页。

互相吸取对方最为成功的经验，如果那个早于别国几个世纪发明了印刷与造纸、指南针与舵、炸药与火器的国家，同那个驯服了蒸汽并将驾驭电力的国家把它们的发现结合起来，那么中国人与欧洲人之间的文化交流必将使双方都取得飞速的进步，那将是一场什么样的文化革命啊！”① 正如马克思所言：“一个人口几乎占人类三分之一的大帝国，不顾时势，安于现状，人为地隔绝于世并因此竭力以天朝尽善尽美的幻想自欺。”② 这种情形自马戛尔尼来华后又持续了半个世纪，英国、法国、葡萄牙、西班牙、荷兰等国多次派使者尝试与清政府协商建交及扩大经贸，均未成功。

再次是武功形象的崩塌。从鸦片战争开始，长达半个世纪的时间里，清政府在对外战争中屡战屡败，无一胜绩，武功的形象再也站不住脚了，其中尤其以甲午之败最为惨痛。

对内来讲，中国人对两次鸦片战争的失败还能够勉强接受，那是败给西方列强，但甲午之败情况完全不同。长期以来，中国是亚洲地区毫无疑问的头号强国，日本一直是中华文明的追随者，唐朝时更是先后派出 13 批遣唐使来中国学习，后来还有遣宋使。但甲午战争中，向来作为亚洲强者的大中华居然败给了“蕞尔小邦”日本，这是中国人心理上不能承受之重。甲午之败，使中国人数千年积累的强国国民心态被彻底击溃，再也不能理直气壮地认为自己是个强

---

① 〔英〕乔治·马戛尔尼著，刘半农译：《1793 乾隆英使觐见记》，重庆出版社 2008 年版，第 2 页。

② 《马克思恩格斯文集》第 2 卷，人民出版社 2009 年版，第 632 页。

国了。

对外来说，中国的战败亦加速了武功形象的崩塌。第二次鸦片战争结束后，清政府痛定思痛，开始学习西方进行近代化改革，通过办洋务、兴实业、建海军等措施，取得了相当不错的成就。甲午战争前，西方普遍认为中国仍然不失为一个强国，军事力量、人口、土地面积都强于日本，《泰晤士报》等西方主流媒体甚至判断中国在战争中有七成胜率。但战争结果彻底改变了人们的看法，无论是战争前的战略预判、决策，还是过程中的情报、对阵、士气，以及战后的交涉、谈判，中国可谓全面失利。

先败给英法等西方列强，后败给小国日本，大清国力的外强中干和清政府软弱无能的本性暴露无遗，武功中国的形象也至此坍塌。传统中国数千年积累沉淀的强国国民心态也彻底崩溃，民族自尊心、自信心由此沉寂。

（四）民族彻底觉醒，复兴由此发轫

大国地位彻底颠覆，财政负担日益沉重，国土割裂、主权沦丧，这是甲午战败给近代中国带来的连锁影响。这几个方面的影响叠加起来，对中华民族几乎是灭顶之灾，大清“天朝上国”“老大帝国”的迷梦被西方列强的隆隆枪炮彻底击碎，中华民族到了最危险的时候，到了亡国灭种的境地。康有为曾经在《三月十七日保国会上演讲辞》中描述过此时此刻的中国以及中国人民被欺凌掠夺的景象：“吾中国四万万人，无贵无贱，当今日在覆屋之下，漏舟之中，薪火

之上，如笼中之鸟，釜底之鱼，牢中之囚，为奴隶，为牛马，为犬羊，听人驱使，听人宰割，此四千年中二十朝未有之奇变!”[①] 放到今天，这段话仍字字是血，满纸是泪。

置之死地而后生。这种前所未有的失败和打击，激起了中国人前所未有的反思与警醒。正如梁启超所说：“唤醒吾国四千年之大梦，实自甲午一役始也。”[②] 从封建主义的沉沉大梦中醒来的人们，重新观察周围的世界，重新评估自己的地位和能力，重新选择应该走的路。从这个意义来说，甲午战败既是国之殇音，也是敲醒近代中国的响鼓重锤，是中华民族深陷历史谷底开始绝地反击的转折点，也是中华民族伟大复兴的发轫点。

1. 以“义和团”为代表的农民抗争

甲午战争的惨败和列强瓜分中国狂潮带来的创痛与反思，激发了中国人强烈的民族主义，各地农民运动风起云涌，以义和团运动最具代表性。义和团运动始于山东，盛于直隶，后传于各省，获得了广泛支持。以农民为主体的人民群众提出了一个直截了当的口号：“扶清灭洋!”这个口号的提出，说明帝国主义与中华民族的矛盾已成为当时中国社会的主要矛盾。中国人民的反侵略斗争日趋激烈。

但是义和团的领导者和主体力量是小农经济下的农民和手工业者，他们处于小生产者的经济地位，无法摆脱封建思想的束缚；他们对世界形势、科学知识茫然无知，对宗教迷信却顶礼膜拜；他们

① 《康有为政论集》(上册)，中华书局 1981 年版，第 237 页。

② 梁启超：《戊戌政变记》，广西师范大学出版社 2010 年版，第 179 页。

对帝国主义侵略势力的认识简单直接，表现出朴素的、笼统的排外主义。义和团提出的“灭洋”，主要目标是打击帝国主义侵略势力，但同时也排斥、消灭一切与近代资本主义生产方式相关的事物，包括科学技术。这样不加区别地排斥一切与“洋”字有关的事物，不但于中国社会进步无益，对中国人民的救亡事业也是极为不利的，这是农民阶级由于受教育程度有限、视野有限而必然存在的历史局限性。

2. 来自维新派的革新呼声

甲午战败也激起了民族企业家和工商界人士的爱国热情，他们主张实业救国，办铁路、建工厂、开矿山，以抵制洋商洋厂。甲午战争后，迫于形势，清政府的工商政策也做出了调整，允许民间投资设厂，推动中国民族工业出现了第一个发展高潮。据不完全统计，1895 年到 1900 年间，新办的民营厂矿企业有 68 家，资本总额达 1642 万元。由于相当一部分地主、官僚、商人投资近代工商业，因此形成了较大的社会群体，成为资产阶级维新派的社会基础。这些知识分子逐渐走出旧式封建士大夫的营垒，向西方寻找真理。康有为、梁启超、严复、谭嗣同就是其中的代表人物，他们首先发出了“变法图存”的呐喊，为挽救迫在眉睫的瓜分危机奔走呼号，认为要救中国就要维新，要维新就要向外国学习。

《马关条约》签订时，维新志士谭嗣同谈及当时自己的感受，曾说：“及睹和议条款，竟忍以四百兆人民之身家性命，一举而弃之，大为爽然自失。”[①] 遂有悲愤填膺之叹。近代著名启蒙思想家严复在给朋友的信中写道：“大抵东方变局不出数年之中”，“尝中夜起而大哭，嗟乎，谁其知之？”[②] 亲历这场事变的吴玉章同样沉痛地说：“这真是空前未有的亡国条约！它使全中国都为之震动。从前我国还只是被西方大国打败过，现在竟被东方的小国打败了，而且失败得那样惨，条约又订得那样苛，这是多么大的耻辱啊！”[③]

严格地讲，中国近代的思想启蒙运动（即宣传资产阶级思想运动）是从甲午战争前后开始的。这一运动蓬勃兴起的重要表现，是涌现了一批杰出的启蒙思想家，出版了一批启迪民智的重要著作。如康有为的《新学伪经考》《孔子改制考》，梁启超的《变法通议》，谭嗣同的《仁学》，严复的《原强》《救亡决论》等，特别是严复翻译的《天演论》，影响深远。

《天演论》中提出的“物竞天择、适者生存”的原则，为人们探析民族危机发生的原因和探索救亡图存之路提供了一个崭新的视角，开辟了崭新的路径。在严复看来，种族与种族之间、国家与国家之间就是一种大的竞争，在竞争中，强者生存，弱者灭亡，因而中国人不能再妄自尊大，必须承认侵略者的优和自己的劣。《天演论》正是溯近代中国维新思潮的源头而注之以活水。也正是严复在天津报纸上第一次提出“救亡”的口号，从此，“救亡”成为当时中国人爱

① 《谭嗣同全集》，中华书局 1981 年版，第 153 页。
② 《严复集》第 3 册，中华书局 1986 年版，第 521 页。
③ 《吴玉章文集》（下卷），重庆出版社 1987 年版，第 955 页。

国的中心口号。

3. 来自资产阶级革命派的行动

甲午战争后，维新思想家在“救亡”的旗帜下发起了启蒙运动，振聋发聩，不仅直接推动了1898年的戊戌变法运动，而且为资产阶级革命准备了思想条件。

以对甲午战争的反思为起点，中国的维新运动进入高潮，资产阶级革命派也开始登上中国的政治舞台。在中华民族日益陷入危机的过程中，伟大的民主革命先行者孙中山目睹了清政府的腐败和卖国，痛恨与悲愤交织，从而萌发了革命思想。1894年11月24日，孙中山在檀香山建立了第一个革命组织——兴中会，明确提出了“驱除鞑虏，恢复中华，创立合众政府”的口号，这是近代中国民族民主革命的开端。1895年10月，孙中山领导了广州起义，虽因计划泄露而遭到失败，但却是以革命手段实现民主共和理想的第一次尝试。

▲ 孙中山（1866—1925）

中华民族的觉醒还表现在开始有意识地向先进者学习。古代是日本学中国，后来是中国学日本。因为甲午战争失败的刺激和中日两国的鲜明对比，人们认为远效西人，不若近法日本。1896

年，清政府派人赴上海、苏州、湖北等地招收 13 人作为第一批留学生去了日本，随后，留学东洋的热潮席卷全国。1905 年，日本又战胜了俄国，更加出乎中国知识分子的意料，这一年涌到日本的中国留学生激增，达到了8000～10000 人，可谓留日洪流。到 1931 年中日战争爆发，其间留学过日本的中国知识分子不下 10 万人，如果加上短期考察参观者，这个数字还要翻上一两倍。这些留学生放下了传统老大帝国国民的身段，认真学习探究日本的自强之路和西方的可取之处。当年的留日青年吴玉章这样写道："东亚风云大陆沉，浮槎东渡起雄心。为求富国强兵策，强忍抛妻别子情。"①

中国民主主义革命时期的许多革命者都曾留学日本，如国民党的黄兴、宋教仁、胡汉民，中国共产党的早期领导人陈独秀、李大钊、董必武、李达、周恩来。他们在日本留学期间，深刻地体会到要学习西方，要改变中国，只有用革命的手段才能救中国。马克思主义的理论最初也是由留日学生带回中国的。

毛泽东出生在 1893 年，即甲午战争爆发前一年，邓小平出生在 1904 年，即甲午战争结束后十年，也是日俄战争爆发的当年。他们的青年时代，正是甲午风云掀起的巨浪对中国冲击最猛烈的时代。启蒙、自强与救亡是那个时代的主旋律，也在他们的成长过程中留下了不可磨灭的烙印。1982 年，英国不愿把香港主权归还中国，邓小平对时任英国首相撒切尔夫人说："如果中华人民共和国成立四十

① 《吴玉章文集》（下卷），重庆出版社 1987 年版，第 953 页。

八年后还不把香港收回，任何一个中国领导人和政府都不能向中国人民交代，甚至也不能向世界人民交代。如果不收回，就意味着中国政府是晚清政府，中国领导人是李鸿章。”①

总之，甲午战争之后，在“救亡”口号的激励下，中国社会关心民族命运的各个阶级、各个阶层都行动起来了，出现了前所未有的民族觉醒，前所未有地集中于国家兴亡的公众议题，为民族生存解放付出自己的努力。从此，中国社会改造自身的革命成为不可逆转的潮流，可以说这是中国旧民主主义革命的真正开端。

全民觉醒给深陷灾难的中华民族带来了新的转机。《马关条约》签订后，3 年后发生了戊戌变法，5 年后发生了义和团运动，16 年后发生了辛亥革命……一个误国、辱国、卖国的清政府瓦解了。这一连串的历史事件，每个事件既是前事之果，又是后事之因，而甲午战争是这一历史链条中至关重要的环节。

① 武市红、高屹：《邓小平与共和国重大历史事件》（纪念版），人民出版社 2019 年版，第 340 页。

第三章 甲午战败的原因解析

历史是一个国家、民族盛衰兴亡的真实记录。甲午战争对中国的影响极为深刻，对这场战争的不断追问、探索与反思，成为中华民族进步的不竭动力。

站在今天重新回顾分析甲午战争，它并不是一次单纯的军事战争，而是中日两国之间的全方位竞争。今天，我们运用历史比较的方法，对120多年前甲午战争中交战双方的政治体制、经济、文化、教育、军事力量、备战状况、对外交涉、战争影响、战争史观等进行全方位的对比，以从中吸取经验教训，警示今人，告诫来者。

一、甲午战败是思想认识之败

近代中国是一个新旧观念迅速演进的社会，西方从中世纪到近代的演进是依靠自我更新来推动的，中国近代社会的新陈代谢则很大程度上是因为受到了外力冲击，这种外力冲击加剧民族冲突和阶级对抗，形成了变革的浪潮，迂回曲折地实现了推陈出新——推封建主义之陈，出民主主义之新。在此过程中，清政府的被动很大程度上体现为思想认识的落后，并由此导致了社会整体进程的迟滞。

（一）对鸦片战争实质的错误认知

同一场战争，在中国叫“鸦片战争”，在英国则叫“贸易战争”或“通商战争”。不同的命名体现了两个国家对这场战争性质和缘起的不同认知，清政府认为战争的导火索是鸦片，是林则徐虎门销烟惹的祸，于是把林则徐撤职查办，发配边疆；英国则把战争的原因归之于为了捍卫世界贸易自由。

关于鸦片战争起因的不同认知，实质上反映了两种文明的冲突，即以英国为首的近代工业文明和以大清为代表的农业专制文明在贸易、外交等方面的认知差异。

1. 贸易认知差异

17 世纪后至鸦片战争之前，中英贸易长期处于不平衡状态，中国长期占据绝对优势。究其原因，一方面是因为中国从明朝开始奉行闭关锁国政策，对外开放的贸易港口多的时候有三四个，少的时候只有一个，鸦片战争前只允许外国人在广州经商。这种贸易政策把国际贸易控制在一个很小范围内，外国商人很难打开广阔的中国市场。另一方面，英国出口到中国的商品不受欢迎。此时的英国刚刚完成第一次工业革命，工业化的优越性还没有完全显示。中国是保守的农业国，自给自足的生活状态使国民对英国人运来的工业品，比如钟表、纺织品等缺乏兴趣，要么觉得不实用，要么觉得质量不够好，所以购买欲望很低。中国唯一稀缺的就是贵金属，所以英国人只能运来大批白银和中国人交换茶叶、丝绸、瓷器等产品，白银大量流向中国。随着中英贸易为英国带来的庞大的贸易逆差，解决中英贸易不平衡就成为英国政府最迫切的问题。

马戛尔尼来访之后的半个世纪，除了英国，法国、荷兰等国的政府和商人也多次试图通过外交谈判的方式和清政府建立贸易关系，但都被清政府拒绝。当时的英法等资本主义国家急需一个广大的市场作为商品倾销地，既然正规的贸易无法拓展，于是，英国采用走私鸦片的方式来减少贸易逆差，最终引发了战争。

另外，英国商人在中国做生意还有多方面的障碍。当时，清政府关税政策不透明，主事官员与职员俸禄很低，因此不仅存在很多吃、拿、要的官场陋习，还常常任意调整关税，有时候几近盘剥，让英商由无所适从到严重不满。他们数次向清政府抗议，希望清政府能制定稳定、透明的关税政策，便于执行。再如，中英的司法制度差异也很大。按照英国人的司法制度，案件审理需要设置一个陪审团，经过控辩双方的辩论后，由陪审团最终决定被告是否有罪。而大清的法治不完善，司法逻辑简单粗暴，讲究杀人偿命，欠债还钱，审判与处决存在很大的任意性。若一个英国人在华触犯了法律，经常在没有经过严格审讯的情况下被杀掉了事。这让英国人心存恐惧，也引发了英国商人的极度不满。在战争爆发之前，英国人的这些抗议和请求未能得到清政府的重视和回应，因而愈演愈烈，最后演变为战争的诱发因素之一。

2. 外交认知差异

对于传统中国来说，因为长期处于地区强国地位，和周边国家建立的是宗藩关系，因此对外交的理解就是朝贡，周边国家和民族来到中国，都要在皇帝面前下跪称臣。但对于代表近代工业文明的英国人来说，外交的首要原则是平等。英国马戛尔尼使团来华时就因为拒绝向乾隆皇帝行三叩九拜的大礼而令皇帝和朝臣十分不快。在第二次鸦片战争中，清朝与英法签订《天津条约》时，其他条件都已达成一致，唯独“公使驻京”一项始终让咸丰皇帝不能接受。国与国之间相交，设立使馆、互派公使本是近代国际关系的常态，西方国家早已形成惯例。但封闭保守的大清皇帝却认为蛮夷之人与天朝上国平起平坐有损大清威严，甚至不惜以全免关税为代价，换取列强同意废去这项条款。清政府最重视的是所谓大国尊严，为了保持虚无的“面子”，反而没将降低关税这种实利所在的“里子”放在眼里。

（二）缺乏“开眼看世界”的自觉性、主动性

1. 西学东渐在近代中国的更替与衰落

中国历史上曾出现过两次对外来文化的吸收、融合与交流，一次是公元 8 世纪，以佛教为中心的印度文化的传入，再一次就是从 16 世纪末开始的西方文化的传入，即西学东渐。

1583 年，耶稣会传教士利玛窦辗转来到中国，这是西学东渐开始的标志。利玛窦是意大利人，年轻时接受西方科学教育，精通数

学、天文学、地理学等方面的知识。1577 年，利玛窦离开罗马赴东方传教；1582 年 8 月，利玛窦抵达澳门，在这里学习汉语，了解中国的风土人情、文物典籍，然后到广东肇庆进一步学习中国的传统文化；1595 年 4 月，离开广东北上；1601 年 1 月，到达北京。到北京后，利玛窦向明朝万历皇帝进献了天主教经典、自鸣钟、铁弦琴、万国图等物品，得到明神宗的青睐；他还介绍西方天文学、数学、地理学、物理学、医学、声学、音乐、美术等方面的知识。明末来华的传教士还有邓玉函、艾儒略、汤若望等，这些人都在欧洲接受过近代科学的启蒙和文艺复兴浪潮的洗礼，学识渊博，奉行知识传教路线，在传播耶稣教义的同时，也把西方先进的科学知识带到中国。

清朝，顺治、康熙两朝对西方传教士仍采取优容、吸收的政策，西方科学文化知识得以在中国进一步传播。遗憾的是，清初西学的传入主要围绕皇帝感兴趣的天文学、数学、地理学以及西医西药等领域，仅限于为宫廷服务，并未推广至社会层面，更不曾在生产生活中得到实际应用。康熙皇帝去世后，由于最高统治者个人兴趣的变化以及政治斗争的影响，西学东渐之风逐渐衰弱，西方传教士调转方向，将重点由“西学东渐”演变成“东学西渐”。

17 至 18 世纪，大批从法国而来的耶稣会士成了欧洲与中国的文化中介与桥梁，他们不仅把西方文化带到中国，也把中国儒学介绍到欧洲，儒家经典《论语》、《大学》（以《中国的智慧》为书名）、《中庸》（以《中国政治道德学》为书名）于 1862 年至 1863 年在法国翻译出版。此外,《孟子》《诗经》《尚书》《周易》《礼记》《春秋》等也被译成多种文字在西方发行。17世纪80年代到18世纪80年代的百余年间,欧洲出现了一股强劲的中国文化热,出现了一批狂热崇拜中国文化的学者。法国杰出的启蒙思想家伏尔泰在他的《哲学辞典》一书中向往地写道:“在这个地球上曾有过的最幸福的、并且人们最值得尊敬的时代,那就是人们遵从孔子法规的时代。”①

清初西学东渐的热潮,在康熙帝去世后逐渐走向衰落。因部分传教士卷入了康熙末年的储位之争,雍正帝即位之后下定决心驱逐传教士,实行严厉的禁教政策。此后,禁教成为清王朝的基本国策,并为以后的乾隆、嘉庆、道光三朝所继承。

清朝统治者所谓的禁教,是闭关锁国政策在思想文化上的反映。1787年,乾隆帝写了一首诗,足以体现他的对外政策:“间年外域有人来,宁可求全关不开。人事天时诚极盛,盈虚默念惧增哉。”1793年,英国马戛尔尼使团访华时,曾带来一批精挑细选的、代表欧洲最新科技水平的器械,如天体运行仪、地球仪、各种火炮与枪支、战舰模型等,乾隆帝却对这些科技器械不屑一顾。正如一位西方学者所说:清朝对外国的创造发明拒不接受,达到登峰造极的地步。正是这种对西方科学文化深闭固拒的政策,使中国面对世界的飞速发展时茫然无知,无动于衷。亲身经历鸦片战争的姚莹感叹道:“英吉林、佛朗西、米利坚,皆在西南之极,去中国五万里,中国地利

① 〔美〕顾立雅著,高专诚译:《孔子与中国之道》,陕西人民出版社1992年版,第369页。

人事，彼日夕探习者已数十年，无不知之；而吾中国曾无一人焉留心海外事者，不待兵革之交，而胜负之数已较然矣。”[1]

2. 有“开眼之士”，少动手之举

对于中国来说，两次鸦片战争与以往历史上的任何战争都不同，它实际上是两种社会制度、两种文化形态的冲突和较量。对于清政府来说，不远万里而来的强大对手，无论是其实力，还是其诉求，还是战争形势，都是历朝历代见所未见、闻所未闻的。正如李鸿章所说，这是“数千年未有之变局”[2]，因此任何试图“投之以古方”的对策和行动都无济于事。于是，地主阶级中一些有识之士开始了新的探索，寻求切实有效的御敌之策，代表人物有林则徐、魏源、姚莹等。

林则徐向来被历史学家称为“睁眼看世界的第一人”，他密切关注西方人的行动，经常让人去搜集外国资料，翻译西方书刊报纸，还组织人翻译了英文版的世界地理大全，编成《四洲志》一书。魏源学识渊博，著作很多，代表作有《海国图志》等。《海国图志》是魏源受林则徐嘱托而编著的一部世界地理历史知识的综合性图书。1847年，姚莹写作《康輶纪行》16卷，内容涉及英、法、俄及印度等国的历史、地理知识，目的就是“欲吾中国童叟，皆习见习闻，知彼虚实，然后徐筹制夷之策”[3]。

---

① 《鸦片战争》第4册，神州国光社1954年版，第53页。
② 《李鸿章传》，人民出版社1994年版，第162页。
③ 刘大年：《中国近代史问题》，人民出版社1978年版，第126页。

与明末清初的西学东渐不同的是，这些介绍外国历史、地理的著作不是出自耶稣会士之手，而是根据外国的资料，由中国人自己执笔撰述的，这无疑更有利于这些知识的传播、普及。令人遗憾的是，这些资料没有得到及时而充分的重视。

比如《海国图志》。《海国图志》由著名思想家魏源耗费半生精力于 1842 年 12 月编成，1852 年扩增至 100 卷 88 万余字，是一部全面介绍世界地理历史的百科全书。魏源在《海国图志》的自序中说："是书何以作？曰：为以夷攻夷而作，为以夷款夷而作，为师夷长技以制夷而作。"[①] "师夷长技以制夷"的口号正是由此而来。可惜的是，从 1843 年出版伊始，这样一部富含真知灼见的国家之书就遭到顽固保守派的排斥和攻击，印数仅一千册左右，且很少有人问津。1851 年，即此书出版 8 年之后，日本海关关员从一艘商船上翻出了三部《海国图志》，如获至宝。短短几年间，《海国图志》在日本刊印了 15 个不同版本。半个多世纪后，美国著名汉学家费斯汀对此大惑不解，《海国图志》分明就是开眼看世界的一部奇书，为何日本人如获至宝，中国人自己却弃如敝屣？

再如《日本国志》。1887 年夏季，曾以参赞身份出使日本的黄遵宪因深感日本对中国了解甚多，而中国对日本了解甚少，完成了书稿《日本国志》。《日本国志》共 40 卷，约 50 万字，包括卷首年表和国统志、邻交志、天文志、地理志、职官志、食货志、兵地志、

① （清）魏源：《海国图志》，岳麓书社 1998 年版，第 1 页。

刑法志、学术志、礼俗志、物产志、工艺志 12 种志，从各个角度深入系统地研究日本的历史和现状，对日本明治维新后实行的各项制度作了特别介绍。他惊叹明治维新后，日本进步之速，为古今万国所未有，乃信其“改从西法，革故取新，卓然能自树立”[①]。书中详细介绍明治维新的过程，反复强调维新的重要举措是宣传民权学说，认为召开国会、国民都能参政议政是日本转向强盛的关键之处，变法是强国的必由之路，明确希望中国也学习日本实行变法。书稿完成后，为尽快出版，他先后请李鸿章、张之洞两位重臣向总理衙门推荐书稿，但未获总理衙门刊印，一直被束之高阁。直到 1895 年秋冬甲午战败之后，《日本国志》才由广州一家民间书局刊印出来，一时间风行天下，洛阳纸贵，然而为时已晚。

这种现象并不是特例。总体上看，当时中国少数人的“开眼”并未成为社会的主流现象，即便有开眼之士的倡议，也缺少学习西方的实际行动。

（三）学习观和价值观的巨大差距

19 世纪四五十年代，中日两国都面临着西方列强强势东侵的危局，都承受着一系列不平等条约的剥削和压迫，两国的有识之士都提出向西方学习、武装自己、挽救民族危亡的呼吁和建议。但向西方学什么，怎么学？中日两国在态度和取向上存在巨大差异，导致

① 王晓秋：《近代中国与日本的互动与影响》，昆仑出版社 2005 年版，第 222 页。

学习效果也大相径庭。

1.“中体西用”与“和魂洋才”

19世纪60年代初，中国改良派思想家冯桂芬最早提出“中体西用”的思想。1861年，他在《校邠庐抗议》一书中说：“以中国之伦常名教为原本，辅之诸国富强之术”[①]，即体现了“中体西用”的意思。而“中学为体西学为用”的表述，则见之于沈寿康的《匡时策》一文。1864年，李鸿章致信总理衙门，“中国文武制度，事事远出西人之上，独火器万不能及”“中国欲自强，则莫如学习外国利器”[②]，明确表示中国制度胜于西方，学西方主要学的是武器和技术。左宗棠大力提倡学习西方的长技，但他也只把这种长技看作一种技艺，明确表示因为有“本末轻重之分”，“究不能离道而言艺”。在他看来，学习西方的“艺”（指先进的科学技术）不能离开中国的“道”（指封建专制制度及其思想体系），否则就是本末倒置。

李鸿章和左宗棠已经算是当时清政府中有见识的官员，其意见代表了洋务派的主流观点。他们并不排斥变法，李鸿章提出“能自强则必先变法与用人”，左宗棠也说“我国家自强之道，莫要于捐文法，用贤才”。但因见识所限与身份所拘，他们所讲的变法，并未触动国家体制，这种“以守法为兢兢”[③] 的现实，使他们虽有变革之志，也只能发出“中国风气未开，积重难返，创办新式企业，非有

① 《戊戌变法》第1册，上海人民出版社1972年版，第28页。

② 《筹办夷务始末》（同治朝），卷25，中华书局2008年版，第4—10页。

③ 《李鸿章传》，人民出版社1994年版，第165页。

大力者参与和支持，不能成事”[1] 的叹息。

日本主张“和魂洋才”。所谓“和魂”，就是传入日本的儒家思想，“洋才”则是指西方国家的科学技术。从字面上看，似乎与中体西用有相通之处，但在实践过程中有所不同。日本在学习态度上要开放得多、全面得多，不只是学“洋才”，也学“洋魂”，不仅学技术，也学制度，其实是以“和魂洋才”之名，行“脱亚入欧”之实。

2. 中日两国学习团的西行之旅

19 世纪 60 年代末 70 年代初，中国和日本先后向西方派出了庞大的外交使团，两国外交使团出访的时间、路线、访问的国家都相差不多，但他们出访的目的、任务、人员组成、学习情况及产生的作用和影响却大相径庭。

(1) 清朝蒲安臣使团：形式大过内容

清王朝一向以“天朝上国”自居，标榜“王者不勤远略”，往往只在藩属国王位交替时才遣使册封，平常不对外派遣使节。鸦片战争后，西方侵略者接踵而至，国门洞开，列强要求清政府遣使出洋，以便中国融入他们设计并控制的世界体系。第二次鸦片战争后，随着西方公使驻京和总理衙门的设立，中国开启了近代外交之门，遣使出洋的问题被提上了议事日程。

最初，遣使的直接动力是修约问题的迫近。1858 年，《中英天津条约》第 27 款规定，所订税则和通商各款十年期满可以酌量更改。

---

① 中国社会科学近代史研究院：《中国近代史稿》第 2 册，人民出版社 1984 年版，第 177 页。

1868年正好是十年期满的节点，清政府为此事颇费脑筋。将来条约如何增减修改，对于没有国际交往经验的清政府来说委实没有头绪，他们认为有必要向国外派遣使者，去探个虚实，以便未雨绸缪。

1866年，清政府发布上谕，表明了向西方派遣使团的意愿，但在使臣人选上却大费周章，以至出现了一个奇怪的想法，“用中国人为使，诚不免于难；用外国人为使，则概不为难”[①]。于是，一个由美国卸任驻华公使蒲安臣为团长的中国外交使团组成了，使团共有三位团长，除蒲安臣外，还有总理衙门的章京志刚和孙家谷。为平衡英、法两国，又聘英国人柏卓安、法国人德善为左、右协理。此外，使团成员还包括中国随员、译员（大部分是同文馆学生）等共30多人。这个使团的任务在于笼络外洋，增强中国在修约谈判中的地位。

这个华洋合璧、不伦不类的使团于1868年2月25日出发，至1870年10月归国，历时两年八个月，访问了美国、英国、法国、瑞典、丹麦、荷兰、普鲁士、俄国、比利时、意大利、西班牙11个国家，是清政府正式遣使出洋的首次尝试。因清朝官员对外交事务一窍不通，出使中完全由蒲安臣包揽了一切外交谈判，甚至在中美有关签约的会谈中，也完全由蒲安臣与美国国务卿西华德沆瀣一气，共同炮制了《中美续增条约》。西华德曾得意地表示，这项条约囊括了美国政府认为当时在1858年条约直接修正中所必须调整的所有事项。

① 王开玺：《清代外交礼仪的交涉与论争》，人民出版社2009年版，第476页。

清政府派出的第一个外交使团为中国近代外交使节制度的建立迈出了重要的一步，但并没有取到什么真经，也没有对中国社会的进步带来显著影响。

（2）日本岩仓使团：求知识于世界

1871年底，日本政府派出了庞大的对外使团，由右大臣岩仓具视亲自率领，担任特命全权大使，参议木户孝允、大藏卿大久保利通、工部大辅伊藤博文、外务少辅山口尚芳任副使，成员包括政府各省选派的官员共48人，另外还有59名留学生随行。岩仓使团出使的目的非常明确，就是求知识于世界。确切地说，除了交涉修改不平等条约，日本使团更主要的目的是通过实地考察，学习研究西方的先进经验，为日本的改革提供借鉴。太政大臣三条实美对此次出使寄予了很大希望，他在送别词中说："外交内治前途之大业，其成与否，实在此举。"[①] 日本这次组团出访的规格之高、权威性之高、人数之多、目的之明确，远非清政府的蒲安臣使团所能望其项背。

岩仓使团于1871年12月出发，1873年9月回国，历时一年零九个月，先后访问了美国、英国、法国、比利时、荷兰、德国、俄国、丹麦、瑞典、意大利、奥地利、瑞士12个国家。此时的欧美正值自由资本主义发展的高峰时期，呈现出相对东亚来说的空前繁荣，日本使团充分利用出使机会，广泛会见各国首脑、政府官员及各界人士，考察各国政府机关、议会、法院以及公司、交易所、工厂、

① 郑彭年：《日本崛起的历史考察》，人民出版社2008年版，第327页。

▲ 岩仓使节团

矿山、港口、农牧场、兵营、要塞、学校、报社和福利机构等，并参观了名胜古迹和博览会，亲身接触了西方资本主义的物质文明和精神文明，这对他们的思想产生了巨大的冲击。

当时随团的留学生中江兆民后来回忆说："目睹彼方数百年来收获蓄积之文明成果，粲然夺目，始惊、次醉、终狂。"① 使团团长岩

① 〔日〕小西次部、远山茂树：《明治国家的权力与思想》，日本吉川弘文馆 1979 年版，第 158—159 页。

仓具视也深有感触地说，他们在西方的所闻所见，与原来想象的大为不同。以此行所见所闻来比较，日本初期的改革与西方相比多数皮毛之事。岩仓具视还以此检讨对国内改革的认识："我今日之文明非真正之文明，我今日之开化非真正之开化。"①

这次出使对日本总结如何向西方学习、如何富国强兵，以及今后施政方针的制定等方面起到了重要的推动作用。

首先，这次出使让日本的改革派清楚地认识到"富国"是治国之本，要使国家富强，首先必须大力发展工商业。通过对号称"世界工厂"的英国的参观访问，他们认识到西方国家之所以能够繁荣昌盛，关键在于有发达的近代工业和广泛的国际贸易。大久保利通回国之后说，"凡国之强弱，由于人民之贫富，人民之贫富系于物产之多寡"②，富国必须培养根本的实力，"而所以养实力者无他，专在殖产厚业之实务而已"③。

其次，改革派进一步认识到，要推动工商业的发展，必须改革政治体制、健全法制，特别提出应重视制定作为国家根本大法的《宪法》。木户孝允见识精准，一语中的："各国事迹虽有大小文鄙之差，然究其所以废兴存亡者，要之唯在于顾其政规典则之隆替得失如何。"④ 大久保利通等很欣赏德国的君主立宪体制，认为这是最应

① 〔日〕石藤清：《士族叛乱之研究》，日本青木书店 1974 年版，第 16 页。

② 中国日本研究会：《日本史论文集》，生活·读书·新知三联书店 1982 年版，第 240 页。

③ 〔日〕日本科学史：《日本科学技术史大系》第 1 卷，日本第一法规出版公司 1968 年版，第 221—222 页。

④ 〔日〕大津淳一郎：《大日本宪政史》第 1 卷，日本原书房 1969 年复印本，第 828 页。

当借鉴学习的典范。

最后，在经济、政治改革之外，改革派们还重视移风易俗，改革教育，认识到要使国家富强，必须提高国民的整体素质。木户孝允说，“其为急务者，莫先于学校”，提出通过普及教育来推进全民开化，为国家近代化源源不断地培养人才。

总之，日本的改革派们通过对西方先进国家的实地考察，进一步认清了国际形势及日本当时所处的国际地位。在尔虞我诈、以强凌弱的国际环境中，一个国家、一个民族要谋生存求发展，就只能充实自己的实力，以实力说话；要自立于世界民族之林，首先要富国强兵；要富国强兵，则应从发展经济入手。所以，使团回国后，大久保利通特别强调：“施政方针专在教育、殖产、工业、贸易、航海等事业上，大奖励之。”[①] 岩仓具视在一份奏折中总结了自己的欧美之行，他从修改不平等条约碰壁一事说起：修改（条约）之事，一大至难之业，非理论口舌之所能致，若非实效实力，无论如何不能达我所期望。而其使实效实力彰著，非徒学彼之皮相，修饰其体面所能致，必务国政之整备，谋民力之富赡，尽文明进步之道，否则不能使之彰著……依据实践之经历，查欧美各国形势之大要，国势、民力、政教、治务，其所由者，无不出自柢深则枝叶自茂之理。故我政治之急务不可不专致力于此，留意于此，奋励从事。在岩仓具视看来，整国政、富民力、讲文明，就是日本向西方学习的根本

① 〔日〕土星乔雄：《明治前期经济史研究》第 1 卷，日本评论社 1944 年版，第 37 页。

之道。

3. 中日两国不同学习观的成因

中日两国的外交使团在出使时间上前后相继，出访的目的都是准备修约并学习西方，所访国家也相差无几，但学习情况和价值取向却迥然不同。为何？

首先，中国的历史包袱要比日本沉重得多。古代中国是世界文明发展最早的国家之一，其经济实力、文明程度都在世界上处于领先地位。清王朝长期以“天朝上国”自居，有着盲目自大的优越感，其“华夏至上、中国中心”的文化心态很容易对外来文化表现出排拒心理。日本则不同，在历史上，日本的发展一直落后于中国。作为一个岛国，日本地域狭小、人口较少，这种资源上的局限性使其很难诞生有影响力的原生文明，这是它的局限性。但这种局限同时也迫使它养成了吸收外来文化的优良传统和特殊能力，使其不断学习吸收其他民族的先进文化，不断推动着日本社会的进步。

其次，两国在社会条件上存在差异。中国是典型的农业国家，自给自足的自然经济长期占据统治地位，内部结构相当稳定。在漫长的封建社会中，重农抑商的传统思想和政策一定程度上抑制着商品经济的发展，商业精神和功利思想受到传统儒家伦理观念的鞭挞。日本在接受西方资本主义文化之前，虽然也是农耕型社会，但其土地制度与中国有所不同。日本主要是庄园领主制，内部分工比较明确，庄园手工业相对发达，为庄园间的商品交换创造了条件，也促进了商品经济的发展。在日本，商人的力量十分活跃，德川幕府统治时代，江户就流传着“大富商一怒而天下大惧”的说法。日本经济结构的这一特点，为其接受西方文化准备了内因条件。

最后，中日的自然条件不同。中国是个大陆国家，幅员辽阔，资源丰富，气候适宜，耕地较为充裕，适合农耕经济的发展，从某种程度上助长了统治者耽于安逸、封闭锁国的心态。正如乾隆皇帝托英国使臣马戛尔尼捎给英王乔治三世的信中所说：“天朝物产丰盈，无所不有，原不藉外夷货物以通有无。”[①] 而日本国土狭小，资源有限，只能算个半农耕国家，中世纪时，其国内已孕育出大量的工商因素，并产生了类似英国的商业精神，这使日本更具有向西方敞开学习的心态和思维模式，为日本从封建社会向资本主义转型奠定了基础。

4. 不同学习观带来的不同结果

中、日两国几乎同时派出外交使团，表面上看都担负着如何应对与西方国家修改条约的任务，但其根本目的截然不同。清朝使团的出访是一种被动式的反应，更像是为了应付眼前局势的敷衍之举；另外，使团成员级别较低，眼光浅薄，他们既得不出有见识的改革之策，也无权过问国家大政，归国后大多被弃置不用，所以这次隆重的出使对推进中国近代化进程并没有产生重大影响。日本则完全不同，使团出使目的明确，主要成员在政府中握有实权，眼光敏锐，有强烈的求知求新愿望。通过此次出访，他们开阔了眼界，坚定了

① 徐伟新、刘德福：《落日的辉煌：17、18 世纪千秋编剧中的“康乾盛世”》，人民出版社 2021 年版，第 129 页。

从根本上学习西方并把日本建成独立富强的近代化国家的决心，也明确了日本改革发展的方向，有力推动了明治维新和日本的近代化。使团成员归国后很多成了朝中重臣，致力于推动改革。

当时，德国的“铁血宰相”俾斯麦曾分别接待过两个使团，当有人问到他对中日的看法时，他指出，中国和日本的竞争，最终日本必胜。问及原因，他说，日本人到欧洲讨论各种学术，讲究政治原理，谋求回国进行根本的改造；而中国人到欧洲来，只问某厂的枪炮造得如何，价值如何，买回去就算了。

日本近代启蒙思想家福泽谕吉曾经说过，一个民族要崛起，要改变三个方面：第一是人心的改变，第二是政治制度的改变，第三是器物的改变。这个顺序绝不能颠倒，如果颠倒，表面看是走了捷径，其实是走不通的。日本的改革与振兴正是按照福泽谕吉的路子走过来的，而大清朝走的则是一条反向的道路。

中日两国学习西方的不同态度和取向，导致了不同的历史结局。纵观30年的洋务运动，清政府一直被“中体”所束缚、禁锢，进行的是有限的学习，只及器物、不及制度，只知皮毛、不知根本。这种学习直接影响了改革的深度与广度。洋务运动推行虽早，但无论是军工厂还是民用工厂，都着重于仿造，自我创新与自我造血的功能不足。总体上来看，清政府的学习与改革可谓“布新而不除旧”，虽引进了一些新技术，推出了一些新政策，取得了一些新成就，呈现出一些新气象，但整个社会的核心观念和制度体系并没有发生真正深刻的变革，也未能带来真正的富国强兵。相比之下，日本政府对时代的变化趋势反应更为敏锐，具有更强烈的危机感和开放性思维，能够更全面深刻地学习先进，更主动自觉地融入世界，制定的政策更开明有效，很快形成了西潮奔涌东瀛的局面，为日本跻身于世界强国之列奠定了思想基础和制度基础。

二、甲午战败是制度道路之败

（一）政治体制的差别导致政府效能的巨大差距

1. 清朝的封建专制制度

自秦朝开始，中国建立了中央集权的君主专制制度，此后“历代皆行秦政制”，2000多年后，至清代更加完备。君主专制制度在历史上曾经发挥过重大作用，对国家统一、民族融合、经济发展、文化繁荣产生过持久的积极影响。但随着时代的更迭、生产力的发展，其负面作用也越来越明显，尤其在清朝，其落后性更加显现。

鸦片战争之后，中国社会遭遇数千年未有之奇变，在西方列强的欺凌与掠夺下，国内的阶级矛盾不断激化，封建专制体制受到冲击。为了与西方强敌打交道，清政府不得不对原有的政治机构和官僚制度进行调整，于是设立了总理各国事务衙门、总税务司署等部门。随着中西文化交流的深入，有关西方资产阶级政治制度的理论学说也先后被介绍到中国，成为一些先进的中国人用来挽救民族危亡、振兴国家的应对方略。早期的改良派提出了改革封建政治制度、学习西方议会民主的要求，但这些要求与方案仅仅停留在纸面和理论上，统治者始终坚持中体西用，只满足于学习西方的新技术、新工艺，而对政治体制的改革坚决抵制，封建专制制度的统治依然如故。

（1）统治专制，吏治腐败，机构臃肿，效率低下

以中央机构为例，清朝统治者入关后设立内阁，掌议天下之政，位在六部之上。康熙年间，又设南书房，削弱了内阁权力。雍正年间，再设军机处，最初只管军事，后来权力逐步扩大，涉及政治大事，最后发展成为政令所出的宰辅机构，使内阁形同虚设。1861 年（咸丰十一年），清政府设立总理各国事务衙门，专办洋务和对外交涉，实际上总揽了涉外的财政、军事、教育、矿物、交通等各方面大权，成为清政府的另一个内阁。这样，在行政中枢部门就出现了内阁、军机处、总理衙门三个互不统属、权力交错的政权机构。此外，礼部、光禄寺、鸿胪寺三个机构的职能大同小异，主要掌管典礼事宜；刑部、大理寺、都察院均管理全国刑名事务……机构重叠的现象，在地方行政机构中也同样存在，出现了大量冗员。据估算，仅地方衙门的胥吏就有 100 多万人。由于权限不清、彼此牵制，臃肿的官僚机构和上百万的官吏不仅给老百姓带来了沉重负担，也严重影响行政管理效率。

（2）派系朋党钩心斗角，主战主和派内斗激烈

晚清政治腐败的一个突出表现就是内斗不断，包括帝党、后党之争，中央、地方之争，满族、汉族之争，湘系、淮系之争。内斗

导致政治决策拖沓，互相掣肘。

以帝党与后党之争为例。1889 年 3 月，光绪帝亲政，但慈禧太后仍然对朝政多方干预，引起一部分官员的不满，在朝廷内部形成一股以光绪帝为中心的势力，即帝党。帝党的代表人物是光绪帝的老师、时任户部尚书翁同龢，成员主要是光绪帝的近臣和翁同龢的门生故旧，这些人多为熟读诗书的饱学之士，在学术上有所成就，政治上为政清廉，关心民生社稷，反对太后干政。甲午战争爆发后，他们是主战派，支持光绪帝坚决抵抗侵略。所谓后党，指的是围绕在慈禧太后周围、唯其马首是瞻的一些权贵大臣，主要代表人物是庆亲王奕劻，军机大臣、兵部尚书孙毓汶，军机大臣、总理衙门大臣徐用仪等。后党在甲午战争中大多持主和态度。作为甲午战争中清军总指挥的李鸿章，身任文华殿大学士、北洋大臣、直隶总督，大权在握，也极力迎合求和派的心理，既不愿失宠于皇太后，又想保全北洋海军的实力，因此成了后党阵营中举足轻重的角色。

这种互相掣肘的党派之争，导致很多时候派系为了一派私利，不惜牺牲国家利益。清朝末年，满族中央政权衰弱，汉族地方官僚崛起，办洋务、开工厂、练新军、求自强，李鸿章是这其中的佼佼者和带头人。在他的政治对手翁同龢及一批满族权贵眼中，北洋水师由李鸿章一手缔造，相当于他的个人资本，限制北洋海军等于限制李鸿章，打击北洋海军就是打击李鸿章。所以，“主战”“主和”之争，实际上是承平时的权力之争延伸到战时的官僚倾轧。斗争的结果，只能是北洋海军得不到应有的支持和发展，最终全军覆没。

范文澜在总结甲午战争的历史教训时说道："中日战争与清政府帝后党争有密切关系。帝党主战，要在战争中削弱后党，后党主和，要保住自己的实力。两党借和战争夺权力。"[①] 在国难当头的形势下，不论主战派还是主和派，都没有从民族大义和国家利益的角度出发，而是将主要精力放在压制政治对手、扩张自己的权力上，谁也不肯真正关心海军建设。外患未至时，海军被当成政治角逐的筹码；列强的大炮对准了国门时，才想起要以海军为盾牌，可惜为时已晚。

（3）中央地方争权夺利，军阀割据势力膨胀

进入近代以后，清王朝的政治体制还面临一个突出的矛盾——中央和地方权力的再分配。著名的太平天国史研究专家罗尔纲认为，湘军、淮军的出现形成了"兵为将有"的局面。一批立有军功的将帅纷纷出任督抚等地方大员，上分中央的权力，下专一方的大政，造成了咸丰、同治以后总督、巡抚专政的局面。清朝前期建立并逐步完善的中枢议政和决策体制，发生了根本变化。

道光、咸丰以来，为镇压太平天国、捻军及西北、西南的少数民族起义，清政府不得不加重地方督抚的权力。后来，一些握有实权的督抚，如曾国藩、李鸿章、左宗棠、沈葆桢、张之洞等人，又通过办洋务进一步扩大了势力。鸦片战争后，地方督抚还参与了对外交涉。咸丰以后，清政府为应对外国侵略者，不得不让直隶总督和两江总督分兼北洋、南洋通商大臣，承担大部分外交事务，授予

① 范文澜：《中国近代史》（上册），人民出版社1955年版，第263页。

他们代表中央政府与外国谈判、立约、办理通商、划界及处置教案事宜等权力。地方督抚的权力进一步扩大，逐渐发展为掌控军事、政治、经济、外交、文化教育的地方军阀。

此外，在军队内部也存在派系的隔阂，既有湘军、淮系的分野，也有北洋、南洋的区别。从甲午陆战看，战争前期，参战部队以淮军为主；战争后期，由于淮军一再溃败，清政府不得不改用湘军。从海战看，清政府虽拥有北洋、南洋、福建、广东四支舰队，但真正参战的只有北洋海军一支，甚至在军官的认识当中，甲午海战就是日本与北洋水师之间的事，与其他舰队无关。如 1894 年初，李鸿章视察北洋水师时，广东水师曾派“广甲”“广乙”“广丙”三舰参加军事汇演。汇演结束后，三舰还没来得及回到广东，甲午战争就爆发了，于是三舰被临时编入北洋水师。在海战中，“广甲”“广乙”沉没，只有“广丙”一舰尚存。威海之战后，北洋海军投降，“广丙”舰被日军俘虏，威海卫水陆营务处提调牛昶昞竟致函日本联合舰队司令伊东佑亨，要求返还“广丙”舰。其函称：“此舰属广东舰队，因不与战斗。去岁季春，李中堂校阅海军，即与广甲、广乙诸舰共来北洋。及事已毕，将直回粤，嗣有两国事，因暂留居北洋。广甲、广乙今已沉坏，粤东三舰只残广丙一舰而已。广东军舰不关今日之事，若沉坏其全舰，何面目见广东总督？愿贵官垂大恩，收其兵器铳炮，以虚舰交返，则感贵德无量。”① 此信被刊登在日本报

① 〔日〕桥本海关著，吉辰译：《清日战争实记》第 12 卷，山东画报出版社 2017 年版，第 419 页。

纸上，成为整个世界的笑柄。

（4）政治体制改革难以推行

19 世纪 60 年代，冯桂芬明确指出中西方政治体制的差别，即中国在君民的自由、平等对话方面缺少机制，尤其对美国总统“传贤不传子”“视所推最多者立之”[①] 表示赞赏。19 世纪 80 年代，国内要求君主立宪的呼声渐长，郑观应在《盛世危言》中指出：“泰西各国，咸设议院，每有举措，询谋佥同，民以为不便者不必行，民以为不可者不得强，朝野上下，同德同心，此所以交际邻封，有我薄人，无人薄我。人第见有士马之强壮，炮船之坚利，器用之新奇，用于雄视宇内；不知其折冲御辱，合众志以成城，致治固有本也。”[②] 将优秀政治体制用于凝聚民心的重要性阐述得十分明白。对美国的资产阶级民主制度，魏源的评价是“既公且周”，盛赞其“一变古今官家之局……议事听讼，选官举贤，皆自下始，众可可之，众否否之，众好好之，众恶恶之，三占其二，舍独循同”。[③]

以上都是个人著书立说，发表主张，而明确向清政府提出立宪建议的，首推翰林院官员崔国因。1883 年，崔国因上折指出十条自强之道，其中第九条就是开议院。他说：“设议院者，所以因势利导，而为自强之关键也。”[④] 随后，郑观应也上书清政府请求召开国

① 陈旭麓：《近代史思辨录》，广东人民出版社 1984 年版，第 222 页。
② 萨孟武：《中国政治思想史》，东方出版社 2008 年版，第 467 页。
③ （清）魏源撰，陈华等校注：《海国图志》（下册），岳麓书社 1998 年版，第 1611 页。
④ 钟叔河：《走向世界》，中华书局 1985 年版，第 23 页。

会，被清政府斥为狂妄之言。可见，这些真知灼见并没有引起清政府的足够重视，更别提实际应用，实在可惜。

2. 日本的君主立宪制改革

（1）改革前的日本政治制度

日本的政治制度原来也是封建专制，明治维新后通过学习现代西方制度，君主立宪制逐步确立，决策机制和执行能力大为改观。

从 17 世纪开始，日本进入了德川幕府的统治时代。1603 年，德川家康自称征夷大将军，在江户设立幕府政权，成为日本的最高统治者。德川幕府的统治长达 264 年，直到 1867 年才退出历史舞台。幕府是日本的中央政权机关，地方上则由 260 多个藩控制，各藩的统治者叫大名，大名拥有相对独立的立法权、行政权、司法权、税收权，甚至还有自己的军队。幕府的将军和各藩的大名都是世袭的，为了抑制大名的离心倾向，幕府要求他们定期到江户参见将军。

德川幕府对外实行锁国政策。随着西方殖民主义势力东渐，其触角不断伸向日本，最终迫使日本打开国门。1794 年到 1853 年的 60 年间，欧美各国包括俄、英、美、法等国“光顾”日本达 49 次之多。特别是 1853 年，美国东印度舰队司令马修·培里率领四艘军舰驶进江户湾口，并强行登陆，以武力威胁幕府开国。因美国舰队中配备黑色近代铁甲舰，此次事件故称“黑船事件”。培里所率领的舰队令日本举国震惊，铁甲舰与木船的强烈对比，更是让日本深切感受到自己的落后。在美军“不开国就开火”的威吓下，幕府既不敢拒绝对方开国的要求，又怕轻易允诺遭到国内的抨击，于是借口需要征得天皇的批准，与培里约定下一年春天给予答复。第二年，培里率七艘军舰卷土重来。在美国的武力胁迫下，幕府不得不接受开港要求。1854 年 3 月 31 日，日美签订《日美亲善条约》，日本被迫同意开放下田、箱馆为通商口岸，美国商品在日本享有最惠国待遇。同时规定，日本对美国船只负有海上救助义务。1858 年 7 月 29 日，双方又在江户签订了《日美友好通商条约》，美国获得了在日本的贸易自由权和领事裁判权，并规定美国货物只交纳 5％的关税。随后，荷兰、俄国、英国、法国等十几个西方国家先后仿效美国，迫使日本签订类似条约。日本被迫结束锁国时代，幕藩体制随之瓦解，同中国一样陷入了半殖民地化的危机。

（2）藩政改革与维新政权的建立

为了挽救危机，德川幕府在 19 世纪 40 年代进行了一次幕政改革，意在抑制商业和农村手工业的发展，恢复原来的自然经济秩序。这种逆流而动的改革因不得人心，不到两年就失败了。与此同时，地方各藩也进行了藩政改革，新兴地主和部分下级武士成为改革的主导力量。下级武士原本是幕、藩领主的卫士，但从 18 世纪中叶起，武士的生活并不理想，经济地位的恶化使其产生了恨主如仇敌的强烈不满情绪，其中一部分人开始经营商业以谋生计，与商人阶层逐渐接近；另外一些人则改行为教师、医生，进入了知识分子队伍，其中有人学习西学，接触西方文化，成为资产阶级在政治上的代言人。

经过 19 世纪三四十年代的藩政改革，西南部分强藩实力大增，一批中下级武士出身的改革派逐步掌握了藩政实权。1865 年 3 月，改革派挫败了藩内保守势力，一举夺取了长州藩政权，成为倒幕活动的一面旗帜。幕府掌权者不甘心退出政治舞台，先后于 1864 年和 1865 年发动两次征讨长州的内战，结果一败涂地，1866 年被迫收兵。1867 年 1 月 30 日，压制倒幕派的孝明天皇突然去世，不到 15 岁的睦仁继位，即明治天皇。倒幕派决定利用这一时机，首先控制天皇，然后以天皇名义夺取全国政权。1868 年 1 月 3 日，萨摩、长州两藩的军队守卫皇宫，由天皇出面宣布了《王政复古大号令》，实质上发动了政变。倒幕派罢免了幕府末代将军德川庆喜，宣布废除幕府时期的官制，成立新的天皇政府。政变后，日本的京都和江户分别出现了天皇政府、德川幕府两个并存的政权，双方斗争日益白热化。

1868 年 1 月下旬，德川庆喜统率大军从大阪进攻京都。新政府军积极迎战并取得胜利，继而又连续征讨关东、关北地区旧的幕府势力，迫使幕府海军总裁投降。这场战争历时一年零五个月，以新政府军的全面胜利而结束，因战争发生在戊辰年，故又称戊辰战争。经过一次血与火的洗礼，幕藩领主势力被彻底打倒，为明治维新的成功奠定了基础。

(3)“明治维新”大刀阔斧的改革

戊辰战争取得胜利后，新政府宣布改江户为东京，定为首都。1868 年 10 月 12 日，睦仁天皇举行继位仪式，改年号为明治，取《易经》中“圣人南面听天下，向明而治”之意。由改革派武士掌权的明治政府从此开始了大刀阔斧的改革，这就是决定日本近代命运的著名的明治维新。

明治政府进行改革的首要问题，是结束藩国割据，建立统一的中央集权。1868年4月6日，新政府以天皇名义发布了《五条誓文》的施政纲领，其内容是：广兴会议，万机决于公论；上下一心，大展经纶；公卿与武家同心，以至于庶民，须使各遂其志，人心不倦；破旧来之陋习，立基于天地之公道；求知识于世界，大振皇基。同一天，明治天皇发布亲笔喻示："遂开万里之波涛，宣布国威于四方"[①]，明确了向外开辟的大陆政策。《五条誓文》明确表示要仿照西方的政治制度，进一步改革政府体制。两个月后，明治政府公布了新的政府组织法——《政体书》，由太政官总揽大权，下设立法机构、行政机构、司法机构，大体上模仿西方资本主义国家三权分立的政权形式。

1869年7月，新政府通过"奉还版籍"取消了藩主对土地和人民的封建领有权，同时任命诸侯为藩知事。1871年8月，又废藩置县，彻底废除了藩国制度。全国行政区重新划分为3府、72县，由中央政府任命县知事管理，旧藩主迁至东京，领取国家俸禄。

"奉还版籍"后，新政府开始着手改革日本的封建等级制度，废除了大名和公卿的称号，改为"华族"；幕府的直属家臣、各藩的藩士和一般武士改为"士族"和"卒"；从事农工商业的农民、市民和手工业者以及僧侣、神官，都称"平民"；后又废除"秽多""非人"

① 沈予：《日本大陆政策史》（1868—1945），社会科学文献出版社2005年版，第1页。

等贱民称号。

倒幕派用了大约三年半的时间，通过王政复古、戊辰战争、奉还版籍、废藩置县、官制改革等举措摧垮了封建领主势力，将政权转移到代表新兴地主和资产阶级利益的中下级武士手中，由此，日本的政治体制实现了成功转型。

日本政治体制改革的根本性要求是立宪法、设议会。明治维新开始后，一部分受西方民主政治影响的资产阶级知识分子不满天皇政府的专制统治，发起了自由民权运动，他们组织政治团体、创办报刊，宣传天赋人权和主权在民的思想。1881 年 10 月，日本第一个近代政党——自由党成立，虽然遭到政府打压，但其影响不容低估。在自由党的影响下，明治天皇不得不答应于 1890 年设立国会。

1889 年 2 月，天皇政府颁布《大日本帝国宪法》，规定国会由贵族院和众议院组成。贵族院由旧贵族的代表及天皇特别任命的议员组成，众议院则经选举产生。因有财产等条件限制，实际上只有 1% 的国民享有选举权。1890 年 7 月，经选举产生了众议员，10 月，第一届帝国议会召开，通过了日本第一部宪法——《大日本帝国宪法》，并于 11 月 29 日正式实施。《大日本帝国宪法》规定，天皇是日本的国家元首，神圣不可侵犯，天皇拥有宣战、缔约、任命高级文武官员及召开、解散国会等权力；内阁由首相及各省大臣组成，直接对天皇负责，不受议会约束；军队独立于议会和内阁，只受天皇指挥；议会的权力只限于审议预算，对政府提出咨询和建议；此外，另设枢密院，由政界元老和重臣组成，是天皇的最高顾问团。

尽管日本建立的君主立宪政体是以天皇为中心的集权制，议会权力非常有限，但日本却从此有了政党，有了选举制度，有了国会，比起清王朝的封建君主专制，这是一个巨大的进步。政党、议会、宪法这些中国维新派梦寐以求而不可得的东西，在日本都变成了现实，两国当时政治体制的优劣一目了然。

3. 中日两国政治体制改革的不同立场

(1) 李鸿章与森有礼的争论

1875 年，日本明治维新刚刚起步，立宪制度尚未确立，时任北洋大臣兼直隶总督的李鸿章与日本驻华公使森有礼，曾在学习西方的问题上有过一场争论。

当时，日本迫切要与东亚传统决裂，包括学习西方穿西装而换掉了本民族的传统服装。李鸿章对此表示不解，认为这是对祖先的不敬。森有礼是这样解释的："如果我们的祖先还活着的话，他们无疑会做我们全部做过的事……大约一千年前，他们改穿中国服，因为他们当时发现中国服比原来的穿着要好。"① 又进一步强调说："不论何事，善于学习别国的长处是我国的好处，我国不愿意怠慢致贫，而想勤劳致富，所以舍旧就新。正如我国自古以来对亚洲、美国和其他任何国家，只要发现其长处，就要取之用于我国。"② 而李鸿章

① 郭凤海：《文以铸兵：中国军事现代化的传统文化资源分析》，人民出版社 2013 年版，第 304 页。

② 郭凤海：《文以铸兵：中国军事现代化的传统文化资源分析》，人民出版社 2013 年版，第 304 页。

则答道："我国绝不会进行这样的变革，只是军器、铁路、电信及其他器械是必要之物和西方最长之处，才不得不采之外国。"①

虽然两人的争辩从改变服饰的话题引起，但真正的着眼点则在政治制度的变革。对比之下，当日本已经着手改革政治体制时，清政府在这方面的改革还遥遥无期，仅仅停留在少数知识精英和个别开明官员的纸上谈兵阶段。李鸿章已经是当时中国思想开放、视野宽阔的代表人物，他的观点都如此保守顽固，其他人可想而知。

这场辩论的结果，20年后有了答案。1894年，中日战争大局已定，日本联合舰队司令官伊东佑亨中将致书清朝北洋海军提督丁汝昌，试图对其劝降，信中讲道："我国实以急去旧治，因时制宜，更张新政，以为国可存立之一大要图。今贵国亦不可不以去旧谋新为当务之急，亟从更张，苟其遵之，则国可相安；不然，岂能免于败亡之数乎？"② 伊东的劝降书至少讲出了一条真理——"去旧谋新为当务之急"。日本之所以能打败清朝，很重要的因素是能"急去旧治，因时制宜，更张新政"。

（2）李鸿章与伊藤博文的交流

李鸿章与伊藤博文素有交往，赴日谈判时，曾在正式谈判前与伊藤博文闲聊。虽属闲聊，但其内容涉及中日未来发展，关系中国前途，故简述如下：

---

① 郭凤海：《文以铸兵：中国军事现代化的传统文化资源分析》，人民出版社2013年版，第304页。

② 戚其章：《甲午战争史》，人民出版社1990年版，第374页。

在谈到中日两国关系时，伊藤博文说：中堂位尊责重，此次作为头等全权大臣前来谈判，表明贵国对中日关系的重视和诚意，但愿此次会谈结束后，中日两国关系能在原有基础上有所发展。此次谈判不仅是结束过去，更重要的是为两国未来奠定基础，两国停战重修睦邻友好，将来中日签订永久性和平条约，必定有助两国发展，有助亚洲和平。李鸿章也说，在亚洲，中、日最为近邻，且系同文，两国怎能长时间敌对？中日相争只是暂时的，中日长期友好应成为两国共同追求的目标。如果寻仇不已，则有害于中国者，未必有益于日本。中日既同在亚洲，就应从亚洲大局出发，永结和好，这样亚洲才能团结起来形成力量。

在谈及两国变革时，伊藤博文提出，早在十年前，我们在天津就曾谈论过这类问题，为什么十年过去了，贵国至今一无变更，依然墨守成规？伊藤博文的疑问，正是李鸿章多年的心结。李鸿章回答说，当年在天津的谈话一直未敢忘记，阁下不仅想到，而且做到了，不胜钦佩。十多年来，阁下不懈努力，变革旧俗旧尚，终于使贵国走上发展坦途，国家逐渐强大。而中国始终囿于习俗，不能如愿以偿。当时贵大臣曾相劝，以为中国地广人众，变革诸政应由渐而来，现在转眼十年过去了，中国却依然如故，这事无论如何都不能不引以为憾，真的是自惭不已，真的是心有余而力不足。贵国在过去十几年，学习西方建立了强大的现代军队，训练有素，装备精良，国内的各项政治也日新月异，呈现出朝气、活力与希望；中国的情形则完全相反。只是经过此次中日冲突，中国士大夫开始有所警醒觉悟，至少获得两个良好结果：第一，日本利用欧洲方式重组军队，取得了成功，足以证明黄色人种并不比白种人逊色；第二，由于此次战争，中国侥幸得以从长夜迷梦中觉醒，此实为日本促成中国发愤图强，帮助其将来进步，可谓影响非常巨大。所以现在虽然诸多中国人仍然在抱怨日本，但其实应该感谢你们日本人，没有日本人这番迎头痛击，中国还不会觉醒，还陶醉在自己“天朝上国”的迷梦中。现在许多中国人开始明白，必须像日本一样，必须改变，方能自立。

由此反省，两人又谈到两国的政治架构。李鸿章说，阁下现在只有55岁，陆奥外相仅52岁，而我却是个73岁的老人，这就是两国政治的差别。看到贵国大臣年富力强，办事从容，颇有悠闲自在之感。伊藤博文说，日本之国民不像中国人那样容易管理，而且日本政治上的事也不像中国那样容易决定，掌权人自己就说了算。因为有一个强大的议院在中间运转，政府要想办什么事，总是感到非常棘手。李鸿章说，其实中国与日本是一样的，日本有议院居间约束，中国有都察院从中掣肘。很显然，李鸿章不明白议院和都察院的本质区别，以为都察院就是民主国家的议院。对于李鸿章的话，伊藤立即回应道，十年前曾劝你们裁撤都察院，而中堂却说都察院之制起自汉代，由来已久，不易裁去。都察院多是一些不明时务的人，他们自命清高，务使在位者难于办事，这并不是对政府的监督制衡，而是阻碍。贵国必须要大力提拔那些明西学、懂大势、且年富力强的政治新人，对于那些拘于成法、不思进取的官员，必须下决心裁撤。这样的谈话对李鸿章来说犹如万箭穿心，扎得又深又痛。他在当天发给朝廷的电报中，表达了痛切的反省："伊藤言，别来十年，中国毫无改变成法，以至于此，同为抱歉。"[①]

与清政府的其他官员相比，李鸿章与外国打交道较多，对国际大事较为了解，但还是不明白中日政治体制的根本区别，弄不懂为什么政治体制的变革能够促使政治生活、经济体制、社会体制等方面发生那样大的变化。李鸿章的困惑反映了当时清政府所能达到的认识高度。后来，清政府终于抛弃"中学为体西学为用"的态度，决心彻底向日本学习，所以才有了致力体制改革的戊戌变法。

（二）经济制度的差别导致发展结果的巨大差距

1. 清政府：缺少经济发展的系统制度设计

（1）自给自足的自然经济在外力作用下趋向解体

鸦片战争在中国历史上是个划时代的事件。鸦片战争之前，中国社会是一个相对完整的封建社会，自给自足的自然经济占据主导地位，但其内部并非铁板一块，民族资本主义已经出现。明朝中叶以来，由于商品经济的发展，中国社会已经孕育出资本主义的萌芽，并在清朝中叶有了进一步的发展。以江南丝织业为例，康熙末年，政府取消了对机户拥有织机数量的限制，"有力者畅所欲为，至道光年间，遂有开五六百张机者"[②]，雇佣工人有的达到千人以上。在广

① 《李鸿章全集》第 3 卷，上海人民出版社 1987 年版，第 466 页。
② 许涤新、吴承明：《中国资本主义发展史》第 1 卷，人民出版社 2003 年版，第 382 页。

东，一些商人投资开铁矿、冶炼金属，铁炉不下五六十座，用工不下数万人。但是由于封建社会内部农业和家庭手工业的紧密结合，生产力的发展受到很大限制，具有资本主义性质的生产关系仅仅是柔嫩的小芽，没有发展成能突破封建生产关系的独立力量。

鸦片战争之后，中国被迫打开了国门，短时间内，西方资本主义国家的商品大量涌入中国市场，给中国的自然经济带来了强烈冲击，促使其开始发生变化：一部分破产的农民和手工业者不得不进入城市谋生，为工商业的发展提供了劳动力。同时，与中国的手工制品相比，外国涌入的工业产品在价格和质量上显示了巨大的优势，倒逼中国人引进先进技术，采用机器化方式进行生产。

外国资本主义对中国社会经济的瓦解作用，在东南沿海地区表现得尤为明显。如洋布的输入极大地打击了江南地区传统的家庭纺织业。著名经世派学者包世臣曾这样描述洋纱排挤土纱、洋布取代土布的情况："近日洋布大行，价才当梭布三分之一。吾村专以纺织为业，近闻已无纱可纺。松太布市，消减大半。"[①] 第二次鸦片战争后，侵略者在华获得更多权益，英国纺织品因其设备先进、成品低廉而大量输入中国，中国的自然经济进一步瓦解。

(2) 学习西方经济思想和发展模式的开端

学西方首先是学习其制造技术以发展经济。中国人最早产生这种认识并提高到政策层面转变为行动，是 19 世纪 60 年代的事。

---

① 丁名楠等：《帝国主义侵华史》第 1 卷，人民出版社 1961 年版，第 71 页。

1860 年 10 月，英法联军攻陷北京、火烧圆明园，时任两江总督曾国藩上书清政府，提出“将来师夷智以造炮制船，尤可期永远之利”[①] 的主张。20 多天后，恭亲王奕䜣、大学士桂良、户部左侍郎文祥上呈《统计全局折》，提出“以救目前之急”的六条办法：（一）京师请设总理各国事务衙门，以专责成；（二）南北口岸请分设大臣，以期易顾；（三）新添各口关税，请分饬各省就近拣派公正廉明之地方官管理，以期裕课；（四）各省办理外国事件，请饬该将军、督、抚互相知照，以免歧误；（五）认识外国文字、通解外国言语之人，请饬广东、上海各派二人来京差委，以备询问；（六）各海口内外商情，并各国新闻纸，请饬按月咨报总理处，以凭核办。

值得注意的是，世界化潮流的冲击给当时轰轰烈烈的太平天国运动打上了时代的烙印。由洪仁玕提出、经洪秀全批准的《资政新篇》系统地阐明了学习西方资本主义的主张，强调要学习“邦法”，发展近代工矿企业、制造火车、修筑铁路、开办邮政、银行，准许雇工，实行专利制度，以利商贾市民。尽管这个纲领最终未能付诸实施，但却是近代中国第一个要求发展资本主义的方案。

（3）由军事“求强”向经济“求富”延伸

1861 年 1 月 21 日，奕䜣等上奏折建议购买制造洋枪洋炮，并雇用法国工匠传授制造技术。三天后，咸丰帝发布上谕，指示两江总

① 戚其章：《晚清海军兴衰史》，人民出版社 1998 年版，第 137 页。

督曾国藩、江苏巡抚薛焕酌量办理，从而拉开了“自强新政”的序幕，学术界称之为“洋务运动”。

兴办洋务、发展经济，首先从军事领域开始并非偶然，甚至带有一定的规律性。军事活动与经济发展有着极其密切的联系，中国人正是从落后就要挨打的历史教训中逐步接受了近代化的观念。近代，中国最初的敌人从海上来，首先打开中国人眼界、引起国人震惊的正是西方的坚船利炮，由此从引进并制造先进船炮开始创办近代军事工业，自然成了洋务运动的首选。

1861 年 12 月，我国最早生产近代武器的工厂——安庆内军械所成立。曾国藩网罗了多名精于机器、数理的学者和熟练工匠开始制造洋枪洋炮，该所成立仅七个月，就试制出我国第一台蒸汽机雏形。1864 年，安庆内军械所迁至江陵，又成功试制蒸汽轮船。1863 年，李鸿章在上海设立三所洋炮局，一所由英国人马格里主持，另两所后来合并到江南制造总局，成为近代中国第一个大型兵工厂。马格里主持的炮局一度由上海迁至苏州，1865 年夏再迁至江宁，扩建为金陵机器局，简称宁局。

江南制造总局是洋务派创办的第一个大型军事工业生产机构，1867 年由虹口迁至城南高昌庙镇，分设机器厂、汽炉厂、木工厂、铸铜铁厂、熟铁厂、轮船厂、枪厂、船坞等。1870 年，厂址面积由 70 余亩扩展到 400 余亩后，又增设了黑色火药厂、枪子厂、火药库、炮厂、炮弹厂、水泥厂、炼钢厂，到 1893 年共建成 15 个分厂，同时还设立了广方言馆、炮队营、工程处、翻译馆等十几个附设机构。

1867年，江南制造总局创设枪厂，开始是仿造国外枪支，1890年以后开始生产自行设计的五连发步枪。1867年，江南制造总局设立江南轮船厂和船坞，1868年第一艘自造轮船下水，到1876年以前，先后制成兵船七艘、小型船七艘。当时，江南轮船厂的技术水平提高较快，领先日本造船业6至11年，其制造涡轮蒸汽舰的时间是1869年，也只比欧洲晚18年。但从1876年后，江南轮船厂因经费短缺，生产基本处于停滞状态。

▲ 江南制造局炮厂

洋务运动中创办的另一个重要军事企业是福州船政局，又称马尾船政局，由左宗棠于1866年创办，是我国第一个近代化的专门造船厂。1869年6月10日，福州船政局建造的第一艘木质轮船“万年青”号下水。同年，开始试制150匹马力轮机。1871年，第五号轮船“安澜”号下水，轮机、汽炉均由福州船政局自制。1876年，英国海军军官寿尔参观福州船政局后，发出感慨：“它们是本船政局制造的，它们的技艺与最后的细工可以和我们英国自己的机械工厂的任何出品相媲美而毫无愧色。”1881年11月9日，福州船政局开始试制2000吨级巡洋舰“开济”号。这艘战舰排水量2200吨，马力2400匹，时速15海里，是船政局造船水平的一个突破。截至甲午战争，马尾船政局共制造舰船34艘，总计排水量44929吨，其中“广甲”“广乙”“广丙”“平远”四艘战舰后来参与了甲午海战。

▲ 福州船政局

从1861到1894年的33年间，洋务派创办的近代军工企业共计有25家，分布于安徽、江苏、直隶、福建、甘肃、广东、山东、湖南、四川、吉林、浙江、云南、台湾、湖北、陕西15个省区。除最早创办的安庆内军械所和上海炮局外，这些军工企业一般都采用机器生产，在中国历史上是一个空前的大变革。虽然这些军工企业的内部管理仍表现出浓厚的封建性，如企业衙门化、冗员太多、贪污中饱、不计成本、产品由政府调拨等，但已经初步具有了某些资本主义性质，如采用雇佣劳动，产品后来也逐步开始商品化等。

进入19世纪70年代后，由于在创办军工企业的过程中资金不足，对原材料、燃料和现代交通运输的需求得不到满足等，洋务派对学习西方“长技”的认识逐渐深化，那就是在坚船利炮的背后，必须有雄厚的经济实力做后盾，简言之，必须借“求富”以“求强”，或者说寓强于富。70年代后，办洋务、发展工业的重心从“求强”转到“求富”，即从创办军工企业转到以创办民用工业为主。

1872年底到1873年初，洋务派创办了第一个民用企业——轮船招商局，经营方式是官督商办，即由商人出资认股，政府委派官员经营管理。创办时，先由官方垫付部分官款进行筹备，待商股募集完成后再陆续归还。在轮船招商局成立之前，我国沿海和长江航运基本被外国轮船公司垄断。1862年，第一家外商轮船公司——美国旗昌轮船公司在上海开业，一成立便独霸了长江航运。到1866年，旗昌轮船公司利润达22万余两，以后几年中，利润成倍增长，资本迅速扩大。此外还有太古、怡和两家外轮公司，均为英商创办。这三家外轮公司共同控制着中国的航运业，所以说，“各口通商以来，轮船之利，为外国所独擅”①。

轮船招商局在激烈的竞争中夹缝求生，经过一番较量，终于击垮了美国旗昌轮船公司，并与1877年收购了其16艘轮船，共拥有轮船33艘，总计23967吨。轮船招商局的成立，打破了外国轮船公司在中国航运业中的垄断局面，夺回了部分权益。但是由于招商局

▲ 轮船招商局

① 苑书义等：《中国近代史新编》（中册），人民出版社2007年版，第68页。

只顾眼前利益，不重视资本积累，未能继续扩大经营规模，致使其生产规模等基本徘徊在1877年的水平。相比之下，怡和、太古两家外轮公司发展迅速，实力大大超过了招商局。

19世纪70年代后，洋务派逐步认识到通讯和铁路的重要作用。

1879年，洋务派首先在大沽北塘海口到天津之间架设了一条约64公里长的电线；1880年9月，在天津成立电报总局；1881年底，敷设第一条电报主干线路——津沪电线，并立即投入使用，以后继续敷设。从1879年到1894年，全国各地架设线路共14条，东北到达吉林、黑龙江俄界，西北达甘肃、新疆，东南达福建、广东、台湾，西南达广西、云南，初步形成了一个纵横可通的电信网。1878年，清政府开始试办近代邮政，以天津为中心，分别连接北京、烟台、牛庄、上海。1890年，总理衙门批准推广邮政，但行动十分迟缓，正式开办一直拖延到甲午战争后的1896年。

与电信网比较，铁路建设则缓慢得多。1881年，中国人自建的第一条铁路线——唐胥线建成，由唐山至胥各庄，全长只有9.7公里，主要用于运煤。这是一条单轨铁路，由于开始用骡马拖拉车厢，被称为“马车铁路”，之后才采用机车牵引。1888年，唐胥铁路向南延伸至天津，向北延伸至山海关外的中后所。1887年春，台湾铁路开始动工，从基隆、台北修到新竹，1893年通车。截至1895年前，中国自主修筑的铁路不到400公里，对于带动社会经济发展的作用非常有限。

创办民用企业的另一个重要方面是发展近代采矿业和冶炼业。1875年，清政府正式批准用新法采煤，1878年7月，正式成立开平矿务局。从 1875 年到 1891 年，在全国共开办新式煤矿 16 个。19 世纪八九十年代，近代煤矿业不但有了发展，而且出现了一个使用机器采矿的小高潮。近代钢铁冶炼业出现在 19 世纪 90 年代初，1890 年正式投产的贵州青溪铁矿成为我国第一个新式炼铁厂。但当时最有代表性的钢铁企业还是由湖广总督张之洞创办的汉阳铁厂。以当时的规模，汉阳铁厂每年可产生铁 21900 吨。汉阳铁厂是中国历史上第一个近代钢铁联合企业，也是当时亚洲最大的钢铁厂。

在近代纺织业方面，有影响力的企业主要有三家，即兰州织呢局、上海织布局和湖北织布局。其中，兰州织呢局由左宗棠创办，1880 年 9 月开工，是我国第一家机器毛纺厂，也是我国近代开发大西北的先声。

除官办、官督商办、官商合办的民用企业外，商办的近代工业也得到了相当大的发展。商办企业以机器缫丝业为最，主要集中在广东顺德和上海两地。其他行业还有机器轧花、机器棉纺、近代造纸、近代制药、机器印刷、船舶修造等。据不完全统计，从 1863 年至 1895 年 30 余年间，商办企业共有 98 家（另有统计数字，至 1894 年我国的商办企业达到 125 家）。①

2. 日本：由国家力量推动经济发展之路

（1）提出“殖产兴业”政策

为加速资本主义发展，日本明治政府提出“殖产兴业”政策。

① 数据引自杨东梁：《甲午较量：中日近代史上第一次大比拼》，中国青年出版社 2015 年版，第 70 页。

这是一项重大的经济改革政策，旨在通过国家政权的力量，以国有企业为主导，加速资本主义的原始积累，推动日本实现资本主义工业化。

1870 年 12 月 12 日，日本政府成立工部省，作为推行“殖产兴业”政策的中心机构。1874 年夏，大久保利通正式向政府提出《关于殖产兴业建议书》，明确提出以国家力量发展近代工业的方针。为推行殖产兴业政策，日本投入了大量资金，从明治政府建立到 1885 年，投资总额达到 2.1 亿日元，平均占到政府财政支出的 1/5。

（2）贯彻“两条腿走路”的方针

为推动“殖产兴业”的政策落实，明治政府执行了“两条腿走路”的方针，一是大力创办国营企业，二是大力扶植民营企业的发展，国营、民营两条腿并行。

明治政府成立后，以实现富国强兵为目标，陆续接管并扩充了幕府和各藩经营的工业企业。到 1885 年左右，日本的军工企业以两大陆军工厂为核心有了较快发展，对其工业化起到了主导作用。此外，明治政府还实行了矿山国有方针，接管了原有幕府和各藩经营的金矿、银矿、铜矿、铁矿、煤矿，宣布矿藏所有权和开采权归政府专有，私人开采必须通过政府承包。

进入 70 年代，明治政府着眼于创办近代民用工业，为吸引民间投资工业，政府还兴办了一批模范工厂。这些工厂规模较大，技术水平较高，如创建于 1879 年的千住呢绒厂就聘请了德国技师，并进口了包括纺毛机、织毛机、整纺机在内的全套机器设备。

明治政府还重视发展近代交通运输事业。1870 年，政府以发行公债的方法筹措资金，修筑横滨至东京的铁路，1872 年建成。1878 年，修建京都至大津的铁路，两年后通车。因资金不足，日本政府鼓励私人投资兴建铁路，并于 1881 年成立日本铁路公司，十年时间修通了东京至青森的铁路，全国铁路网迅速扩充。1872 年，日本全国铁路仅 28.47 公里，1894 年增至 5486.25 公里，增加了 192 倍。尤其是铁路行业的民营资本发展迅速，仅从 1887 年到 1889 年，全国就开办了山阳、九州、北海道、关西四家私营铁路公司。

在发展近代航运方面，日本于 1870 年成立了半官半民性质的航运公司。三菱轮船公司在航运业中最为著名，创建于 1870 年到 1875 年。日本政府为支持三菱轮船公司与外国轮船公司竞争，把从邮政轮船公司采购的 18 艘轮船无偿拨给三菱，每年还额外拨付 25 万日元的航线补助金，帮助三菱公司大幅度降低运费。在政府的大力支持下，三菱公司很快击败了美英的轮船公司。

在近代通讯方面，日本于 1871 年创办了近代邮政，先在东京、京都、大阪间通邮，然后遍及全国。1870 年 1 月，首先在东京和横滨之间开通了电报业务，到 1885 年前后，全国电报干线基本建成。电话则于 1877 年传入，先在京都、横滨试用，然后逐渐推广到全国。

19 世纪 80 年代后，“殖产兴业”政策有了进一步发展，明治政府大力扶植民营企业，由国营企业“示范”的方针转到国营企业的优惠“出让”。1880 年 11 月，日本政府以廉价处理的方式，把大部分国营企业交给大资本家经营。1884 年 7 月，日本政府又作出出售官营矿山的决定，决定按极低价格和无息、分期支付的方法出售官营矿山，对私人资本的扶植进入到一个新的阶段。这种廉价处理国营企业的做法，迅速扩大了私人资本的力量，加速了资本的原始积累，促进了日本资本主义的发展。

19 世纪 80 年代中期，日本出现了产业革命的浪潮，经济发展速度进一步加快。1884 年，日本股份公司有 2392 家，资金总额为 10095.1 万日元，到 1892 年，公司增加到 5444 家，资金总额达到 28933.4 万日元，八年间公司数量和资金总额都增加了一倍有余。[①]

通过大量的投资和不断引进先进技术，日本的工业生产高速向前发展，1866 到 1873 年间，年平均增长速度为 32.2%。大约同一时期，英国 1851 到 1873 年的年平均增长速度为 3.3%，美国 1861 到 1873 年的年平均增长速度为 5%，德国 1861 到 1873 年的年平均增长速度为 3.8%。1874 到 1890 年，日本工业生产平均增长速度虽下降到 12.1%，仍远远超过欧美国家。[②] 通过“殖产兴业”政策的强力推动，日本初步实现了资本主义工业化。

3. 中日两国不同的经济发展之路

19 世纪中叶的中国和日本，其经济发展状况及所处的国际大环境有相似之处，日本的藩政改革、明治维新和中国的洋务运动几乎是同时进行，而且两国的改革都以求强、求富为目的，甚至

① 杨东梁：《甲午较量：中日近代史上第一次大比拼》，中国青年出版社 2015 年版，第 75 页。
② 杨东梁：《甲午较量：中日近代史上第一次大比拼》，中国青年出版社 2015 年版，第 76 页。

在发展经济上的一些做法也有相通之处，比如两国发展经济时均以创办军事工业为起点，开始都以官营为主等。但这些相似仅仅是表象，深入分析，会看到中日两国在发展经济的道路上存在着很大差别。

第一，起点不同。鸦片战争后，中国自给自足的自然经济有着较为明显的瓦解迹象，但资本主义因素仍然微弱，朝野上下对资本主义的生产方式仍然缺少足够的认知。洋务运动开始时，并不存在一个推进经济现代化的社会核心力量，也缺乏一个反封建的坚强支柱，洋务派的势力呈分散状态，没有形成整体的政治意识和阶级力量。日本则不同，在明治维新之前，日本的手工工场已有400多个，农村也出现了占有较多土地且经营工商业的豪农。经过19世纪三四十年代的藩政改革，与新兴地主和商人联系紧密的下级武士阶层掌握了藩政实权，形成了明显的阶层合力，他们学习西方的先进技术，提出“富国强兵”和“殖产兴业”的口号，创办了近代工业、近代军事和民用企业，开启了迈向近代化之门。

第二，体制不同。清政府统治下的中国实行的是中央集权的封建君主专制，皇帝在政治、军事、经济和意识形态等方面都有着高度集中且至高无上的控制权。即使像曾国藩、左宗棠、李鸿章这样的地方实力派，也只有在皇权的许可范围内才能办一些新政。日本则不同，明治维新前，日本实行的是幕藩体制，天皇仅是名义上的最高统治者，掌握实权的则是有“世袭将军”称号的德川家族。之后，改革派推翻幕府统治，成立了由改革派主导的天皇政府，并学习西方，推行有日本特点的君主立宪制，确立了地主和资产阶级联合专政的国家形式，走上了资本主义发展之路。在日本，天皇不仅没有成为维系封建统治的最高政治代表，反而成为改革派推翻旧的幕府体制、发展资本主义经济的推动力量和权威象征。日本改革派正是举着这柄“尊王攘夷”的大旗去反对封建领主和争取民族独立的。“尊王攘夷”和“维新”的巧妙结合，成就了日本的资本主义道路选择。

第三，推力不同。中国的洋务运动由一部分具有危机意识的地方督抚和力求变革的知识分子来推动，他们的改革思想和行动有很大的局限性，不仅受到传统儒家思想的束缚，而且对世界大势缺乏实际考察和认识，没有形成一个具有持续影响力的群体，也没有形成制度力量，往往人亡政息，后继乏人。洋务派学习西方办实业，没有国家层面的长远规划，仅仅是吸收、引进了某企业、某工厂、某学校的先进技术，属于个体的、局部的、浅层的西化。在封建势力的严重制约之下，这种局部改革很难持续，也很难获得整体成就。日本进行明治维新则上有天皇作为引领者，下有武士阶层作为推动力量。这部分人充分接触西方资产阶级文化，成为资产阶级在政治上的代言人，如从下级武士阶层中涌现出的一批像高杉晋作、久坂玄瑞等著名的倒幕派领袖，以及像广泽真臣、品川弥二郎、木户孝允、伊藤博文、井上馨、山田显义及山县有朋等维护维新运动的积极推行者，这些主张改革的代表人物成为推翻封建制度、推进近代化的革新力量。

第四，政策不同。对于发展本国经济，清政府并没有一套完整系统的方针政策，仅有一个总体的思路，也就是恭亲王奕䜣所说的“识时务者，莫不以采西学、制洋器为自强之道，自强之术必先练兵，练兵又以制器为先”[1]，简而言之，可概括为“采西学，治洋器”六个字。这位主持总理衙门23年的王爷，其实并未真正懂得西学的真谛。更严重的是，“采西学，治洋器”这一思路在朝廷中并未形成共识，反对者的声音时常出现，他们极尽阻挠破坏之能事，不断干扰洋务事业的进程。“一闻修造铁路、电报，痛心疾首，群起阻难，至有以见洋人机器为公愤者。”[2] 李鸿章在一封私人信件中把兴办洋务的困难和无可奈何的心态表现得淋漓尽致：“自同治十三年海防议起，鸿章即沥陈煤铁矿必应开挖，电线、铁路必应仿设，各海口必应添洋学、格致书馆，以造就人才。其时文相（指文祥）目笑存之，廷臣会议皆不置可否，王孝凤（即王家弼，时任大理寺少卿）、于莲舫（即于凌辰，时任通政使）独痛诋之。曾记是年冬底赴京叩谒梓宫，谒晤恭邸，极陈铁路利益，请先试造清江至京，以便南北转输。邸意亦以为然，谓无人敢主持。复请其乘间为两宫言之，渠谓两宫亦不能定此大计，从此遂绝口不谈矣。”[3] 仅修铁路一事，执掌朝政的奕䜣虽表同意，却说无人敢主持，甚至认为两宫太后亦不能定此大计，可见阻力之大；同时也反映出清政

① 《筹办夷务始末》（同治朝）卷25，中华书局2008年版，第1页。

② 《郭嵩焘诗文集》，岳麓书社1984年版，第190页。

③ 《李鸿章全集》第32卷，安徽教育出版社2007年版，第75页。

府对发展近代经济既无决心，更无总体设计、通盘规划，基本上是被形势逼着走，各地方督抚相机而动，毫无章法而言。特别是在如何对待民办企业的问题上，清政府的做法与日本明治政府对其大力扶持迥然不同。清政府坚持官督商办，阻挠压制民营资本。为了垄断生产和市场，洋务派官僚甚至利用手中的权势，明令禁止开办新的民营企业。

与清政府缺少章法的状态相反，日本发展经济的政策明确又具体，并能在推行过程中排除干扰，适时调整，坚决执行。明治政府执政之初即将学习西方、加速本国经济发展作为一项重要的施政纲领。1868 年 4 月 6 日颁布的《五条誓文》中，提出“士民一心，盛行经纶”，意即发展财政经济；明确号召“求知识于世界”，即向西方学习。1873 年 7 月，政府发布《地税改革法令》，废止领主土地所有制和实物形态的封建贡赋制度，改为统一的货币地税，允许自由买卖土地和种植作物。这项改革于 1874 至 1882 年完成，从此，日本确立了近代土地所有制，有力地促进了商业性农业的发展。1874 年五六月间，大久保利通提出《关于殖产兴业建议书》，制定了一整套完整系统的“殖产兴业”政策。为了促进私人资本的成长，明治政府为其提供巨额补贴，发放大笔贷款，减免企业税以及出口关税。依靠国家政权的力量，日本培植了一大批称雄产业界的财阀，加速了日本的工业化进程。

第五，外部条件不同。19 世纪中叶，中日两国虽然同时遭受西方资本主义国家的欺凌，但形势却对日本有利。中国地大物博，人口众多，首当其冲成为欧美列强竞相角逐的主要目标。英美各国为牵制俄国在远东的扩张，不仅放松了对日本的侵略，反而选择扶植日本，使其成为抗衡俄国的工具。英国不但支持倒幕派推翻德川幕府，且积极支持明治政府的内外政策，甚至在甲午战争中有目的地偏袒日本。

第六，两国发展经济的结果不同。清政府以“自强”“求富”为口号兴办洋务，从 1861 至 1895 年 35 年中，共创办了近代军工企业 19 个，近代民用工矿企业 29 个，1872 年出现了商办近代企业。截至 1894 年，全国近代工业企业总计不过 262 家，修建铁路 364 公里。[①] 在甲午战前，中国还没有自办的近代金融机构，境内的银行由英、德、日、俄、法等国设立。反观日本，1868 至 1893 年 25 年中，工矿企业由 405 个增加到 3344 个，修建铁路 3280 公里，蒸汽动力船舶 110205 吨，银行 703 家。[②] 两相比较，经济发展的成果孰优孰劣，一目了然。

（三）文教制度的差别导致国家软实力的巨大差距

文化反映人类创造社会历史的水平、程度和质量，是世代累积、沉淀下来的习惯和理念，其核心是价值观体系。同时，文化也是一种生活方式，决定着一个国家、一个民族的国民素质和精神风貌，是关乎社会进步的软实力。

---

① 杨东梁：《甲午较量：中日近代史上第一次大比拼》，中国青年出版社 2015 年版，第 81 页。
② 杨东梁：《甲午较量：中日近代史上第一次大比拼》，中国青年出版社 2015 年版，第 81 页。

1. 中国的科举制度和教育体系限制人才培养

（1）中国儒家文化传统的双重性

中国自周、秦至明、清形成的民族传统文化，建立在封建生产关系和小农经济基础之上，是一个以儒家伦理为基线、以集权政治为核心，涵盖其他思想文化内容的文化系统。

中国传统文化有着突出的矛盾性，表现出一体两面的特征，既有光辉灿烂的精华，又有腐朽沉暗的糟粕；既有进步、革新的一面，又有消极、保守的一面；既有求真务实的一面，又有不切实际的一面；既有制天命的一面，又有畏天命的一面……这些矛盾中的各个侧面，对中国文化的传承发展、民族性格的形成都有着极深远的影响，成为历史的传统力量。

儒家思想讲"仁道"，求"礼治"，注重道德感化，具有教化人心、稳定社会秩序的积极作用。自西汉以来的封建社会中，儒家思想既作为官方意识形态，又作为民间文化理念，代代相传，具有稳定而强大的传统力量。

另外，儒家提倡重义轻利，甚至耻于言利，这样的信条被当作人际交往规范和经济活动的指导原则，形成了中国传统社会长期以来重农抑商、崇士轻商、重道轻器等思想。这些思想压抑了人们的逐利本性，无疑是对人们经济行为的束缚，极大地影响了中国工商业的发展，即便出现了资本主义的萌芽，也未能得到充分发育生长。

（2）清政府创办的新式教育

清承明制，国家仍通过科举制度选拔人才，被称为"抡才大典”。科举考试以八股文作为主要形式，八股文经过长时间磋磨，在既定的格式与思想体系之内穷尽精致，对士人形成很大束缚，严重制约教育的发展，使学校教育成为科举的附庸。

当时，社会上还广泛开设书院。书院作为一种教育组织，从宋初到清末存在了千年之久，其职能主要是校书和藏书，由官方设立。宋代，民间设立的书院渐渐兴盛起来，并且得到官方的支持和资助；清代，书院进一步官学化，当时全国有 1900 多所书院，办学方针以“考课”为主，教学内容专攻“制艺”（八股文）。

但无论是式微的官学还是兴盛的书院，都服务于科举制。这样的教育机构自然不可能培养出适合新的社会需求的开拓型、创新型人才。

（3）创办新式学堂、派遣留学生的尝试

鸦片战争以后，中国被迫打开国门，一时间，驻京外国公使增多，各通商口岸在设立领事的同时还产生了大量的来往公文文书，需要大量的翻译人员。为满足这一需求，恭亲王奕䜣于 1861 年提出设立语言文字学馆，但因缺乏教习未能成功。1862 年，奕䜣再次请求设立同文馆，附属于总理各国事务衙门，初设英、法、俄文三班，后增设德、日文班等。

在兴办洋务的过程中，奕䜣认识到仅解决语言问题是不够的，更重要的是培养科技人才。1866 年，他上奏朝廷要求添设一馆，即科学馆，招收学员，入馆学习天文、算学等相关科学课程，但这一建议遭到顽固守旧派的坚决反对。文渊阁大学士倭仁奏称：“窃闻立国之道，尚礼义不尚权谋；根本之图在人心，不在技艺。今求之一艺之末，而又奉夷人为师，无论夷人诡谲，未必传其精巧，即使教者诚教，所成就者不过术数之士，古今来未闻有恃术数而能起衰振弱者也。”① 弈䜣大为恼怒，反驳道：“今不以不如人为耻，独以学其人为耻，将安于不如而终不学，遂可雪其耻乎？”② 这样的辩论显然是有意义的，开明理性的观点在辩论中逐渐显现出来，并达到某种程度的共识。经此辩论后，同文馆得以扩大，至1867年，开设了算学、天文、物理、化学、外国历史、地理、万国公法、医学、生物等门类。同文馆是我国最早的近代学校，培养了一大批外语和外交人才。

清政府开办的第二类新式学校是军事学校，主要为满足国防近代化的需要。最早开办的福州船政学堂是中国第一所近代海军学校，也是中国近代航海教育和海军教育的发源地。该学堂由左宗棠奏请创办，由船政大臣沈葆祯主持，1866年在福州设立。到1907年暂时停办，船政学堂共培养了628名学生，这些毕业生后来或成为造船的技术骨干，或充任教习，培养海军人才，更多毕业生则加入海军，成为近代海军的主要力量。除此之外，清政府开办的军事学校还有上海操炮学堂、天津水师学堂、天津北洋武备学堂、广东水陆师学堂、威海水师学堂、广州鱼雷学堂等。

第三类学校是技术人才培养学校，如上海江南工艺学堂、福州电气学堂、广州西学馆、天津电报学堂、台湾西学堂、上海电报学

---

① 蒋廷黻：《中国近代史大纲》，东方出版社1996年版，第53页。
② 蒋廷黻：《中国近代史大纲》，东方出版社1996年版，第53页。

堂、武昌铁路局算术学堂、天津西医学堂、天津中西学堂，南京储才学堂等。这些近代新式学校培养了许多近代化事业所需要的人才，也为中国近代教育的发展打下了基础。

为了培养洋务人才，晚清政府还向欧美各国派遣留学生。最早出国留学的是三位广东青年——容闳、黄胜、黄宽。19 世纪 40 年代，他们被澳门马礼逊学堂的主持人赛缪尔·勃朗带到美国读书。其中，容闳于 1854 年毕业于美国耶鲁大学，他抱定决心要“以西方之学术，灌输于中国，使中国日趋于文明富强之境”①。

1871 年，时任两江总督的曾国藩与直隶总督李鸿章联名上书，奏请朝廷选派幼童赴西方留学，“使西人擅长之技，中国皆然谙习，然后可以渐图自强”②。第一批留学生共 30 人，于 1872 年赴美留学，1873 年、1874 年、1875 年又分别派出三批留学生，共计 120 人。这些留美少年身负重任，极具进取精神，他们在美国发愤学习，大有长进，归国后成为各行业各部门的骨干，有的甚至成为政坛军界的领军人物。

1875 年，船政大臣沈葆桢提出派船政学生到英国、法国留学，当年即有五人出国参观、学习，其中包括后来北洋海军中的名将刘步蟾。1877 年，福州船政局正式派出第一批留欧学生 35 名。1881 年 12 月，北洋与福建又先后选派 10 名学生去英、法、德留学，为期三年。1886 年，北洋海军派出第三批学生去英、法留学。以上三

① 李喜所：《近代中国的留学生》，人民出版社 1987 年版，第 20 页。

② 《曾国藩全集·奏稿》，岳麓书社 1994 年版，第 7331 页。

▲ 福建船政局派往欧洲学习的学生在英国皇家海军院前合影

批留欧学生共 78 人，学成归国后，大部分被分配到海军和军械厂任职。

从 1872 年到 1886 年间，清政府先后向欧美强国派遣 7 批留学生，总计 200 余人。他们有的为传播西方先进文化做出贡献，有的在保家卫国的战争中英勇献身，有的在制造枪炮、开矿、修铁路等方面做出了显著成绩。

晚清教育改革的另一成就，是推动了近代科学技术知识的传播。在兴办洋务的 30 多年中，西方近代科技知识大量传入我国，我国翻译出版了一批科技类书籍，包含采矿、造船、蒸汽机制造，以及天文、数学、物理、化学等学科知识。但是，中国近代的洋务教育没有形成完整的近代学校体系，没有统一的学制，教学管理、教学方法很难摆脱旧体制。尤其是近代学校，从全国范围来说寥若晨星，与日本大规模普及近代教育相比，差距是显而易见的。

2. 日本在文化教育上兼收并蓄，突出人才培养和使用

（1）兰学在日本的传播

日本著名历史学家井上清在《日本现代史》一书中曾说过：中国在几千年的长时间内，就东方和东方人所知道的范围来说，实际上是文化的源泉和中心。所以中国人当然会以中华文化自豪，对于近代西洋与其文化，不容易虚心学习。与此相反，日本人自古以来就曾吸收朝鲜、中国和印度的文化，所以在接受外国文化与认识其价值方面，不受中国人那样的历史的限制。

日本在历史上也有过一段闭关锁国的时期。1720 年，德川幕府下令解禁洋书，基本结束了近 100 年的锁国政策，体现西方文化的兰学在日本得以传播。所谓“兰学”，因从荷兰传入而得名，也就是洋学，包括天文、医学、植物学、物理学、化学和军事学等方面的知识。1774 年，日本学者把荷兰文的解剖学译成日文出版。到 19 世纪初，兰学已在江户、大阪、京都和长崎部分医生和少数知识分子中传播开来。接受兰学影响的思想家对源自中国的儒学进行了猛烈抨击，经济学家海保青凌就说：大凡儒者多为经书所蒙蔽，双目毫无所见，只讲蠢话……儒者先生讲礼乐虽滔滔不绝，但于今日何用？

故一谈正事，则畏缩墙角，默然无言。

兰学的传播，不但促进了日本的科学进步，也催生了社会改革的思想。针对改革和富国强兵，兰学家林子平提出："天地之间，人世之事必有变革，此乃一定之道理也，绝不能认为万世永恒如今日。"[①] 兰学家们在明治维新之前就不畏幕藩政权的压制提出了重商主义和人类平等的观念，无疑具有重要意义。

（2）文化教育上转身向西，"脱亚入欧"

明治维新后，特别是盐仓使团访欧回国后，日本执政者认识到自己思想文化上的落后，坚定了向西方学习的决心，大搞文明开化，学习西方的制度被放在首要地位。在这个过程中，日本思想家起了极其重要的作用。明治政府成立后不久，天皇颁发了《五条誓文》，在当时的日本和世界，《五条誓文》的进步性、开放性是不言而喻的，它实质上成为日本崛起的宣言书。

此后，明治维新的目标也进一步明确为文明开化、殖产兴业、富国强兵三大目标。"文明开化"是明治初年实行资产阶级改革的重要政策。从广义上说，其内容包括近代资本主义的科学技术、文化教育、思想风俗和生活方式。从狭义上说，主要指科学、文化、教育事业的近代化，是日本学习西方的一次社会启蒙和社会变革运动。明治政府推行文化开化的一项重要内容是移植西方的生活方式，提倡官员效仿西方发饰，穿西服，吃西餐，建造欧式楼房等。

① 伊文成等：《明治维新史》，辽宁教育出版社 1987 年版，第 196 页。

在推行文明开化的过程中，日本近代启蒙思想家、“脱亚入欧”口号的提出者福泽谕古至关重要。福泽谕吉曾三次周游欧美各国，确信要谋求国家独立富强，必须首先学习西方近代科学文化。他在明治维新期间的译著达60多部，一百数十册，包括政治、经济、军事、外交、历史、地理、制度、风俗，涉及各个领域，内容之多，范围之广，堪称百科全书，在近代日本的启蒙运动中居功至伟。在他的著作中，影响最大的《西洋事情》《劝学篇》《文明论之概略》对传播西方文明起到了重要作用，锋芒直指束缚人的封建等级桎梏，给人以耳目一新的清醒和振奋。当时书籍还很珍贵，发行量极其有

▲ 福泽谕吉（1835—1901）

限，《劝学篇》却发行了340多万册，创下日本图书发行史的新纪录，可见其传播之广、影响之深，极大地影响了日本国民对于西方文明的态度，加速了日本的近代化进程。另外，他的《文明论之概略》系统地论述了文明的理念，激起了日本人对西方文化的向往。

（3）日本的教育改革和近代教育

在明治政府中屡任要职的大限重信曾说：教育于维新之前，局限于武士40万之间，而维新之后，则普及于全民。日本在德川幕府时期实行的是贵族教育，受教育的对象主要是武士，教学内容主要以儒学为主。

明治政府成立后，开始整顿旧式教育机构。1869年，成立了大学校，教授汉学和洋学。1871年，日本政府新设文部省，掌管教育行政；年底又成立学者调查研究委员会，着手草拟学制，开始了教育改革。1872年4月，创建东京大学，在教育政策上也有所改变，一是允许平民入校学习，二是在教学内容上增加了洋学课程。9月，明治政府颁布《学制令》《有关奖励学业的告谕》《撤销府县旧有学校，按照学制重新设立学校》三份文件，宣布实行“国民皆学”的教育方针，标志着教育改革的正式开启。在此方针的指导下，全国共设大学8所，中学256所，小学53760所，形成全国统一的教育体系。1880年12月，政府颁布《修正教育令》，强调国民义务教育，加强政府监督，同时将16个月的义务教育时限改为三年。1885年，日本建立内阁制，森有礼任文部大臣。为整顿教育体制，他主持发布了一系列《学校令》。1886年，发布《帝国大学令》《师范学校令》

《小学校令》《中学校令》；1889 年，发布《实业学校令》。随着一系列《学校令》的发布，日本逐步确立了近代学校体制，基本完成了教育改革的任务。1890 年 10 月 30 日，政府颁布《教育敕语》作为教育总方针。

明治维新后，日本大办近代教育的国策继续推行，制订了系统的教育普及计划，形成了政府主导、全国动员、全民参与的模式，取得了突出成果：

首先，义务教育的就学率不断提高。1873 年，小学就学率为 28.1%，1877 年达到 39%，1879 年达到 41.2%，随后不断提升，到 19 世纪末，日本小学入学率接近 95%，不到半个世纪就实现了普及国民教育的目标。

其次，大力提倡实业教育。从 19 世纪 80 年代起，明治政府在普通学校中加强了技术教育。其实业教育自成体系，初、中、高三级配套，小学设手工科，中学设实业科。明治初年创办了高等理工学院，1879 至 1885 年，仅工部大学校和东京大学理学部、工学科的毕业生就有 418 人。

再次，资助、派遣留学生。1870 年，明治政府发布《海外留学生规则》，同时还颁布奖励留学的条例。从 1869 年到 1870 年共派出留学生 174 名，1873 年增至 372 名。1875 年颁布《贷费留学生规则》，选拔优秀学生出国留学，费用由国家贷款负担，学成归国以后，于 20 年内还清贷款。1882 年，制定《公费留学生规则》，由国家指定留学的国家和学校，并负担学费，归国后经政府分配工作。

从19世纪80年代起，日本归国留学生逐步开始取代外籍专家，成为科学技术界的骨干。

最后，日本的军国主义教育也在此时形成。为了巩固统治，明治政府在近代教育改革中还保留着一部分忠君爱国、儒家伦理和神道主义的传统思想。1878年，明治天皇在外地巡视后，对推行近代教育过程中社会上出现的关于民主、自由的要求非常不安，于是发布《教学大旨》，着重宣扬儒家道德观，大力宣传皇道思想。1880年修改《教育令》，规定从小学起就要开展尊皇爱国教育。1890年颁布《教育敕语》，以“和魂洋才”为教育纲领，把“忠君爱国”作为核心要求，规定百姓必须对天皇尽忠。这一方针在日本实行了半个世纪，直至第二次世界大战中日本战败投降。“和魂洋才”和“忠君爱国”的思想为日本军国主义体制的巩固及对外发动侵略战争起到了精神保障作用。此外，日本政府还对普通民众开展军事教育，强调天皇对军队有绝对领导权；在全国各地开设神社，强制民众参拜，通过宗教形式推行军国主义。

3. 中日教育改革比较

早在甲午战争前，由于中日两国对发展近代教育的认识、态度、决心、路径不同，两国在改造国家、提升国力方面出现了悬殊的结果。

20世纪末，日本经济学家南亮进来华讲学时曾说过一段话，值得深思。他说：“日本之所以能较好地消化和吸收外来文明，主要得益于发达的教育。”[①] 据美国人 R. 道尔推测，明治维新时日本的识字率比现在许多发展中国家高出很多，也许还超过处于同等经济发展阶段的许多西欧国家。

维新思想家梁启超说过：“变法之本，在育人才；人才之兴，在开学校；学校之立，在变科举。而一切要其大成，在变官制。”[②] 清政府只要不废除八股取士的科举制度，就不能大开学校、普及教育，也就谈不上提高全民族的科学知识水平。甲午战争前，清政府虽然也仿效西方办过一些新式学校，并向欧美派出了留学生，但整个政治制度没有改变，科举制度没有改变，其教育改革的成效也就微乎其微。即使培养出了新式人才，也不可能得到重用。

梁启超还曾对比了中日两国对待留学生的态度：“日本维新之始，选高材生就学欧洲，学成返国，因材委任，今之伊藤、榎本之徒，皆昔日之学生也。而中国所谓洋务学生者，竭其精力，废其生业，离井去邑，逾幼涉壮，以从事于西学，幸薄有成就，谓可致身通显，光宠族游。及贸然归，及置散投闲，瓠落不用。往往栖迟十载，未获一官。上不足以尽所学，下不足以救饥寒，千金屠龙，成亦无益。呜呼！人亦何乐而为此劳哉！夫国家之教之，将为用也，教而不用，则其教之意何取也？生徒之学之，将效用也，学而不见

---

① 邹薇、庄子银：《日本著名经济学家南亮进：中国经济发展的五大难题》，《上海经济研究》1994 年第 7 期。

② 《梁启超选集》，上海人民出版社 1984 年版，第 13 页。

用，则其学之意何在也？此真吾之所不能解也。”[①] 中、日两国对留学归国人才的态度和使用如此不同，也从某个角度预判了甲午战争的结局。

三、甲午战败是战略决策之败

（一）中日不同的战争史观

什么是战争？毛泽东曾经有一段经典的论述。他说：“战争——从有私有财产和有阶级以来就开始了的、用以解决阶级和阶级、民族和民族、国家和国家、政治集团和政治集团之间，在一定发展阶段上的矛盾的一种最高的斗争形式。”[②] 他又说，“历史上的战争，只有正义的和非正义的两类。我们是拥护正义战争反对非正义战争的。”[③] 对于中国人民来说，甲午战争是中国人民反抗日本侵略，捍卫国家尊严、民族独立和领土完整的正义战争；而日本军国主义处心积虑地企图霸占朝鲜以及我国台湾、东北地区，乃至要占领全中国，他们发动的是侵略战争，是非正义的战争。

中国传统上是一个以农耕文明为主的国家，其特点是向内求稳定而不是向外求扩张，所以，传统中国文化的核心价值观是以保守

① 杨东梁：《甲午较量：中日近代史上第一次大比拼》，中国青年出版社 2015 年版，第 106 页。
② 《毛泽东著作选读》（上册），人民出版社 1986 年版，第 89 页。
③ 《毛泽东著作选读》（上册），人民出版社 1986 年版，第 92 页。

节制、与人为善为主流的“和”文化，主张“和为贵”，倡导“协和万邦”，强调“己所不欲，勿施于人”以及“老吾老，以及人之老；幼吾幼，以及人之幼”。中华民族向来没有对外侵略的基因与传统，即使有战争，也带有明显的和平主义特征，强调以德立国而不是以兵立国，以仁、义、礼化育天下而不是以武力征服天下，重视战争的正义性，崇尚“止戈为武”。与“强者为王”的丛林法则相比较，和平主义无疑更值得肯定和赞美，它代表着人类更高的道德水准和更理性的价值选择。但显然，传统的和平主义有着明显的功能缺失，在弱肉强食的时代，只讲和平不足以守土护国。所以，北洋水师虽曾拥有世界上最先进的铁甲舰，但却因长期奉行防御性战略而在战争中全军覆没。确切地说，北洋水师虽披着近代化铁甲的外衣，骨子里却是一支农民的海军，是一支守土的海军，而不是一支向外开疆拓土、经略大洋的海军。

反观日本，甲午战争期间，日本政客和各方舆论竭尽全力为这场侵略战争摇旗呐喊，欢呼鼓舞，他们把这场战争美化为“文明开化之国”与“因循守旧之国”之间的战争。第二次世界大战结束前，日本社会被“皇国史观”所笼罩。“皇国史观”所反映出的历史观是：先从美化所谓的“大东亚圣争”开始，进而否认日本军国主义对外发动的侵略战争，宣传日本军国主义所发动的侵略战争是“民族自卫战”“解放亚洲的圣战”等。

以侵略扩张的方式获得丰厚回报，这一道路经由胜利的回馈而变得有理有力，驾轻就熟。十年后，日本在日俄战争中的再次取胜使日本军国主义思想进一步加强，体制进一步强化。在之后的几十年里，日本多次采取偷袭、战争、入侵的方式进行扩张。1941 年，日本最终因偷袭珍珠港而与美国交战并成为战败国，半个世纪的发展成果一朝化为乌有，给日本人民带来了巨大的战争创伤。

第二次世界大战结束后，日本作为战败国颁布了《和平宪法》，宣称永不再战。但日本岛国的资源特点、国情特性、国民心理、作为侵略者得胜又被彻底战败的历史，塑造了其特殊的思维惯性。虽有部分人对战争有所反省，但军国主义在日本迄今没有得到真正的反思和清算，正确的、科学的战争史观始终没有确立起来，这给当代的中日关系及亚太地区安全带来巨大隐患，成为亚太地区的不稳定因素和进一步深入协作发展的阻碍。

（二）中日战略决策的差距

战略是指挥活动的最高层次，其基本任务是统筹战争全局，制订总体行动方针，运用优势力量及有效形式战胜敌人，实现战争的政治和军事目的。战争中制胜的因素多种多样，但战略制胜是最核心、最根本、最重要的一条。

1. 清政府判断失误，幻想“联日制西”

甲午战争前，日本曾多次试探中国虚实。1870 年 8 月，即明治维新开始不久，日本派外务权大丞柳原前光等赶赴中国，要求与大清建立正式外交关系，并缔结通商条约。其目的在于探测中国虚实，为侵略图谋探路，并希望在中国享有与西方列强同样的特权。对日本的要求，清政府最初只是主张“通好”，并不涉及订约。在柳原前光的游说下，李鸿章被其“同心协力”抗衡西方列强的诱饵所迷惑，认为日本是可以引为援手的对象。他致函总理衙门：“日本距苏浙仅三日程，精通中华文字，其兵甲较东岛各国差强，正可联为外援，勿使西人倚为外府。”[①] 后又经多次交涉，总理衙门同意与日本订约。1871年9月13日，中日双方签订了《中日修好条约》和《中日通商章程》。

1871年11月，琉球漂民被杀事件发生。1873年，日本外务卿副岛种臣借来中国交换条约的机会，试探清政府对此事的态度，并积极准备进攻台湾。1874年5月，日本陆海军3000余人在台南琅桥登陆。清政府派沈葆桢为钦差大臣，率军舰赴台加强防务。面对中国的坚决抵抗，日本自忖力量不足，未再续战。10月31日，中日签订《中日北京专条》，清政府被迫承认日军侵台是保民义举，承诺支付“抚恤金”50万两白银，变相承认了日本对琉球的占领。

日本侵台事件使清政府“联日制西”的幻想破灭。军机大臣文祥认为，“目前所难缓者，惟防日本为尤亟”[②]。主持军事外交的李鸿章也认识到日本“伺我虚实，诚为中国永远大患”[③]。日本入侵台湾的举动为中国海防再次敲起警钟。但由于当时新疆大片领土失陷，

① 《李鸿章传》，人民出版社1994年版，第237页。

② 《筹办夷务始末》（同治朝）卷98，中华书局2008年版，第40页。

③ 《李鸿章传》，人民出版社1994年版，第242页。

清政府难以东西兼顾，不得不施行“海防、塞防并重”[①] 的战略方针，对日本暂时采取息事宁人的态度。

清政府的妥协退让不但将琉球拱手相让，也暴露了自己的软弱无能。1879 年，日本悍然吞并琉球王国。总理衙门大臣奕䜣等认为日本居心叵测，若任其发展，“将来必有逞志朝鲜之一日”[②]。李鸿章也说：“日本狡焉思逞，更甚于西洋诸国，今之所以谋创水师不遗余力者，大半为制驭日本起见。”[③] 但他低估了日本对外扩张的决心和速度。在如何遏制日本侵略的问题上，清政府采取的是牵制政策，即利用西方列强来制约日本，使其“不致无所忌惮”[④]。这种立场和出发点本身就暴露了弱者的思维和对正面交锋的逃避心理。

不得不说，整个甲午战争，清政府打的都是一场无战略的战争。清朝的海军完全是按照旧式外海水师分省布防的思路分洋建设的。“四洋舰队”组织分散，没有实现统一部署、统一指挥，以至于李鸿章发出“以北洋一隅之力，搏倭人全国之师”[⑤] 的哀叹。更致命的是，清政府没有形成真正的战略指挥中心，名义上最高决策者是光绪皇帝，实际上是慈禧太后。她厌战主和，将战争指挥大权交给了李鸿章，而李鸿章实际上难以协调陆海军之间的行动，海军和陆军之间、陆军各部之间以至各军互不隶属，各行其是，诸将并立，有

① 《李鸿章传》，人民出版社 1994 年版，第 201 页。
② 《清光绪中日交涉史料》第 1 卷，第 82 页。
③ 《李鸿章传》，人民出版社 1994 年版，第 203 页。
④ 《李鸿章传》，人民出版社 1994 年版，第 281 页。
⑤ 《李鸿章传》，人民出版社 1994 年版，第 310 页。

将无帅。在整个战争期间，海上、陆上大小百余战，清军竟每战必败，在世界战争史上留下了耻辱的一页。

2. 日本筹谋已久，侵华步步推进

与中国不同，日本为这场战争做了长期准备，有明确的战略目标和战略谋划，更有高度集中统一的战略指挥。1868 年，明治天皇登基伊始，就宣称要“布国威于四方”①，推动“武国”方针和大陆政策；1870 年，日本明确了建设世界上最强大海军的战略目标，整合了舰队资源，组建了联合舰队。甲午战争爆发后，日本成立了直属天皇的战时大本营，形成了海陆军高度集中统一的战争指挥中枢，制订了明确的围绕夺取制海权的作战大方针。

客观地讲，中日两国当时在军事实力上确有差距，但差距并非大到不可一战。如果清政府能够在防御时采取更积极的态度和方针，战略上坚持持久战，战术上采取集中优势兵力进行作战，加强陆海各兵力之间的协同，日军就不可能在山东半岛、辽东半岛轻易登陆，威海卫港湾里的北洋舰队也不至于全军覆没。与日本相比，中国具有面积广、人口多、经济基础雄厚等诸多优势，以当时的情况，这些优势要在长期对峙之后才能显现出来，因而需要打一场持久战，但当时的清政府不具备这样的战略认知和战略筹划能力。

英国人罗伯特·赫德于 1861 年到 1911 年在中国担任海关总税务司职务长达半个世纪，是典型的中国通，他曾说：“日本在这场新

① 沈予：《日本大陆政策史》（1868—1945），社会科学文献出版社 2005 年版，第 1 页。

战争中，料将勇猛进攻，它有成功的可能。中国方面不免又用它的老战术，但是只要它能经得住失败，就可以慢慢利用其持久的力量和人数上的优势转移局面，取得最后胜利。”[①] 不得不说，赫德的分析很有道理。对于国小、人少、资源有限的日本来说，速战速决是它的取胜之道，而中国依据自身优势应该反其道而行之，可惜清政府自己都没有弄清这个形势。而在日本后来发动的第二次侵华战争中，毛泽东的《论持久战》恰好体现了这种对敌我双方优势劣势的精准分析和对整个局势的战略判断，当然，这是后话了。

不仅赫德对中日双方情况有精准的认识，日本人也是如此。战前日本情报人员深入中国，做了大量调研搜集工作，既了解清政府内部的虚骄腐败，也认识到中国潜在的物资和人力优势，于是向日本政府提出了速战速决的意见，如宗方小太郎就曾经建议，“今日之事，唯有突击一法”[②]。

地缘政治必然导致利益冲突。回望这段历史，当时中日两国选择了不同的发展道路：中国的发展道路是以自身富强为诉求，对于外部世界并未给予太多关注；而日本在向美国打开国门之后，迅速尝到了自由贸易的甜头，比中国更早体会到开放的好处，更早生发出走向世界的冲动。对日本来说，走向世界，就是要冲出岛国，踏上大陆，这是他们的战略决策和既定方针，数代人一以贯之。

① 《中国海关与甲午战争》，中华书局1983年版，第48页。
② 吴绳海、冯正宝：《中日近代关系史中值得注意的人物——宗方小太郎》，《史学月刊》1985年第2期。

朝鲜东学党起义之后，日本时刻窥探中国的反应，并根据对中国的了解作出判断：妄自尊大、死要面子的清政府一定会出兵朝鲜帮助平叛。于是借机挑起侵华战争。清政府就这样茫然无知地被动地一步步落入了日本制订的战争“计划”。

没有现代军事思想家，就无法进行战争的顶层设计；没有战略决策及统筹，战争就不可能取得胜利。人类战争史已经充分证明，战争从来不是单纯的军事行动，而是包括政治力、军事力、经济力、文化力、外交力等在内的综合国力的博弈，说到底是战略的博弈。对一个国家来说，战略思维、战略决断能力的有无和优劣，才是战场胜负的决定性因素。

四、甲午战败是外交舆论之败

（一）大清：对国际局势缺乏正确判断，导致外交失策

1. 战前外交：对两个“三角关系”处置失当

甲午战争爆发前，无论是清政府还是日本明治政府，在远东政治格局上都面临如何处理好与英、俄两个主要大国关系的问题，也就是中、英、俄三角关系和日、英、俄三角关系。

俄国力求借助在远东的势力扩张，进而达到称霸亚洲的目的。而在之前的鸦片战争中，从亚洲和中国获得权益最多、划得势力范围最广的国家是英国，英国远东政策的底线和核心是至少要维护其

既得利益，也就是至少要维持现状。从某种意义上说，英、俄两国的外交政策都在为谋求世界霸权服务，二者的矛盾是全球性的矛盾。

在中、日、英三国关系中，起初中英和日英的远近亲疏是近乎相等的，但日本摸准了英国执政者处理远东国际关系的心态和恐俄的弱点，在紧密依靠美国的同时，又竭力争取把英国拉到自己一边。日本在对英外交上采取了不少行动，极力渲染俄国的干涉，又宣传自己与俄国的对抗，以博取英国好感；同时施展各种外交手段，通过贿赂收买拉拢英国政界人士，特别是对英国新闻媒体进行公关。效果很快显现，英国舆论迅速站到了日本一边。

1894 年 7 月 16 日，即在甲午战争爆发前十天，日英两国签订了《日英通商航海条约》，日本在开放内地以及关税税率等方面做了让步，而英国则通过这个条约向日本表示了支持。英国外相在签字仪式上说："这个条约的性质，对日本来说，比打败中国的大军还有利。"①

为集中力量进攻中国，日本决定先稳住俄国。日本对俄国的外交底牌摸得很清楚，虽未明确得到俄国不参战的保证，但可以判断俄国为了中国而直接进行干预的可能性很小。一直到战争爆发前，俄国的外交动向基本被日本稳住，未能强力干涉。

与日本的纵横捭阖、随机应变相反，清政府却昧于世界大势，迟迟制定不出正确有效的外交政策，而是一味地守着"以夷制夷"

① 戚其章、王如绘：《甲午战争与近代中国和世界——甲午战争 100 周年国际学术讨论会文集》，人民出版社 1995 年版，第 809 页。

的老一套方针，在列强中间左右周旋，将和平的幻想寄托在西方列强的干涉上。

对于中、日、英之间的关系，清政府内部没有一位官员能从战略高度加以分析判断，只是有病乱投医，临时抱佛脚，一会求俄，一会求英，如此反复不定，引起了英国的猜疑和不满，导致英国发出警告："给第三国（俄国）以干涉的机会实属下策！"① 清政府在对英外交上不能通达权变，致使英国为了防俄的战略需要，决定牺牲中国利益，扶持日本制衡俄国，于是开始将远东政策的重心逐渐移向日本，使日本获得了更多的外交支持。

2. 战时外交：寄希望于列强斡旋止战

（1）围绕"高升"号事件的交涉

1894 年 7 月 25 日，清政府雇用英国商船"高升"号从塘沽起航，运送中国士兵前往朝鲜牙山，在丰岛附近海面被埋伏的日本"浪速"号巡洋舰悍然击沉，船上大部分官兵殉国，这就是历史上著名的"高升"号事件。

1864 年出版的《万国公约》曾有明确规定：国家与国家间非先有明白的警告不得开始战斗行为，此项警告或以宣战之形式，或依一最后通牒而附条件的宣战。而当时中日两国外交渠道畅通，并未进入战斗状态，日本战舰在丰岛海面击沉了清政府租借英国的商轮"高升"号，这明显违反了《万国公约》中的规定。此事在英国引起

① 戚其章：《国际法视角下的甲午战争》，人民出版社 2001 年版，第 214 页。

了轩然大波，国际舆论纷纷谴责日本。

清政府也以为英国决不会置之不理，甚至沾沾自喜，认为日本此举彻底将英国拉下了水，形势将向有利于自己的方向发展。7月27日，李鸿章致电总理衙门，指出“‘高升’系怡和船，租与我用，上挂英旗，倭敢无故击毁，英国必不答应”[①]。军机处接到李鸿章的电报，也认为形势从此开始对中国有利。总理衙门约见英国公使欧格纳，试图抓住“高升”号事件的缘由，促使英国出面干涉。总理衙门首席大臣奕劻说，“英船悬挂英旗，倭兵居然炮击……英国似不能忍而不问。”“现在撤兵不成，衅端已肇，又伤英国商船，贵国政府似不能无办法”。[②] 清政府一厢情愿地相信英国不会对“高升”号事件置之不理，因此只是通过玩一点激将法的小伎俩，把期望放在英国的积极干预上，而没有更主动地深入跟踪，多方下力，结果坐失良机，丢掉了舆论的主动权。

而日本方面对此事件高度重视，动员一切力量，使出浑身解数，最终化被动为主动，不仅躲过了国际舆论的谴责，也避免了英国的干涉。

（2）平壤战役与黄海海战后的外交

平壤战役与黄海海战是甲午战争中两次至关重要的军事行动，这两大战役的结局使战争的胜负基本明朗，清政府的求和活动进一步活跃。

---

① 《清光绪朝中日交涉史料》第15卷，第34页。

② 戚其章：《甲午战争国际关系史》，人民出版社1994年版，第235页。

战争爆发前后，帝后两党在和与战的问题上意见不一，帝党主战，后党求和。1894 年 10 月初，奕劻在慈禧太后的授意下想通过赫德请英国出面斡旋。11 月 3 日，奕䜣约请英、法、德、俄、美五国公使到总理衙门商谈，请他们致电本国政府，共同"出面干涉，以获取对日和平"①。英国就是否干涉征询其他国家意见，竟无一国响应。美国表示愿意单独调停，但遭到日本拒绝。英国人赫德曾说："所有国家均向中国表示同情，并说日本这样破坏和平是不对的，但没有一个国家采取任何实际行动帮助中国。"②平壤战役和黄海战役后，赫德又不无感慨地说："外交把中国骗苦了，因为信赖调停，（中国）未派军队入朝鲜，使日本一起手就占了便宜。"③

3. 签约外交：寄希望于列强干涉废约

北洋海军覆灭后，清军败局已定，不得不谋求商谈媾和。中日两国在马关的谈判举世瞩目，除两个交战国外，圣彼得堡、伦敦、巴黎、柏林、华盛顿也都在密切关注。西方列强需要根据谈判的结果来采取对策，以便最大限度地维护自己在中国和东亚的利益。在国内，《马关条约》的签订遭到中国各阶层的强烈反对。"三国干涉还辽"事件激起了清政府的希望，他们幻想借助欧洲列强的力量采取拖延换约的手段，以此达到废止《马关条约》的目的。但俄、法、

---

① 《中日战争》第 7 卷，上海书店出版社 2000 年版，第 449 页。
② 《中国海关与甲午战争》，中华书局 1983 年版，第 49 页。
③ 《中国海关与甲午战争》，中华书局 1983 年版，第 59 页。

德三国干涉还辽的目的是为了维护自己的在华利益，而不是为了清政府的利益，更不是为了中国的领土完整。

“三国干涉还辽”事件是远东国际关系变化的一个转折点。俄、法两国加强了同盟关系，德国则积极投入东亚的角逐，英国更加支持日本以牵制俄国，日本则以此事件为奇耻大辱，迅速开始了以俄国为假想敌的扩军备战计划。面对共同的争霸对手俄国，英、日两国之间的关系愈加密切，形成了英日同盟，后来日俄战争的爆发也就成为势所必然。

（二）日本：战前准备充分，战后应对有法

1. 在国内鼓吹“正义之战”

日本在战前做了充分准备，对内广泛动员国民，对外掌控舆论，积极争夺话语权。为动员国内民众支持侵略战争，日本政府不遗余力地大造舆论，鼓吹对中国的战争是“文明”与“野蛮”之争，叫嚣全国“4000万同胞齐心协力，竭尽忠君爱国之诚”[①]。1894年6月3日，《东京经济杂志》发表社论：“我等朝鲜政策，实为保护我人民商业的不得已之手段”“眼下唯有一战，别无出路”“现在，中、日两国交战时机已到，实在大快人心”。[②] 日本实业界巨头和社会名流

① 戚其章、王如绘：《甲午战争与近代中国和世界——甲午战争100周年国际学术讨论会文集》，人民出版社1995年版，第349页。

② 戚其章、王如绘：《甲午战争与近代中国和世界——甲午战争100周年国际学术讨论会文集》，人民出版社1995年版，第349页。

联合成立所谓“报国会”的组织，向全国发出“作为日本国民应分担起捐赠募集军资的义务”[①] 的呼吁。

1894 年 6 月开始，日本各地普遍开展捐钱献物的“捐献运动”，这一运动迅速从上层社会蔓延到下层民众，把整个日本的参战热情都鼓动起来了。《时事》1894 年 9 月 16 日的社评说：“人们恰如醉了一样，全国各地连贫民都把身上仅有的一点钱也想贡献出来。”[②] 这种全民动员式的狂热宣传打着“爱国”的旗号，完全掩盖了日本军国主义者发动战争的侵略实质。

2. 在国际上发动舆论战

为博得国际舆论的好评，日本政府主动利用和控制舆论，反复传播战争谎言。据统计，甲午战争期间，日本共有 66 家报社派出 1114 名随军记者跟踪报道，此外还极力拉拢国外媒体随军采访。如日军故意让西方记者目睹他们为被俘的清军官兵提供医疗服务，并将其释放的场面。反观清政府，清政府毫无舆论宣传的准备，不仅不允许中外记者随军采访，甚至有两名西方记者因误入清军防线而被砍头。

为了让国际舆论做出有利于自己的报道，日本驻外使馆不惜用金钱收买国外媒体。据日本文献记载，英国中央通讯社发表一次有

① 戚其章、王如绘：《甲午战争与近代中国和世界——甲午战争 100 周年国际学术讨论会文集》，人民出版社 1995 年版，第 378 页。

② 戚其章、王如绘：《甲午战争与近代中国和世界——甲午战争 100 周年国际学术讨论会文集》，人民出版社 1995 年版，第 379 页。

利于日本的新闻，可获得 2000 日元酬金；路透社发布一次有偿新闻，可获得 606 英镑的酬金。

为分裂我方阵营，日本间谍甚至采取挑起中国内部民族矛盾的方法，削弱清军的战斗力。日军登陆辽东半岛后，在大连一带到处张贴告示，题目叫作《开诚忠告十八省之豪杰》，说中国久已沦陷给异族，日军是来解救中国人的，“循天下之大势，唱义中原”。

3. 以国际法为幌子歪曲事实

战争爆发后，日本以国际法为幌子，刻意歪曲其发动战争的侵略本质，美化自己，诋毁清军。

1894 年 7 月 25 日，日本海军未经宣战，在朝鲜丰岛海面突然袭击清政府雇用的英国商船“高升”号，明显违反了《万国公约》中关于战时中立的规定。英国驻日公使就此事提出了严重抗议，而日本竟收买媒体和学者，公开为日本撰文辩护。通过向英国承诺一系列优惠条件，日本与英国达成一致，通过捏造证据和所谓专家解读来扭曲和操纵舆论。在日本驻英公使青木周藏的操纵下，英国《泰晤士报》于 8 月 3 日和 6 日分别发表了剑桥大学教授韦斯特莱克、牛津大学教授胡兰德的文章，为日本的野蛮行径辩护。这两位教授都是英国著名国际法权威，他们袒护日本的言论，影响了英国的舆论走向。

1894 年 11 月，日本占领旅顺之后对全城居民进行了血腥屠杀，英国驻烟台领事阿林格在致欧格讷的私函中转述斐里曼特短笺中的话：“他肯定旅顺港没有伤员，因为日本人是见人就杀。……泰勒大夫在该城那条主要街道上，200码内就见到了70具尸体，船坞内更是尸堆如山，他在旅顺港时，日本人射杀了一些中国人……”[①] 美国报纸对此公开谴责，痛斥道：“日本国为蒙文明皮肤，具野蛮筋骨之怪兽!”[②] 旅顺大屠杀在国际上引起了轩然大波，日本政府一面收买媒体，减少报道；一面无耻狡辩，通过外交渠道掩盖其罪行，把一场血腥大屠杀轻描淡写地说成是合法战争中发生的附带损害。对此，福泽谕吉说道：“今日之世界尚非道理之世界，是武力之世界。”“数千万言的万国公法，可以用一声枪炮抹杀之。”[③]

1894年8月1日，日本天皇在对华宣战诏书中声称日本将遵守国际法，战争过程中，又发行《万国战时公法》等手册，配备了随军法律顾问。甲午战争的历史表明，日本不过是给侵略行径贴上“文明”的标签；更表明在“强权即公理”的近代殖民主义时代，国际法只不过是维护帝国主义利益的工具而已。

面对日本这种操纵舆论和扭曲法律的行径，没有任何一个中国人意识到利用国际法资源和英语这种更具沟通性的语言，向世界说清楚发生在中国的事情，说清楚中国人民的遭遇。中国驻欧洲的公使们只知道忙着为清政府购买军火，对日本人垄断国际话语权的危害性无知无觉，任由日本美化自己、抹黑中国，致使中国在国际舆论的战场上尽失先机。

① 戚其章：《国际法视角下的甲午战争》，人民出版社2001年版，第342页。
② 范文澜：《中国近代史》（上册），人民出版社1955年版，第256页。
③ 《福泽谕吉全集》第5卷，日本岩波书店1958年版，第297、304页。

▲ 日军驱使幸存者掩埋旅顺大屠杀中的遇难者

五、甲午战败是军事竞争之败

（一）中日两国战前准备的差距

1. 清政府和战不定，备战松懈，被动应付

战争爆发在即，清政府对是战是和仍争论不休，对日本的战略布局更是茫然无知。身负重任、主持大局的李鸿章是清政府中最有见识、最有危机感的大臣，1874 年，他率先提出应该重视来自日本

的威胁，“泰西虽强，尚在七万里之外，日本则近在户闼，伺我虚实，诚为中国永远大患”[①]；1881 年又提出，“今之所以谋创水师不遗余力者，大半为制驭日本起见”[②]。可谓目标明确，警惕性也够高。

但随着“定远”“镇远”两艘铁甲舰的购入和北洋海军的正式成军，李鸿章对北洋海军的实力估计过于乐观。虽依然有警惕日本之心，但对日本的战略意图、战略布局缺少了解，情报搜集方面既不系统也不细致，主要的信息来源是驻朝总理交涉通商事宜的袁世凯和驻日公使汪凤藻。袁世凯作为清政府的代表在朝鲜驻扎了九年，对朝鲜局势和日本的野心有所防范，但另一方面又对日本心存轻蔑，没有给予足够关注。1887 年，日本制定了征讨中国策略，1890 年，完成了军备改革，袁世凯对此浑然不觉，甚至作出“日人方亟亟自谋，断不至败坏和局”的错误判断。1893 年春，袁世凯几次向李鸿章报告，一再声称日本“断断不至于挑衅中华”。这种妄自尊大、麻痹轻敌的思想，实在是误国误民。驻日公使汪凤藻对日本准备开战的形势也缺乏准确判断，没有意识到战争已迫在眉睫，致使清政府一再误判战争形势，未能及时制订全盘战略方针和具体作战计划。

全盘战略方针和具体作战计划的缺乏，使清军在战场上不堪一击。在朝鲜战场，清军先以少量部队驰援牙山绝地，后又齐集平壤，以图固守。但平壤守军军无统帅，战无布置，指挥失灵，结果一点失守、全线溃退。进入本土作战后，清军提出了“严防渤海以固京

① 吕一燃：《中国近代边界史》（下卷），四川人民出版社、人民出版社 2013 年版，第 1325 页。
② 《李鸿章传》，人民出版社 1994 年版，第 203 页。

▲“定远”号、“镇远”号归国入列

畿之藩篱，力保沈阳以固东省之根本”[①] 的作战方针。确定渤海、沈阳两个防御中心，这样做实际上分散了兵力，旅顺、烟台驻军先后被调，严防渤海成了空话，旅顺、威海迅速失陷，北洋海军最后覆灭。反映在海军上，缺乏战略方针的作战计划的结果就是“保船制敌”。海军作战的核心是制海权，作为甲午战争实际的最高指挥者，李鸿章对夺取制海权的重要意义及海军作战机动性的特点都缺乏认识。大东沟海战后，北洋舰队不但不积极争夺黄海制海权，反而消极避战，困守威海，自动放弃了黄海的制海权，最终导致北洋海军全军覆没的悲剧。

清政府备战的另一缺陷是，国民缺乏近代国防意识，军队没有精神动员，不知为何而战。甲午战争前，中国还没有萌生现代的国

① 《李鸿章传》，人民出版社 1994 年版，第 304 页。

民意识，政治上、体制上处于涣散状态。作为战场上的主力，清朝军队的官兵们多把当兵看成谋生手段，保家卫国、民族存亡对其在战场上的激励作用极其有限。1895 年，名将冯玉祥曾随父亲参与整修大沽炮台，守御要塞。后来，冯玉祥在自传中描述了甲午战争时清军从保定开赴大沽口御敌的情景："军队走出保定府城外半里路的光景，忽然看见当地的男女老幼——同营官兵的父母兄弟妻子们——手连着手站在路旁，一直排了三四里路，哭天叫地地送行……从早晨直到正午，奇哭怪号，声震云霄，只是不肯罢休。在不明底蕴的人看了，一定会以为是谁家大出殡，所以惊动这么些人来哭送。决想不到这是保定府五营练军开往大沽口警备，去抵御敌人，为民族争生存，为国家争光耀。原来他们只想着大沽口就是死地，就是陷人坑，如今去了，一定不能复回的。所谓国家观念，民族意识，在他们是淡薄到等于没有的。"①

2. 日本频繁挑衅，清政府被动应战、盲目乐观

19 世纪七八十年代，日本对外扩张的野心已昭然若揭。清政府并非全无警惕，但总体上来说，对日本明治维新以来的情况缺乏了解，对日本几代人准备征韩、征清的图谋未曾发觉。曾任驻日公使的黎庶昌对日本了解较多，曾判断日本对中国终有一战，甚至在甲午战争之前主动要求去日本赴任，以揭穿日本对华战争的阴谋，但未被总理衙门批准，只得终老乡里。

① 《冯玉祥回忆录》（上），东方出版社 2011 年版，第 19 页。

1894年5月，甲午战争爆发前夕，李鸿章再一次视察北洋水师，并在奏报中表达了自己的担忧："日本蕞尔小邦，犹能节省经费，岁添巨舰。中国自十四年北洋海军开办以后，迄今未添一船，仅能就现有大小二十余艘，勤加训练，窃虑后难为继。"[①] 但他随即又信心满满地说："此后京师东面临海，北至辽沈，南至青齐，二千余里间，一气联络，形势完固。"[②] 但事实给了他最响亮的回击，仅仅几个月后，他所夸耀、赞美的舰队、炮台、要塞便相继落入敌手。

《李鸿章传》是赫德的机要秘书英国人濮兰德所著，其中这样评论这次海军大校阅："李鸿章每三年检阅一次海防，其最后一次带着胜利进军的神气。他的毕生事业摆开在一切人面前，让大家欣赏：他的要塞和学校，铁路和船坞，船和炮，都粉饰油漆得焕然一新。礼炮齐鸣，龙旗招展，向他的来和去致敬。……这是李鸿章的威望的极盛时，但是乌云已经渐渐地集到天空，要使他的声望的阳光永远掩盖起来了。回想到他成功地展览了他的作品，在欢呼与感激声中回来的时候，人们不能不奇怪，这个老年人是自欺到何种程度，竟然自满于这虚幻的伟大工程。"[③]

在中国，并非只有李鸿章一个人抱持着盲目乐观态度。1894年7月27日，即战争爆发两天后，熟悉中国情况的赫德说道："现在中国除了千分之一的极少数人以外，其余九百九十九人都相信大中国

① 《李鸿章传》，人民出版社2016年版，第209页。
② 《李鸿章传》，人民出版社1994年版，第213页。
③ 《李鸿章传》，人民出版社1994年版，第213页。

可以打垮小日本。”[①] 结果表明，清政府和李鸿章为他们的战略判断失误付出了极其惨痛的代价。

3. 日本精心准备，将扩张国策付诸行动

（1）日本对外扩张的国策由来已久

德川幕府末期，“海外雄飞论”“攘夷论”在日本纷纷出笼。林子平著的《三国通览图说》中详细介绍了朝鲜、琉球和虾夷（北海道）的情况，让日本勇士进入这三个地区时，能谙察情势、随机应变。佐藤信渊鼓吹日本乃“世界万国之本”，妄称“世界当为郡县，万国之君长当为臣仆”，并赤裸裸地指出，“在当今世界万国之中，皇国易为攻取之地，莫如支那国满洲”，把侵占中国东北视如探囊取物。[②] 会泽正志斋则在1825年所著的《新论》一书称日本就是“大地之元首”，是全球的救世主，负有“皇化”万国的使命，《新论》也成了日本攘夷运动的经典之作。

明治维新后，日本天皇承继了前辈对外扩张的“遗志”，并逐步将前辈未能实现的侵略邻国的“遗愿”变成国策，付诸实践。1884年12月，日本鼓动利用朝鲜开化党人一手导演了“甲申政变”，借机迫使朝鲜政府签订《汉城条约》。随后，伊藤博文与李鸿章会谈，签订了《中日天津条约》，此后，日本对华备战进一步加速。

（2）长崎事件推动日本扩充海军

1884年12月，日本策动“甲申政变”，试图替代清政府而成为

① 《李鸿章传》，人民出版社1994年版，第213页。
② 阎德学：《武士之路》，人民出版社2006年版，第88页。

朝鲜的保护国。英国为了防止俄国南下威胁其在华利益，于1885年4月占领了朝鲜南端的巨文岛，结果因遭到俄国和日本的反对而作罢。1886年7月，李鸿章接到袁世凯报告，说朝鲜有人谋划联俄防英。面对如此复杂的国际形势，清政府深知一旦朝鲜落入他国，必将危及自身安全，于是命令丁汝昌和吴安康分别率领北洋、南洋水师前往朝鲜的永兴湾一带巡防。北洋水师提督丁汝昌、琅威理接到命令后，立即率“定远”“镇远”“济远”“威远”“超勇”“扬威”六艘军舰前往朝鲜东海岸进行海面操演。鉴于铁甲舰在长途航行后需回港涂油维护，加上1886年清廷的旅顺军港尚未完工，李鸿章遂决定由水师提督丁汝昌率“镇远”“定远”“威远”“济远”四舰前往位于日本长崎的三菱造船所进行检修，一方面是舰艇确需检修，另一方面也存了震慑敌人之意，借耀我军威之机以扬国威，在无形中警告日本。两艘铁甲舰初次亮相就引起日本社会的巨大轰动，于是日本朝野上下、党政官员纷纷上舰参观。铁甲巨舰的赫赫威风与肉眼可见的超强实力，让日本民众既羡慕惊叹又嫉妒愤怒。

1886年8月13日，北洋水师部分官兵应邀离舰上岸，逛街购物，却因琐事与日本警察发生冲突，情绪激奋之下引发斗殴，造成一个日本警察重伤，一个中国水兵轻伤。15日晚，450余名北洋水师官兵又一次获准登岸。在广马场外租界及华侨居住区附近，突然遭到日本警察及长崎市民的袭击，双方混战三小时，死伤80多人。

长崎事件发生后，中日双方在半年多的时间里进行过多次交涉，直到 1887 年 2 月 4 日才达成协议，将事件定性为因语言不通产生的误会。规定中日双方各自负责对死伤人员的抚恤事宜，至于是否要惩办凶手，则由两国政府自行决定，互不干涉。

长崎事件不是一场简单的冲突，背后有着深刻的社会根源。对北洋水师来说，固然存在军纪松弛、失于管束的问题，但从日本方面来说，却是他们多年来以中国为假想敌、不断进行反华宣传的结果。长崎警方的蓄意行凶和当地市民的积极参与，就是这种反华情绪的表露和宣泄，背后的始作俑者，正是长期以来处心积虑的日本军国主义势力。

（3）全力筹措军费，扩充军力

为了扩充军力，日本不断增加军事预算。从 1878 年到 1889 年的 12 年中，公开列入预算的军费数额增加了 233.8％，每年军费支出占预算总额的比例由 16.5％提高到 29.6％。进入九十年代之后，日本军费支出增长迅速，战争步伐进一步加快。1890 年，日本军费已经占整体国家预算的 30％；1892 年，军费开支更是超过当年国家预算的 41％。战争正式开始后，日本政府于 1894 年 8 月 15 日发布第 143 号、144 号敕令，征集军事公债，总额为 5000 万日元，分 50 年偿还，年利 5％，全国各地迅速掀起了轰轰烈烈的募集运动。第一期募集数额原来计划为 3000 万日元，结果大大超出预期，达到了惊人的 9027 万日元，为预计额的三倍以上。

同时，为准备侵略朝鲜和中国的战争，日本从 19 世纪八十年代后制订了十年扩军计划。明治政府先后颁布了《征发令》《战时宪兵服务概则》《军队内务书》《新步兵操典》等军事法规，以此确保兵员数量，提高军队战斗力。

（4）制定周密的作战计划

日本的精心备战，还反映在他们为发动侵略战争制订了周密细致的计划，包括一直鼓吹的大陆政策。1889 年 12 月 24 日，山县有朋内阁成立一年后，提出“主权线”与“利益线”的理论。在山县有朋看来，日本利益线的焦点是朝鲜，因而极力主张尽快拆散中朝之间的宗藩关系，切断中国对朝鲜的支持，并争取在英俄争斗的漩涡中控制朝鲜。在日本政府看来，要达到守卫主权线、保护利益线的目的，就必须以军事手段为主，因而扩充军备就成为日本最紧急的任务。

在甲午战争爆发前，日本制订了对华作战的详细方案，其战略目标为“旭日军旗入北京城”[①]。为实现这一战略目标，日本战时大本营制订了一个周密完整、海陆协同的作战计划。计划大体分成两个阶段：第一阶段，无论海战结果如何，规定其应实施之事项，即派遣第五师团至韩国陆海军守备要地，准备出征，并使舰队护航；第二阶段，应待海战结果而行之者，分甲、乙、丙三个时级。甲，已获得制海权，实际是陆军向直隶湾头（即渤海湾）前进，交火决战；乙，海战结果虽不能制渤海湾，然已使敌不能制日近海时，即使陆军向韩国前进，以防备之；丙，已全失制海权时，由国内防备

① 范文澜：《中国近代史》（上册），人民出版社 1955 年版，第 265 页。

之。日本统帅部战略决策的关键是能否掌握黄海、渤海的制海权，并为此设想了三种可能出现的局面，可见日本统帅部对战局发展设想之精细。

甲午战争中，从双方统帅部的战略决策看，差距的关键在于对海权的不同认识。19 世纪末，美国海洋理论学家马汉提出了“制海权决定一个国家国运兴衰”的思想，引起了日本的密切关注，并及时将其代表作《海权对历史的影响：1660—1783》列为军事学校及海军军官的教科书，达到人手一册。而中国直到 1928 年才出现介绍海权思想的论著——《海上权力论》（林子贞著），这时离甲午战争结束已经 30 多年，大清朝也已经覆亡 17 年了。

（5）重视情报的搜集与利用

日本是个岛国，这种地理环境和生存条件使它始终向往大陆。为了踏上大陆，日本至少准备了上千年，在这个过程中不断重复上演着类似的戏码：一是一旦权力集中，就要去征伐朝鲜；二是每一次自然灾难之后，就会出现要求对外动武的呼声。为了发动对中国的战争，日本几代人持续做准备，包括在政治、经济、军事、社会动员和国际舆论等各个方面设计了多种方案。尤其是情报收集、整理、利用方面的工作，更是伏线千里，未雨绸缪。

日本极其重视情报的搜集工作，其情报人员的足迹更是踏遍北京、天津、上海、汉口、广州、福州、厦门、湖南、山西、四川、台湾等地，一些后来在日本政坛担任重要职务的官员都曾到中国做过调查，如桂太郎、川上操六、桦山资纪等。所有情报人员回国后都要提交调查报告，著名的有桂太郎的《邻邦兵备略》，小川又次的《清国征讨策案》，以及海军部的六份征清方案等。小川又次对中国国情民情以及兵力部署的掌握达到了事无巨细的程度，全面透彻之处，清政府的高层官员亦远远不及。

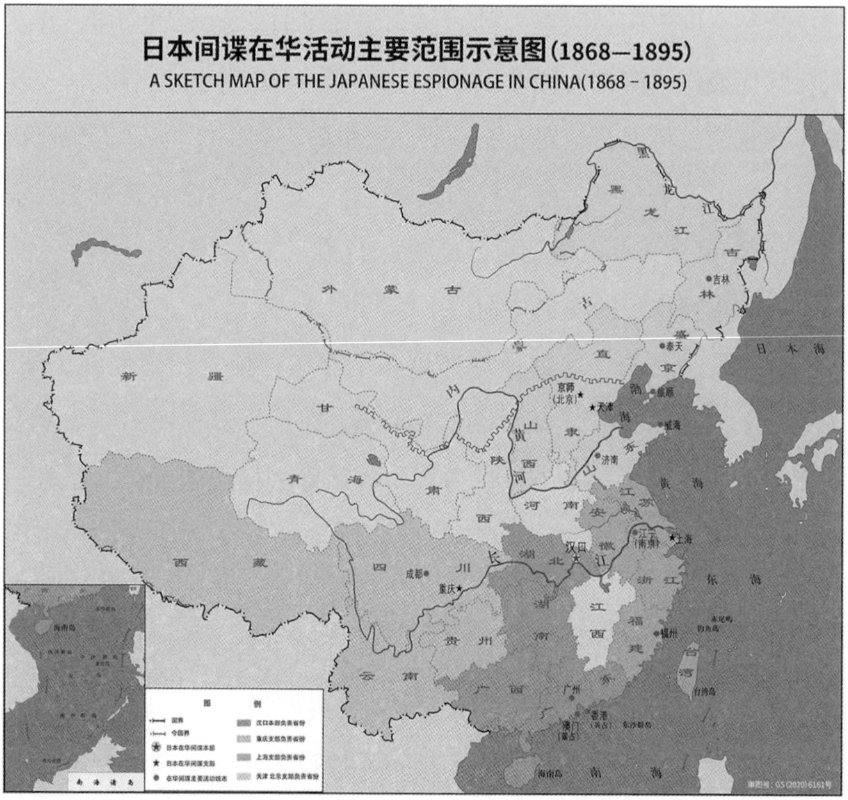

▲ 日本间谍在华活动主要范围示意图（1868—1895）

1886年，日本参谋本部派陆军中尉荒尾精化装成平民进入中国，经上海抵达汉口，成立了在中国大陆的第一个日本间谍机关——汉口乐善堂。该机关负责调查中国各省的人物、会道门[①]及各省的人口、地形、风俗、贫富、运输、制造、粮薪、兵制、要塞等情报资料。后来，这个情报网逐渐扩大，先后成立了湖南、四川、北京三个支部，行踪遍及中国各省，甚至远涉云贵、新疆、西藏等边远地区，搜集了大量情报。

1888年12月，北洋海军刚刚正式成军，日本海军大尉关文炳就被派往威海卫和刘公岛，对北洋海军的基地建设及荣成、烟台等胶东半岛沿海港湾、沙滩、潮汐变化、环境风貌等进行了长达两个多月的实地侦察，并做了详细记录。甲午战争期间，日军之所以精确地选择辽东半岛花园口和山东半岛荣成龙须岛等地为入口，并在几乎没有遇到有效抵抗的情况下顺利登陆，就是依赖于日本间谍之前的实地侦察。

日本间谍在中国几乎无孔不入，他们疯狂地窃取中国政治、经济、文化、军事、历史、地理、社会生活等各方面的情况，特别对各地驻军、防御设施、地理形势更是了如指掌。战争中，清军曾缴获一份日军的战地材料，其中对中国驻兵多寡、有无、住所分列甚是详细，甚至有人说，日本人比中国人自己更清楚地知道中国每一省可以抽调多少人出来作战。日本军方绘制的朝鲜、中国东北地区

① 会道门是“会门”和“道门”的合称。由于各类会、道、教、社大肆泛滥，混合生长，多名、重名和改名屡见不鲜，中华人民共和国成立后，将其统称为“会道门”。

和渤海湾沿岸的军用地形图极其详细。有人见过日本进攻山东时所用的地图，上面疃、路、炮台、营房、山沟，样样都有，画得清清楚楚。欧洲人波纳尔曾获得一份日本军事地图，他由此得出结论："这份地图本身就是日本久已蓄意侵略中国的证据。它驳斥了日本当时（指甲午战争时期）是被迫作战的说法。相反地，那是一次有意图的、精心策划的侵略行动。"①

间谍提供的情报，对日军作战，特别是对机动性很强的海军作战，发挥了重要作用。1895 年 7 月 25 日，日本海军不宣而战，在朝鲜丰岛海面偷袭北洋海军护航军舰。开战前一周，即 7 月 16 日，北洋海军"济远""威远"二舰从上海运粮食、武器抵达烟台。20 日，日本间谍宗方小太郎竟登上"济远"舰观察舰上装载的兵器，并获知两舰将向朝鲜出发的消息，遂于当天用密电报告东京。22 日，北洋海军提督丁汝昌命"济远""广乙""威远"三舰由威海出发，护送"爱仁""飞鲸"等运兵船至牙山，并到大同江口游弋。当天，日本大本营便收到了中国运兵计划的情报。8 月 11 日，北洋舰队悉数从威海出发，13 日返回，14 日北洋海军八艘船再度巡航旅顺、大沽。这些行踪在宗方小太郎的日记中都有详细记载，可见北洋舰队的一举一动都在日本的严密监控之下。海战尚未爆发，中国海军已然处于下风。

① 丁名楠等：《帝国主义侵华史》第 1 卷，人民出版社 1973 年版，第 331 页。

（二）中日两国军事实力的差距

1. 清军的编制与装备

（1）曾经辉煌的国家常备兵：八旗与绿营

清朝的国家常备军主要有八旗和绿营两支。

八旗兵是清朝入关前创设的，既是一种军事组织，又是社会政治组织，是一种兵民合一的制度。1601 年，努尔哈赤建立黄、白、红、蓝四旗，十四年后又增设镶黄、镶白、镶红、镶蓝四旗，统称八旗。每旗有官兵 7500 人，八旗共有兵力 6 万人。到皇太极时，又组编了蒙古八旗和汉军八旗，总兵力达到十四五万人，是清朝统一全国主要依靠的军事力量。入关后，八旗重点驻防京师，并在全国重要战略要地驻扎。到鸦片战争时，兵力有 10 万余人。绿营是招募汉人编成的军队，在顺治初年定制，因军队旗帜为绿色，故称“绿营”。绿营与八旗都是世兵制，一入兵籍，终身不改，父死子继，世代为兵。京城也有驻防的绿营兵，统称巡捕营，归步兵统领管辖。驻各省的绿营由总督、巡抚、提督、总兵管辖。到鸦片战争时，全国绿营兵约有 60 万人。

八旗兵原本战斗力很强，在清代的开国史上可谓战功赫赫。但全国统一后，八旗兵养尊处优，不事训练，武备废弛，战斗力一蹶不振。绿营兵本是清初为补八旗兵力不足而创设，到嘉庆年间，兵力曾达到 60 万人之众，从平定三藩之役到鸦片战争，都是清军的主力。清中叶以后，这支军队同样训练废弛，军纪败坏，军饷菲薄，积重难返。正是由于八旗兵和绿营兵的腐败，当太平军起义时，他们已无力承担镇压农民起义的职责，清政府只能依靠勇营。

（2）异军突起的勇营及防军、练军

1851 年 1 月，洪秀全在广西金田村起义，攻占永安，建号太平天国。因八旗与绿营皆已不堪用，为镇压太平军，1853 年春，曾国藩在朝廷的允许下组建了湘军。1854 年，正式确定湘军营制，总计有陆军 13 营 5000 人，水师 10 营 5000 人，配备各种船只 500 余艘，炮 500 余门，拥有陆师、水师、马队三个兵种。湘军的编制与绿营截然不同，其特点是兵必自招，将必亲选，饷由帅筹，因而形成了以各级将领为中心，兵随将转的隶属关系，也就是以私人募兵制代替了国家世兵制，为后来封建军阀的产生奠定了基础。

19 世纪 60 年代初，在曾国藩的支持下，李鸿章在安庆组建的淮军开赴上海。最初，兵力仅为 6500 人，到 1865 年，总兵力达到 5 万余人。淮军在营制、饷章、筹建方法上基本仿效湘军，但在装备和训练模式上却在西化道路上迈出了较大一步。李鸿章注重用西法训练军队，聘请了外国军事教官，创设军事学堂，培养军事人才。淮军的初步西化，使清代军队从传统陆军开始向近代新式军队过渡。

19 世纪 60 年代中期，太平天国起义被镇压，当时全国有湘军、淮军及各路勇营部队数十万人。1875 年，清政府任命沈葆桢、李鸿章为南、北洋通商事务大臣，大力加强海防建设，湘军、淮军实际上成为沿海各省的主要驻防军。全国防军以湘系、淮系为主干，但各省防军的装备极不统一，据统计，光中国所用的来福枪就有 14 个不同的种类。另外，防军平时训练虽然也聘请了一些外国教官，但仍保留着中国的传统作战模式；在编制上，防军沿用湘军营制，恪守规模，竭力维持，根本不能适应近代战争的需求。

同治光绪年间，为整顿绿营兵，江西巡抚沈葆桢提出建立练军。可以说，练军是绿营的变形，就是用勇营的营制来改造绿营。到19世纪七八十年代，练军制度推行到全国，最盛时全国总计11万人之多。

由于清军兵制复杂，甲午战前全国陆军的具体数字很难估算，倒是日本人提供的情报数据可供参考。日本参谋本部出版的《明治二十七八年日清战史》一书提到，当时中国各省总计有步兵862营，骑兵192营，步兵按每营平均350人计，总数约为301700人，骑兵每营按250人计，总数约为48000人，全部兵力总计约为349700人。1898年，据清政府兵部、户部的统计数字，各省防军、练勇合计为36万人，这两个数字大体相符。其中，李鸿章掌握的淮军精锐只有5万人。

除了精锐兵力不足，清军最大的问题在于清政府没有建立起统一的国防军体制，与日军相比，在营制、训练、指挥、参谋、后勤等方面都有相当大的差距。无论是湘军、淮军还是练军，基本上都是旧式的军队，没有统一的指挥机制，也没有协作的全局意识，李鸿章指挥得了北洋海军，却指挥不动南洋海军；指挥得了淮军，却指挥不动湘军。各军之间没有形成合力，使本来就不够强的战斗力更是大打折扣。

2. 清朝落后的军事体制

在近代战争中，一个国家的军事体制主要表现在组织体制、兵役制度、军官选拔、军队训练、后勤体制等方面，这些对军队的战斗力起着至关重要的决定性作用。

首先，从组织体制看，清军兵种构成单一，陆军只分步队和马队，没有独立的炮兵、工兵、辎重兵，更没有分工明确的后勤部队。在领导机构上，清军实际上不存在一个能够统一指挥全国军队、决定战略战术方针的最高机构，派往前线的军队基本上各自为政，没有统一的指挥部，缺乏层次分明、运作有效的指挥系统。

其次，从兵役制度看，清政府没有实行义务兵役制。参与作战的湘军、淮军以及后来的防军、练军都通过募兵制度招募，很多士兵目不识丁，很难迅速掌握和娴熟使用近代兵器，甚至有的士兵手持新兵器却茫然不知其用法。

再次，军官选拔没有标准。由于近代专门军事教育机构的缺乏，中、下级军官主要是行伍出身，文化水平低下，即使一些高级指挥官，也有很多人根本不懂近代战争的战略战术。

又次，军队训练极不规范。大部分军队疏于军务，纪律松弛。甲午战争爆发后，有些开赴前线的军队是临时招募的，有的甚至不曾操练过一天，或即使稍有训练，也只重队形、格斗，对绘图、测量、行军、水陆工程等现代的军事技术根本没有概念，更谈不上熟练掌握。

最后，清军的后勤体制也存在诸多问题。一是粮饷供应匮乏，往往需要各部队将、帅自筹。战争开始后，由于没有统一的后勤指挥系统，军需保障极不得力，将士在作战中时常面临断炊的危险。二是武器弹药供应不足，军工生产缺乏统筹规划，从各厂调拨或从国外采购的武器弹药型号、性能参差不齐，武器种类、规格极不统一，以至在作战中出现有枪炮而无规格相符的弹药一类的怪事。

北洋舰队于 1888 年正式成军，当时的实力居亚洲第一，可惜的是成军之后因军费不继，再未购进新的像样的战舰，平时的运行费和保养费也捉襟见肘，弹药严重不足。在中国担任总税务官职务的英国人赫德曾深度参与中国的政治、经济、军事事务，在黄海海战爆发的前半个月，他曾写信给中国海关驻伦敦的代表金登干，说："北洋水师的克虏伯火炮没有炮弹，阿姆斯特朗的火炮又无火药，冯·汉纳根需要有足够打一场几个钟头之久的大海战的炮弹，现在还没有到手。"[①] 战争爆发时，他又说："战争骇人的向毫无准备的我们袭来，李鸿章所吹嘘的舰队、要塞、枪炮和人力，都已被证明远非一般所期待的那样厉害。"[②]

大东沟海战后，参战的洋员和官兵都抱怨弹药不足。在海战结束前半小时，"镇远"号的 6 英寸炮已经发射了 148 枚炮弹，弹药即将告罄，仅余 25 发 12 英寸火炮穿甲弹，连一发爆破弹也没有。"定远"号面临同样的困境，舰员描述说："我们仔细瞄准射击，但已无爆破弹，无法伤及敌舰。"北洋两艘铁甲主力战舰尚且弹药不足，更

① 陈霞飞：《中国海关密档》第 6 卷，中华书局 1995 年版，第 112 页。
② 丁名楠等：《帝国主义侵华史》第 1 卷，人民出版社 1961 年版，第 345 页。

何况其他的战舰。

3. 日本的军事编制与装备

(1) 改革军事制度

日本明治政府一成立，就推行“富国强兵”政策。1869 年，日本派出由山县有朋和西乡从道率领的军事考察团，他们遍访英国、美国、法国、德国、俄国、荷兰、土耳其等国，着重了解研究西方国家的军制和兵器。考察回国后，立即建议进行兵制改革。1872 年 12 月 28 日，明治天皇发布《征兵告谕》，宣布实行征兵制，即义务兵役制。1873 年 1 月，明治政府下达《征兵令》，规定年满 20 岁的公民，凡符合应征条件者都要服兵役。在推行征兵制的基础上，日本还在 19 世纪 80 年代改革了军队的编制。

(2) 改革军事机构

明治维新后，日本政府机构中设立兵部省，掌管国防、军事。1872 年，学习欧美体制设立陆军省、海军省。1874 年，将陆军省下属的第六局改为参谋局，1878 年，又将参谋局从陆军省中独立出来，改为参谋本部，同时另设监军本部，与陆军省并列为三大军事机构，直接隶属于天皇。陆军省的长官为陆军大臣，其职责是制定军事政策；参谋本部的长官为参谋本部长，负责制订军令和作战方案；监军本部长官为监军本部长，负责军事检阅和执行军令。后来，监军本部改为教育总监部，负责军队教育及军事干部的培养。在军事装备上，无论是陆军还是海军，都在不断改进，原来陆军使用的枪炮主要依靠进口，以后逐步走向自制。

（三）中日两国海军发展的历程

中日两国对海洋价值的认知不同，对待海洋的方式也就不同。中为守土，日为开疆；大清建立海军是为了守护自己的利益，防范敌人侵略，日本则是为了掠夺他国，以向外开拓的方式为自己攫取更大利益。

1. 北洋海军的成军历程

（1）对海权、海防、海军的初步认识

历史上，中华民族曾有过航海事业的辉煌，郑和下西洋最远曾到达非洲东海岸，比哥伦布发现美洲大陆还早87年。但是，中国数千年来的传统本质上是重陆轻海的。当近代西方海权思想蓬勃发展、航海强国成批涌现的时候，中国依然坚持着固有的“陆主海从”观念，甚至只见陆地不见海洋，海权思想严重缺失。这种对海洋的认知直接影响着我国的海军建设，也深刻影响到我国对甲午战争的决策和准备。

鸦片战争前，中国没有成建制的海军；直到鸦片战争爆发，大英舰队浩浩荡荡、不远万里地从西而来，国人才见识到近代海军的厉害。林则徐、魏源认为，要与英国人作战，关键是建立一支所向披靡的海军，但他们的意见没有被及时采纳。又过了将近20年，西方科技获得长足发展，蒸汽机技术全面运用于航海。第二次鸦片战争时，英法联军再度凭借坚船利炮长驱直入，直逼京师，清政府不得已签订城下之盟，中国人至此方才醒悟——仅凭长矛、帆船已不足以应付变化中的世界！

1868 年，时任江苏巡抚的丁日昌向清廷递呈《海洋水师章程》六条，建议设立“三洋”水师，即北洋、东洋、南洋，但因遭到湘系代表人物的反对而被搁置。1874 年，广东巡抚张兆栋再次向朝廷上奏此方案，得到清政府的重视。

在清政府推行洋务运动期间，中国军事最显著的发展是近代海军的创立。曾国藩、李鸿章、左宗棠、沈葆桢都是中国近代海军的开创者，其中最重要的人物是李鸿章。1870 年，李鸿章出任直隶总督兼北洋大臣，参与处理朝鲜、日本等外交事务。在与东、西洋的广泛接触中，李鸿章意识到，中国正面临着数千年未有之大变局，西洋人自印度而向南洋、向中国步步紧逼，稳步推进，中国要守住国土，就要用坚船利炮武装自己。基于这样的认识，才有李鸿章此后 20 年致力于发展北洋海军的努力。

1874 年，日本借口琉球漂民被杀事件入侵台湾。此时，新疆大部分土地已经沦为异域，西北边防同时告急。东西夹击下，清政府就国防建设问题进行大讨论，最后确定“东则海防，西则塞防，二者并重”的国防方针。

从 1875 年起，清政府开始发展海军，在以后的十多年里，分别建立了福建、南洋、广东、北洋四支海军，并具备了一定规模。

（2）北洋海军舰艇的制造与配置

虽然创办一支自己的海军是清政府已确定的目标，但究竟应该怎么做，则没有既定方法，只好“摸着石头过河”。1865 年，清政府在上海建立江南机器制造总局；1868 年，第一艘木质汽船“惠吉”号竣工。到 1872 年，江南机器制造总局共打造五艘战舰。1866 年，左宗棠创办了福州船政局，在沈葆桢的苦心经营下，福州船政局成为远东最大的造船厂。1869 年，福州船政局第一艘轮船“万年青”号下水。到 1874 年，福州船政局共制造轮船 15 艘，这些战舰交付福建水师、南洋水师使用，是当时中国水师的主要战舰。

1875 年，清政府从英国订购四艘军舰，这是北洋海军最初的舰艇，也是英国军事工业刚刚投入批量生产的新款军舰。1878 年，清政府再次从英国购买四艘小型军舰。这两批军舰都存在很多缺陷，船体狭小、大炮沉重、行动迟缓，只能在沿岸浅水行驶，无法在大洋与敌舰正面交锋。1881 年，李鸿章从英国购买“超勇”“扬威”，不论性能、体量还是火炮装备，都是先前战舰的更新换代。英国海军是北洋海军的榜样，也是北洋海军的理想，因而北洋海军很多战舰都购自英国。1885 年，清政府订购“定远”“镇远”两艘 7000 吨级铁甲舰，这两艘军舰后来成为北洋海军的主力战舰，也是当时远东最大型的军舰。

1888 年底，清政府颁布《北洋水师章程》，北洋海军正式成军。此时，北洋舰队拥有大小舰艇近 50 艘，总吨位 5 万吨，官兵 4000 多人，被誉为亚洲第一，是清朝晚期“同光中兴”的重要标志。据美国海军部长本杰明·富兰克林·特雷西 1889 年的年度报告说，中国海军实力列世界第九位，排在英国、法国、俄国、德国、荷兰、西班牙、意大利、土耳其之后，在美国和日本之前。可惜的是，正式成军之后，北洋舰队再未添购军舰，其总体实力停留在成军之初的水准。甲午战争爆发时，清朝海军共拥有大小军舰 78 艘，鱼雷艇 24 艘，总吨位 8 万余吨。从总体看，舰艇数量和排水量是增加了，但整体实力和舰艇性能并没有显著提升。

甲午战前北洋海军舰船实力一览表

舰种	舰名	管带	乘员	吨位	马力（匹）	速率（哩）	火炮（门）	鱼雷发射管	制造国	进水时间
铁甲舰	定远	刘步蟾	331	7335	6000	14.5	22	3	德国	1882
	镇远	林泰曾	331	7335	6000	14.5	22	3	德国	1882
巡洋舰	济远	方伯谦	202	2300	2800	15.0	23	4	德国	1883
	经远	林永升	202	2900	5000	15.5	14	4	德国	1887
	来远	邱宝仁	202	2900	5000	15.5	14	4	德国	1887
	致远	邓世昌	202	2300	5500	18.0	23	4	英国	1886
	靖远	叶祖珪	202	2300	5500	18.0	23	4	英国	1886
	超勇	黄建勋	135	1350	2400	15.0	18	3	英国	1881
	扬威	林履中	135	1350	2400	15.0	18	3	英国	1881
	平远	李　和	145	2100	2400	14.0	11	1	中国	1889
炮舰	镇东	陈镇培	55	440	350	8.0	5	无	英国	1879
	镇西	潘兆培	55	440	350	8.0	5	无	英国	1879
	镇南	蓝建枢	55	440	350	8.0	5	无	英国	1879
	镇北	吕文经	55	440	350	8.0	5	无	英国	1879
	镇中	林文彬	55	440	350	8.0	5	无	英国	1879
	镇边	黄鸣球	55	440	350	8.0	5	无	英国	1879
鱼雷艇	福龙	蔡廷干	30	115	1500	23.0	4	3	德国	-
	左一	王　平	29	108	1000	26.0	6	3	英国	1887
	左二	李士元	28	108	600	19.0	2	2	德国	1887
	左三	郑得春	28	108	600	19.0	2	2	德国	1887
	右一	徐永泰	28	108	600	18.0	2	2	德国	1887
	右二	刘芳圃	28	108	600	18.0	2	2	德国	1887
	右三	曹保赏	28	108	600	18.0	2	2	德国	1887
	定一	-	-	-	1000	26.0	-	2	德国	1887
	定二	-	-	16	91	15.0	-	2	德国	1881
	镇一	-	-	16	91	15.0	-	2	德国	1882
	镇二	-	-	16	91	15.0	-	2	德国	1882
运输舰	海镜	-	124	1358	580	10.0	-	无	中国	1873
	利运	-	124	1358	580	10.0	-	无	中国	-
练习舰	威远	林颖启	124	1268	840	12.0	11	无	中国	1877
	康济	萨镇冰	124	1310	750	12.0	11	无	中国	1879
	敏捷	戴伯康	60	750	-	-	-	无	中国	1886
通信舰	泰安	-	180	1258	580	10.0	5	无	中国	1887
	湄云	屠宗平	70	515	320	9.0	4	无	中国	1870

▲ 甲午战前北洋海军舰船实力一览表

（3）北洋海军的人才队伍建设

建设近代海军是一项复杂的系统工程，除了购买西方战舰，还需要现代化的人去操控现代化的装备。李鸿章等洋务派看到了这一点，在推动海军建设时格外注意海军的人才培养和基地建设。1879 年，李鸿章在天津设立水师营务处，主管海军的日常事务。1880 年，在天津创设水师学堂，从全国调派优秀师资，为北洋海军培训急需人才。

▲ 北洋海军在训练舰上合影

初建的北洋海军在制度、等级、编制、人员、俸饷，以及员工升迁、处分、训练、会操等各方面都有严格规定，这些规定基本参照西方国家标准，严格且可操作。

为配合北洋海军的建设，清政府于1885年创设海军衙门，任命醇亲王奕譞总理海军事务，庆亲王奕劻、李鸿章为会办。实际上，真正掌握这支新型军队的，还是北洋大臣李鸿章。在李鸿章的主持下，初建的北洋海军实力雄厚，发展迅速。北洋海军的发展引起了日本的警觉，使日本后来加大了对海军的投入，并将其假想敌由俄国转为中国。

北洋海军的创建和结局，是近代中国军事观念有所更新又更新不够彻底的产物。忽视军事理论的研究、缺乏先进军事理论的指导，是晚清海军军事战略落后，乃至甲午战败的一个重要原因。中国的“师夷”是被列强逼出来的，不是来自内生发展的推动。统治者只想通过学习西方国家的船坚炮利以抵御侵略，而对学习西方的制度和理论较为排斥，包括对先进军事理论的忽视。虽然清政府曾就海军建设问题多次展开讨论，但基本上都是围绕如何认识海防形势、要不要建设海军、舰船自制还是外购、海军如何组建、人才如何培养、经费如何筹集等实用性问题展开的，对于建设什么样的海军、海军的战略使命和任务、海军的建设方针和发展方向、如何运用海军等战略层面的问题，未曾有过深入的讨论，更不可能形成符合世界军事变革潮流的军事理论。

2. 日本海军的成军历程

（1）对海权、海防、海军的初步意识

日本作为岛国的特殊国情，注定了海洋对日本的特殊意义。其一，岛国环境不仅决定了日本经济的海洋性，也决定了其经济发展的对外依赖性，特别是明治维新使日本走上资本主义发展道路之后，日本更为迫切地感受到开拓市场、积累资本、扩大生存空间的必要；其二，岛国环境使日本的安全需要主要来源于海权，从而使日本产生了强烈的海上进取意识。正是限于岛国环境而生的海权意识，使日本主动选择了海外扩张，并不惜以举国之力发展海军。

1890年，山田友朋以内阁总理大臣身份发表施政纲领《外交政略论》，认为“国家独立自卫之道有二：一曰守卫主权线，不容他人侵犯；二曰保护利益线，不失自己有利之地位。何谓主权线？疆土是也；何谓利益线？与邻国接触之势，与我主权线之安危紧密相关之区域是也”[①]。根据主权线、利益线理论，日本的利益不仅在境内，而且与其利益相关地区都被划在利益线之内。当日本觉得朝鲜是它的利益范围时，就会不惜代价地控制朝鲜；当日本觉得亚洲大陆成为它的利益范围时，就会不惜代价地入侵亚洲大陆。

从近代国家发展的一般规律看，资本主义发展从来就不是一国境内的孤立主义行动，资本主义的世界性决定近代国家无法只埋头赚钱不问外务，也决定了近代国家的国防不是简单防务，而需要随着自身利益范围的扩大延伸防务空间。所以，山田友朋在演讲中说道：“方今于列国之间，欲维持一国之独立，唯独守护主权线，决非充分，亦必然保护其利益线。”[②] 根据利益线理论，琉球、朝鲜、中国、越南、缅甸等都是日本利益线所辖范围，只是最初的焦点集中在朝鲜，故日本选择以朝鲜为突破口。

（2）加大投入，重点发展海军

海军是近代日本重点发展的军种。19世纪50年代前，日本一直没有近代军舰，直到1854年才开始仿制欧式船只。明治维新后，日本政府特别重视海军发展。天皇睦仁登基不久，即发布谕令：“海军

① 〔日〕大山梓：《山县有朋意见书》，原书房1966年版，第196—197页。
② 〔日〕大山梓：《山县有朋意见书》，原书房1966年版，第197—203页。

为当今第一急务，务必从速建立基础。”[①] 1872 年，日本设置海军省，同时设立海军学校、海军大学和海军工程学校，聘请英国教官，又选派学员赴英美实习，着力培养海军骨干。

1886 年，为加快海军发展步伐，明治政府发行 1700 万日元的海军公债，并将八年造舰计划调整为三年造舰计划，准备建造一等铁甲舰以下 54 艘各种舰船。1888 年，西乡从道提出《第二期军备扩张案》。1889 年，山县有朋组阁，再增加海军军费 107.8 万日元。1891 年，日本提出五年造舰计划，拨款 5855 万日元。1892 年，日本从英国购买当时世界上最快的巡洋舰“吉野”号。1893 年，天皇再次下谕，节省内廷经费以为造舰之用，同时命令全体文武官员，如无特殊情况，一律捐纳薪俸的 1/10 作为造舰费用。[②]

由于日本政府的苦心经营和大力推动，日本海军建设保持着每年至少增加一艘新型军舰的速度。至甲午战争爆发前，日军已拥有大小军舰 31 艘，总排水量达到 59898 吨，在当时的世界海军中排名第 11 位，成为一支有相当规模和实力的近代海军。[③] 当时，世界海军发展日新月异，日本因为后发优势而后来居上，无论是定购还是自造的军舰，装备的都是最先进的设备和武器，其舰艇的平均航速和灵活性都远超北洋舰队，舰上大规模装备的速射炮，其性能更使

---

① 〔日〕内田丈一郎：《海军辞典》，东京弘道馆 1943 年版，第 1 页。

② 杨东梁：《甲午较量：中日近代史上第一次大比拼》，中国青年出版社 2015 年版，第 128—129 页。

③ 杨东梁：《甲午较量：中日近代史上第一次大比拼》，中国青年出版社 2015 年版，第 129 页。

北洋舰队难以望其项背。总体而言，战争爆发时，日本海军的战斗实力已经超越了北洋舰队。

（四）中日两国军人素质的差距

1. 清军未经系统培训，整体素质较低

鸦片战争前，清军的八旗兵、绿营兵早已腐朽不堪。士兵平时闲居在家，遇到校阅操练时，常常雇佣市面上游手好闲的人以充数。长期在中国海关服务的美国人马士曾这样评价清军："全军的士兵根本都是花名册上的把戏，只不过为了检阅的目的，临时招募一部分为当天之用的新兵穿上华丽的号衣充数。"①

19 世纪 50 年代，湘军与淮军制度的建立一度提高了军队素质，但勇营的私兵制积弊严重，使其难以成为一支为保卫国家而战的国防军。第二次鸦片战争后，清政府创建练军以提高兵员素质，但收效甚微。清军长期以来实行世兵制和募兵制，士兵受教育水平很低，难以掌握近代作战的武器和战术，且他们受雇而来，缺乏使命感和爱国心，作战积极性不高，到了战场上稍有挫折，就容易溃散。除了士兵，军官也大多出身行伍，文化水平低，未经正规培训，近代军事知识十分贫乏，尤其是高级指挥官，虽然战场表现勇怯不一，但共同的弱点是囿于国内战争旧法，不懂近代军事科学。在这些将领的指挥下，往往进攻时采取集团冲锋的战法，一拥而上，在敌人

---

① 〔美〕马士著，张汇文等译：《中华帝国对外关系史》第 1 卷，生活 · 读书 · 新知三联书店 1957 年版，第 25 页。

密集的火力下损失惨重；防守时只注意正面防御，忽视侧翼，即使正面防御，也没有纵深火力配备，一处被击破，就全线崩溃。军官素质低下的原因，除缺乏近代军事教育的培训外，与年龄结构老化也有关系。据统计，辽宁山海关战线的将帅及重要幕僚55人中，其中60岁以上的有23人，约占统计人数的42%，50岁以下的只有3人，仅占5%左右。

比较而言，北洋海军的素质相对要高于陆军。北洋海军普遍受过较好的近代军事教育，主要将领如刘步蟾、林泰曾、林永升、叶祖珪、方伯谦、萨镇冰、黄建勋等毕业于福州船政学堂，而且都曾到英国留学深造。致远管带邓世昌虽未出国留学，却是福州船政学堂的首届优秀毕业生，并有多年担任各种类型军舰舰长的经验。甲午战争爆发时，以刘步蟾、林泰曾、邓世昌为代表的一批海军将领大多40多岁，正当壮年，无论是人生阅历还是军旅经验，都已相当成熟，他们大部分人在甲午海战中的表现是可圈可点的。然而，北洋海军独木难支、孤掌难鸣，清军整体素质上的诸多欠缺，导致了其在战场上的溃败。

2. 日军经过系统培训，整体素质较高

1872年12月28日，日本政府颁布《征兵告谕》，征兵打破市民界限，强调报国之道本应无别。1873年1月10日，又颁布《征兵令》，规定年满20岁的国民，只要符合应征条件，就应服兵役。这种义务兵役制与义务教育相结合，既保证了兵员具有基本的教育水准，也保证了兵源征召的连续性和战斗力。

同时，日本在军官培养上也不遗余力。1868 年夏，日本政府在东京设立陆军学校。1873 年，在大阪设立士官学校，其宗旨是培养步、骑、炮、工兵之士官。同年，又建立陆军军官学校、陆军幼年学校，按不同兵种分别成立各类学校。1883 年，建立了第一所陆军大学校，专门培养高级军事人才。

为了培养海军骨干，明治政府还建立海军士兵学校、海军驾驶学校、海军造船工业学校、海军炮术练习所、海军水雷术练习所等军事学校。1887 年，又在东京成立了海军大学校，以培养高级海军军官。1889 年，颁布《海兵团条例》，在各镇守府设海兵团，负责卫戍士兵和水兵的教育训练及新兵征集。

日本的军事教育是有计划、成系统的，不仅在本国建立了完整的培训体制，使各兵种、军种的预备干部培养能有层次、分级别地开展，而且还有计划地派遣有培养前途的青年军官赴欧美留学深造，或派高级军官赴欧洲考察。这些受过近代西式军事教育的青年军官和亲自考察过近代先进军事理论的将领，在指挥指导战争方面发挥了重要作用。反观参战的中国陆军高级将领，竟没有一人进过新式军事学校，可见清军在战略战术上的频频失误绝非偶然。

为了培养军队的战斗力，明治政府还特别重视军队的精神教育。1878 年 8 月，山县有朋制订《军人训诫》，提出维持军人精神的三个根本要求——“忠实、勇敢、服从”，即效忠天皇，勇于为天皇卖命，做天皇的驯服工具。同时，山县有朋还特别强调要培养军队的忠节、礼义、武勇、信义、质素等精神，这些要求对培养日本军队的武士道精神起了重要作用。

六、甲午战败是民族精神之败

甲午战争中涌现出许多可歌可泣的英雄人物，以丁汝昌、邓世昌、刘步蟾、左宝贵为代表的北洋海军将士是爱国主义精神的典范。和他们形成鲜明对照的，更多的是对战争麻木冷漠、袖手旁观的老百姓，有的老百姓甚至帮助敌人运输物资、指引道路。孙中山不由得发出“四万万中国人，一盘散沙而已”的感慨。中国历史上并非没有爱国主义传统，也涌现过无数可歌可泣的事迹，可谓英雄辈出，为什么此时此刻竟变成一盘散沙？

（一）“中华民族”概念尚未形成，百姓对清政府缺乏心理认同

“中华民族”的统一概念是由梁启超提出的。1900 年八国联军入侵后，中国陷入被列强瓜分掠夺的困境，此时，中华大地上不分汉、满、蒙、回、藏等具体民族，都是被列强欺凌掠夺的对象。为了团结起来一致对外，梁启超提出了“中华民族”这一概念，促成了民族大融合。而在甲午战争时，中国还没有形成“中华民族”的统一概念，也没有形成现代国家意识，民众对清政府缺少心理认同。经过二百多年的统治，尽管有一部分百姓已经接

受了大清国民的身份，但在许多老百姓心目中，清政府仍然是一个异族政权。

所以，在老百姓看来，打仗是朝廷的事，这个朝廷又不是我们自己的朝廷，与我何干？

（二）高压专制统治使百姓与清政府离心离德

清政府的高压专制统治使老百姓与其离心离德。一方面，清王朝在入主中原的过程中，给汉人留下过许多惨痛记忆，如扬州十日、嘉定三屠、“留发不留头”等；另一方面，清政府在统治过程中没有做到公平合理地执政，虽任用了一部分汉族大臣，但满族亲贵身居更高的职位，掌握更大的权力，享有更多的政治权利和经济利益，让百姓与其离心离德。正所谓国不知有民，则民亦不知有国。尤其是在文化上，清政府长期实行严苛的文字狱，防民之口甚于防川，将封建专制制度推到了巅峰。中原地区长期沉淀在民族血脉里的“家国情怀”“心怀天下”“为国尽忠”等理念，本来是最有利于组织民众抵抗外敌侵略的口号，但因为担心汉族百姓起来反抗自己的统治，清政府不敢让这样的理念广泛传播。几代人的失于传承，使这些理念被严重消解，民族精神因而涣散。最后，统治阶层争权夺利的内耗逐渐蔓延至整个社会，也影响着民心民风，国民意识无从培育。当列强并至、国难当头，中国迫切需要以民族国家的整体力量应对列强侵略时，这种国民意识的薄弱，就成为明显的短板。正如梁启超所言：“吾国民之大患，在于不知国家为何物，因以国家与朝廷混为一谈。”①

而当时的日本，则几乎是举全国之力来兴办海军，支持战争，基本实现了全民动员，凝聚起了巨大的战争能量。

中日双方在政治体制、经济发展、文化教育、外交、军事、民族精神等方面的诸多差距都是导致战争失败的直接原因，单独看，哪一个因素都有可商榷的余地，都存在历史的偶然性。但多个偶然因素交错在一起，就造成了历史结果的必然。总结归纳这种必然性，并为今天的国家和社会发展提供参考，才不辜负我们曾经付出的代价。

① 吴直雄：《毛泽东妙用典故精粹》（下），人民出版社2009年版，第657页。

第四章 甲午战争对民族复兴的借鉴与启示

2014年4月1日，国家主席习近平在布鲁日欧洲学院进行演讲时说："历史是现实的根源，任何一个国家的今天都来自昨天。只有了解一个国家从哪里来，才能弄懂这个国家今天怎么会是这样而不是那样，也才能搞清楚这个国家未来会往哪里去和不会往哪里去。"①

对失败和屈辱历史的反思是苦涩的、痛楚的，但回顾这段并不令人愉快的历史，是为了防止悲剧重演。一个能深刻自省的民族，才是有希望的民族。对甲午战争的回顾与反思，既要着眼于这场战争为什么爆发，中国到底败在哪里，又要跳出战争本身，从历史发展的规律性上进行总结：一个曾经雄踞世界首位的强大封建王朝何以在短短的一百年里衰落溃败，它对当今中国的发展，尤其是对于长期执政的中国共产党有什么借鉴与启示？

① 《习近平在布鲁日欧洲学院的演讲》，引用日期：2014年4月1日，http：//www. xinhuanet. com//politics/2014—04/01/c _ 1110054309. htm.

一、对甲午战争的总体认识与反思

（一）甲午战争的失败是中国社会全面落后的必然结果

1. 近代中国落后的实质是社会发展进程的迟滞

西欧曾经在历史上长期落后于东方，直到进入近代，才进入了一个科学技术和生产力发展突飞猛进的阶段，东西方实力发生了颠覆性变化。在这个时期，西方世界发生了重大的革命性变化：英国率先完成了工业革命，生产力迅猛发展；法国爆发了大革命，资产阶级力量迅速崛起；美国经过独立战争建立了新国家。这三件大事，是世界近代史上划时代的事件。此时，正是中国的明清交替之际，旧的明王朝在农民战争中轰然倒塌，满洲铁骑入主中原，建立起新的清王朝。

但这个新建的王朝仍然是封建体制，并未与西方国家一样进入新的资本主义阶段，它实现的仅仅是历史横向上的改朝换代，而不是纵向上的革故鼎新。探究其原因，主要有以下几方面：一方面是自然经济的束缚。中国传统农业社会生产的基本模式是小农经济，这种经济模式的特点是自给自足，不假外求，在小农经济下，社会的发展更为稳定，同时也更为保守。马戛尔尼来访被拒，清政府的傲慢只是表象原因，实质上是自给自足的自然经济使清王朝没有太多的外向需求，因而一口回绝，也就同时拒绝了一次宝贵的和平加入世界近代经贸体系和国际秩序的机会。对封建传统的长期固守，导致清政府在混沌中错失了由富变强、进行社会转型的历史机遇。另一方面，同西欧社会封建世袭的庄园经济相比，中国经济最重要的生产资料——土地因为可以私有及买卖，因而具有很大的流动性。这种流动性带来了社会成员经济阶层和社会等级的流动转换，在很大程度上为社会矛盾的爆发提供了一定的缓冲空间，使封建社会能够迟缓地延续下去。第三方面，中国自隋唐开始的科举制彻底打破了原来的世袭制度，布衣百姓通过科举考试可以参政，甚至可以做宰相、公卿这样的高职，这就增加了政治上社会阶层之间对流的可能性，化解了相当大部分的社会冲突和矛盾，封建制度的弹性进一步加大，所以中国的封建社会相对稳定，持续时间更长。

中国有 2000 多年的封建历史，清朝是中国最后一个封建王朝，从清兵入关建立全国政权算起，总共统治了 268 年。从康熙中叶经过雍正到乾隆，大概有 100 年的时间，清朝的发展进入了全盛期，即“康乾盛世”。乾隆时期的人口和国内生产总值都已占到世界的 1/3 左右，国内生产总值、经济增长速度均为世界第一。一直到 19 世纪初，中国仍然是世界最大的经济体，称得上名副其实的富国。清朝统治后期，由于自然经济占主要地位，皇权的专制统治比较稳固，以八股文为主要载体的科举制度已成惯例等，使得社会呈现出固化的模式和状态，欠缺发展的生机与活力，缺少对外开拓的动力和勇气。正是在这一百多年的时间里，中西方的实力对比由原来的东强西弱变成了西强东弱。

实际上，中国在明朝中期之后，曾经出现过工场手工业这种带有资本主义性质的萌芽，但发展极其缓慢。明末清初实行的闭关锁国政策，阻碍了资本主义萌芽的进一步发展，从而使中国在近代化转型上沦为历史的落伍者。鸦片战争就是已经完成了近代化的英国和仍处于中古时代的中国之间的战争，是工业文明和农业文明的比拼。这是中西方发展水平的错位、国际秩序意识错位引起的战争，巨大的发展差距暗含了中国必然失败的结局。

鸦片战争后，中国由封建社会转向半殖民地半封建社会，虽然在19世纪60年代进行了洋务运动，但这是一个延迟的、被动的、不完全的早期现代化进程，其出发点是“师夷长技以制夷”，贯穿始终的总原则是“中学为体西学为用”，社会核心的观念和制度并未发生根本变革，其改革的效果尚且不及日本幕府末期，更不能与日本明治维新的成就相比。

相比之下，日本通过明治维新，政治上学习西方的资本主义社会制度，废除封建专制制度，实行资产阶级的“君主立宪”，颁布宪法，召开国会；文化上选择“脱亚入欧”，摆脱亚洲地区原来以儒家伦理秩序为主导的思想体系，全面学习西方的发展理念和价值观；经济上推行“殖产兴业”，以国家力量推动私营经济发展，大力引进西方资本主义的生产技术；军事上加强军备，建立了新式陆海军。这是一场全面推进的系统化改革，也是日本从封建制度向资本主义制度的转型改革，因而成效卓著，日本迅速崛起，成为东亚的新兴资本主义强国。中日实力对比由原来的中强日弱变成了日强中弱，实力的强弱变化意味着东亚地区原有的秩序有了变革的需求。这种变革不会自发产生，于是急于拓展发展空间的日本诉诸武力，甲午战争由此爆发。

相似的近代化起点，相似的学习西方，但两种不同的学习态度、改革思路和发展路径，使中日两国的实力发生了颠覆性变化。在那个传统向现代、农业向工业推进的剧烈振荡的时代，国与国之间的竞争并非坐而论道，而是利益的攫取和实力的较量。甲午之战，实质上是高度近代化的日本战胜了低度近代化的中国。

这是第一败，败在制度。清政府对历史进程的发展缺乏清晰认知和主动选择，传统中国长期安于现状、固步自封的困局，导致了社会整体发展进程的迟滞，制约了近代中国发展的生机。要想改变这一命运，必须寻求国家与民族发展新的道路。

2. 近代中国缺少先进的社会变革领导力量

从鸦片战争失败到中国共产党诞生之前的半个世纪里，有识之士一直没有停止过救亡图存的努力，从洋务运动到戊戌变法，从太平天国运动到义和团运动，从朝堂到乡野……这些变革都取得了一定成效，但都没有彻底改变中国的命运。究其原因，是因为这些变革的发起者、引领者自身存在较多局限性。

（1）体制内变革者的局限性

中国人从“师夷长技以制夷”开始，到“中体西用”，再到后面新文化运动的“自由平等博爱”，进而倡导“民主科学”，这个过程中，中国人认识世界同时又认识自身，其中每一步都伴随着古今中西新旧之争。但在当时，处在这个过程中的人们只能在局限中前行，固然是进一步有进一步的欢喜，但相对中国改变时局需要的迫切性来说，却过于迟缓。

当时的清政府不乏开眼看世界的朝廷官员，早期的林则徐、琦善，后来的恭亲王奕䜣、曾国藩、李鸿章、康有为、文祥、胡林翼，都是有改革意识的名臣。这些大臣在与西方打交道的过程中，较早认识到中西方在科技、武器上的巨大差距，激起了发奋图强的家国情怀，先后在各个方面推进改革。

李鸿章算是晚清既有先见之明，又有行动力的政治家。1864 年，他就预见到日本对中国的野心，认识到近代国家要想生存，必须学习西洋科技；认识到要重视人才的培养；倡导改革士大夫的人生观，放弃章句小楷的陋习，而应把科学工程当作人生目标。李鸿章在经济、教育和交通方面做出了开创性的贡献，但他没有认识到除此之外，还需要有政治学习、国民教育、民族精神的培养。李鸿章作为清政府较有见识的精英代表尚且如此，一般国民的意识与精神面貌如何可以想见。

曾国藩是旧文化里颇受推崇的代表人物，他深谙孔孟之教，重视军队的精神指引，在他的领导下，湘军训练得法，战斗力很强。但他推崇旧礼教，遵循君臣之纲，不敢逾矩；其次，他寄希望于清政府，希望更高的统治者能够有所反省，带领国家有所作为；再者，他担心改朝换代引起内乱，恐有亡国之危。这般思虑再三、百般周全，改革的勇气、前进的锐气又能有多少？真是令人叹而哀之。

总体而言，这些体制内的变革者有以下三个特点：

一是不知彼。近代中国的长期闭关锁国封闭了执政者的视野，使他们对西方的现代社会制度和科技知识了解甚少，对中西方战争发生的形势和实质缺乏正确判断，对中西方发展的巨大差距认识不足，对整个世界发展进程缺乏全面把握，在向西方学习上不够积极和坚定，以致贻误时机。用梁启超的话说，他们见识狭隘，“知有兵事而不知有民政，知有外交而不知有内务，知有朝廷而不知有国民，知有洋务而不知有国务”[①]。

第一次鸦片战争的失败，并没有引起大清国民足够的警醒和奋起，直到第二次鸦片战争又一次失败，国人才认识到改革和学习西方的必要。但从本质上来说，洋务运动并非由代表更高生产力阶段的资产阶级来主导，仅仅是地主阶级的自救运动，其认识仍然存在很大的局限性。

二是不知己。一方面，清政府对自己的改革发展程度估计过高，妄自尊大。为防范日本的进攻，清政府建设北洋海军增强军力，但北洋海军前期取得的建设成就，让清政府“小富即安”、沾沾自喜。1891 年 6 月 9 日，检阅北洋海军结束的李鸿章在给朝廷的报告中骄傲之情溢于言表：“综核海军战备，尚能日异月新，目前限于饷力，

① 《梁启超传》，东方出版社 2009 年版，第 71 页。

未能扩充，但就渤海门户而论，已有深固不摇之势。”[①] 另一方面，清政府对自己面临的危机程度、对变革的重要性和迫切程度估计过低，而是试图找到某种便捷方式，“毕其功于一役”地解救中国，以为中国的强大指日可待。以康有为为例，他从儒家经典中抽出部分内容作为自己的理论基础，结合日本的君主立宪制，试图进行经济、政治、行政机构的全面改革。康有为所鼓动的变法，既超出了朝廷内部改革的政治常轨，又不是真正的近代化革命，对西方的政治制度和文化并没有深刻理解，对中西差距缺乏清晰认知。他主张“速变”“全变”，认为“守旧不可，必当变法，缓变不可，必当速变。小变不可，必当全变”。[②] 他最打动光绪帝的一句话是，“日本改革三十年而强，而以我中国国土之大，人民之众，变法三年而宏规成，五年而条理备，八年而成效举，十年而霸图定矣。”[③] 这样脱离实际的变法，短短 103 天就宣告失败，也在情理之中。这样的“速成论”持续影响了一段时间。1906 年 9 月 16 日，清朝宣布立宪，当日的《申报》记述了国人的喜悦：“奔走相庆，破涕为笑”[④]，莫不“额手相庆曰：中国立宪矣，立宪矣，转弱为强，萌芽于此”。[⑤] 将国家的盛衰兴亡看得如此简单，有如儿戏。

三是少共识。在相当长的时间内，清政府内部对是否改革并没

① 范文澜：《中国近代史》（上册），人民出版社 1955 年版，第 239 页。
② 范文澜：《中国近代史》（上册），人民出版社 1955 年版，第 316 页。
③ 《康有为政论集》（上册），中华书局 1981 年版，第 224 页。
④ 《中华民国史档案资料汇编》第 1 辑，江苏人民出版社 1979 年版，第 100 页。
⑤ 《论报馆恭祝立宪》，《申报》1906 年 9 月 16 日。

有形成足够共识，有识之士的提议往往受到多方阻挠。一方面，改革派缺乏对改革全面性、彻底性、紧迫性的清醒认识；另一方面，保守派势力极其强大，并结成了阻碍改革的庞大利益集团。出于维护自身既得利益的目的，保守派把传统、道统置于不得触碰的制高点上，振振有词地讲“国之存亡在德不在强”，意指中国的主要危险不在于西方列强的侵略，不在于国内经济技术的落后，也不在于专制制度的腐朽，而在于“圣道”沦亡和以“洋人为师”……这种论调使得最高决策者在推动改革问题上总体呈现出一种瞻前顾后、拖延扯皮的改革惰性。这种改革惰性，致使发展军器、铁器、电信及其他器械等必要之物的工商实业步履维艰，体制改革更是一再贻误。

1876年，洋务派大臣文祥奏疏：“今日之敌，非得其所长，断难与抗，稍识时务者亦讵勿知？乃至紧要关键，意见顿相背。往往陈义甚高，鄙洋务为不足言。抑或苟安为计，觉和局之深可恃。是以历来练兵、造船、习器、天文、算学诸事，每兴一议而阻之者多，即就一事而为之者非其实。至於无成，则不咎其阻挠之故，而责创议之人。甚至局外纷纷论说，以国家经营自立之计，而指为敷衍洋人。所见之误，竟至於此。”①

以铁路的兴筑为例。1862年，李鸿章上书陈述修建铁路的诸多好处，未被朝廷采纳。1881年，始建唐山至胥各庄的铁路，该

① 《筹办夷务始末》（同治朝），卷98，第19页。

条铁路全长 9.7 公里，是中国自主修建的第一条铁路。1888 年，该条铁路延展至天津，共 130 公里，即津唐铁路。1889 年，李鸿章倡议自天津接造至通州，惹得“朝议骇然”。因为当时的中国人认为铁路修起来之后，火车在上面哐啷哐啷地跑，会“惊动龙脉”，惊得祖宗在地下不得安眠，所以对修建铁路极为排斥。中国地面上出现的第一条铁路——吴淞铁路，是由英国人在上海偷偷修造的，于 1876 年 6 月通车。后来被清政府知道后，几经交涉，买回后竟拆毁了。到 1894 年甲午战争之前，中国自主修建的铁路仅 400 多公里。

再以轮船来说。《南京条约》签订后，外轮获得在中国海上的航行权。《天津条约》签订后，外轮得以在长江流域航行。1872 年，李鸿章建议设轮船招商局，两年后才定议。直到七年之后，朝廷犹有禁令，小轮不得擅入内河。直到各水道外轮畅行，华商的小轮才获得解禁。

而这一阶段，日本和世界的发展却突飞猛进：1868 年，日本开始进行明治维新。1872 年，东京、横滨铁道建成，约 29 公里；1893 年增至 3282 公里，增长了约 113 倍。1870 年至 1875 年，日本三菱轮船公司成立。1886 年，大阪商船会社开始运营……因为君臣国民上下齐心，日本变革和发展的速度要快得多。与此同时，世界的发展也日新月异。1769 年，瓦特改良了蒸汽机，并与 1776 年大规模应用于生产；1807 年，福尔登发明汽船；1832 年，法拉第发明电机；1876 年，奥托发明内燃机……而后欧洲近代机械日新月异，变化更加迅速。

历史给中国提供了诸多机会，却被清政府一再错过。马戛尔尼来访时，我们错过了平等加入世界经贸体系和政治秩序的机会；第一次鸦片战争结束后，我们没有及时认清战争实质，未及时判断形势，未及时发奋图强；第二次鸦片战争再次失败后，我们的觉醒和改革也不够全面深入。《中国近代史》的作者蒋廷黻对此痛心疾首："倘使同治、光绪年间的改革移到道光、咸丰年间，我们的近代化就要比日本早二十年。远东的近代史就要完全变更面目。可惜道光、咸丰年间的人没有领受军事失败的教训，战后与战前完全一样，麻木不仁，妄自尊大。直到咸丰末年，英、法联军攻进了北京，然后有少数人觉悟了，知道非学西洋不可。所以我们说，中华民族丧失了二十年的宝贵光阴。"[①]这二十年，我们丢掉了的战略机遇期。历史长河中，二十年只是弹指一挥间，但关键历史节点的二十年足以改变一个国家、一个民族的命运。所以我们的党和政府不断强调抓住机遇、加快发展、凝聚共识、深化改革，因为这是先辈们用血与泪换来的历史教训，决不能轻易忘记。

（2）体制外变革力量的局限性

以太平天国运动为代表的农民运动具有历史进步性，同时也有历史局限性，农民运动对清政府的反抗并不彻底，对社会进步的推动作用亦是有限。

---

① 蒋廷黻：《中国近代史大纲》，东方出版社 1996 年版，第 16 页。

1851年，中国爆发了著名的太平天国运动。起义者颁布了《天朝田亩制度》，提出了消灭封建地主所有制、创造永远摆脱剥削贫困的“地上天国”，这是带有空想性质的奋斗纲领；他们发布的《资政新篇》提出了带有资产阶级性质的改良措施，但这些措施缺乏实施的阶级基础与客观条件。因缺乏先进阶级的领导，加上清朝军队与英、美、法等国侵略军的联合围剿，太平天国运动最终以失败结束。

尽管太平天国运动长达14年，涵盖了大半个中国，但其本质仍是旧式农民战争。一方面，从本质上说，太平天国运动领导人自身只是小农经济的代表，并不代表更高的生产力和更先进的生产关系，不足以成为社会变革的引领者，难以担当拯救国运的重任。他们所反对的是清政府的异族统治和苛政，其目标是推翻满族统治，自己取而代之。他们只是旧制度的镜面映照，能照见清政府统治的暴虐和专制，但做不到革故鼎新，这是其难以突破的局限性。另一方面，太平天国运动的领导者自身存在保守性、短视性、盲目性，在个人修养、领导才能上存在诸多缺陷。他们一旦拥有了权力，立即像他们反对的人那样铺排着生活起来：定都天京后，太平军立即大封王位，最多时封了大大小小2000多个王，各王之间争权夺利，甚至互相残杀；他们倡导男女平权，但天王的后宫里充满妃妾，王侯将相也妻妾成群；他们倡导均田制，“有田共耕，有饭同食，有衣同穿，有钱同使”，但这样的规定并未真正实行。

这是第二败，败在当时的中国缺少先进的、强有力的社会变革领导力量，难以更广泛、更持久地凝聚民心，难以担当引领国家和民族前进的重任。

3. 近代中国缺乏对民心的凝聚和对民力的重视

自古以来，得民心者得天下，无论什么历史阶段，离开了民心民力的支持，社会变革就不可能真正实现。我们常说，人民群众是历史的创造者，但人民群众创造历史的力量不会自发产生，需要引领、整合和凝聚。民心向背有两大决定因素：一是民族精神的唤起与塑造，二是民生利益的重视与满足。有了这两点，才能让百姓和国家既产生伦理关联，又结成利益的命运共同体。

但在当时，由于自身的局限，晚清社会变革的发起者和推动者对民众的力量缺乏充分的认识和敬畏，更谈不上对国民意识的培育和引导。他们既不能从精神层面上号召和凝聚民众同仇敌忾地抵抗侵略，又不能在民生方面重视百姓利益，最终导致民心涣散。他们所认为的民心可用，是像义和团那样的暂时利用，而不是真正认识到民众的力量，这使得我们近代国民意识的发育尤其缓慢。

从1840年到现在，中国始终处于现代社会的发育过程，这个阶段里民族精神的凝聚和公民意识的塑造至关重要。传统社会的运行和变革往往自上而下，民众的自主意识和参与意识比较弱；而现代社会的发育和运行，则需要精英阶层和社会民众上下一致齐心协力。

国民意识是强烈的国家认同感、真挚的爱国情怀、为国效力的使命担当，它建立在国民自由平等的地位上，建立在国民独立健全人格的塑造上，是一个民族同心同德的心理基础。国民意识一旦形成，特别是当战争来临之际一旦被激发出来，就会产生巨大的精神能量，起到振奋人心、发动民众的重要作用。

甲午战争中，北洋水师堪称爱国主义精神的表率。虽然北洋水师内部也有妥协、投降、逃跑者，但总体而言，这是一个英雄的集体，近 3000 名北洋官兵血洒海疆，此外，也有部分百姓自发与侵略者进行誓死抗争。但相对来讲，这只是局部的表现，并不能改变战争的结局。

由于缺乏现代国民意识，人们只知有家，不知有国，只有宗族意识，没有国家意识。不少民众并未意识到甲午战争是两个国家的殊死相搏，对战争漠然视之。

不只是甲午战争时民心涣散，五年后八国联军攻打北京的时候，有百姓甚至帮八国联军推小车，供应后勤，以赚取小费，更甚者帮助入侵者指路。最初，八国联军从正面攻城，因北京城城高池厚，联军久攻不克，有附近居民主动提供情报：广渠门下水道未曾设防。于是，八国联军从广渠门下水道鱼贯而入，老百姓揣着手站在岸边看大戏。所谓“八国联军”，不过 18811 人，而当时北京一带有清军十五六万人，义和团五六十万人。从天津登陆到攻陷北京，联军只用了十天时间，速度之快，连他们自己都不相信，德国原本准备了 7000 人的军队，结果还没来得及参战，战争就结束了。一个曾经赫赫一时的泱泱大国竟然衰弱至此。

▲ 八国联军入侵紫禁城

究其根本，国民精神的松散颓废与专制统治相关。中国的国民性格并非自古如此。春秋时期，国人阳刚勇武，富有进取心和吸引力，洋溢着尚武精神，多见慷慨悲歌、侠肝义胆之士；西汉时，“犯强汉者虽远必诛”的一声呐喊，至今让国人听起来血脉偾张；唐宋时期，国民性格明朗开化，大气包容。但到明朝后期，皇权大行其道，专制统治逐渐增强。尤其是经过蒙、满两个政权的专制统治，中国人的血性几乎被摧残殆尽，性格上趋于偏狭冷漠。国家是人民的集合体，“分子”松散羸弱，国家岂能独强？

（二）甲午战争加速了近代中国的社会转型

近代化浪潮由西欧发端，伴随着殖民的脚步，自西向东席卷全球。一个国家向近代化的转型，要么主动演进，要么被裹胁，要么被征服。19世纪中末期，非洲、美洲、亚洲的很多国家和地区被迫卷入近代化的洪流，但各国应对的态度和措施存在很大差异。面对欧洲资本主义势力向东扩张，近代中国采取的态度先是保守抗拒，后来是被裹胁前行，最后彻底转向，这个过程是与近代中国遭遇的两次战争相伴随的。中国向近代化的社会转型是被动的，但是客观上加速了传统封建中国的解体，将中国推到了向资本主义社会发展的新阶段，并最终催生了中国的社会主义制度。

1. 近代中国社会转型的开端——鸦片战争

19世纪末，英国马戛尔尼使团来访，谋求与中国建立平等外交关系，发展经贸往来，但被清政府拒绝。这样，中国失去了第一次和平加入近代世界新秩序的机会。西方世界已经进入资本主义的迅猛发展阶段，资本扩张、全球贸易带来了世界秩序的大变，但大清朝还在传统封建社会里缓慢演进。

中国向近代化和工业革命转型的道路很难内生。究其原因，主要有：清朝中期的繁盛带来人口的大爆炸，劳动力的充足富余使致力于提高效率的技术革新很难被主动采用；自给自足的自然经济使人们很容易滋生小成即满、小富即安的心态，缺乏开拓进取、革故鼎新的内在动力。明末清初的资本主义萌芽虽已出现，但发展极为缓慢。

中国社会向现代化的转型从鸦片战争开始。18 世纪初，中国实行了闭关锁国的政策，与英国之间的贸易只在广东小范围开展。自给自足的自然经济特性使中国对英国的产品需求量极为有限，而中国的茶叶、瓷器等特产却大量出口，以致在对华贸易中，英国长期处于贸易逆差状态。为改变这种状况，英国寻求各种途径与清政府沟通，均未能奏效，于是借助鸦片贸易改变贸易逆差，最终引起了战争。

中英之间的矛盾原本是贸易冲突，但这种冲突在当时得不到妥善的解决，这是因为：一方面，清政府对世界政治、经济秩序的认识浅薄，没有制度的意识去解决；另一方面，民间对外贸易发展程度有限，政府管控严厉，也缺乏有效的手段和权利去解决，最终演变为诉诸武力。

鸦片战争结束后，清政府被迫打开国门，与西方开展对外贸易，逐渐开始“睁眼看世界”；同时为寻求救亡图存之路，进行了致力于军事“求强”与经济“求富”的洋务运动。这个过程虽属被动，但却是中国向近代化转型的开端。

2. 近代中国社会转型的加速——甲午战争

甲午战争的爆发对近代中国社会转型既是一次打击，也是一次促进。打击是指战前几十年以洋务运动为代表的改革求新进程的中断，促进是指战后举国上下痛定思痛，开始了一系列政治、经济、文化方面的维新、革命等探索，客观上加快了中国的近代化转型进程。

鸦片战争之后、甲午战争之前，中国有 30 多年相对平稳发展的时间。1882 年，中国帮助美、英、法、德诸国与朝鲜达成通商协议，用大国均势维持了东北亚稳定，使整个亚洲显得更加开放、更具活力。世界资本在这个时候大幅度东移，亚太地区成为 19 世纪晚期世界经济最有希望、最有吸引力的中心。就其总体而言，西方诸大国在这一时期与中国构建了一种暂时稳定的战略互信关系，各国商品资本有序进入中国，中国与西方大国之间开展了互惠互利的贸易和交流，以及非常重要的技术转让，这为之后的洋务运动取得的成就提供了基础条件。即便如此，西方对中国的开放力度、限度仍有诸多不满，从而间接影响了甲午战争中西方列强对中日的态度：一方面，列强不希望中日两国因朝鲜而开战，影响其在远东地区的自由贸易；另一方面，列强又希望打破中国对朝鲜的掌控，所以他们选择了纵容、默许的立场，甚至暗中支持日本发难，挑战中国在朝鲜的宗主权。

后来的事实证明，西方列强对日本的默许、支持获得了回报，日本的获胜使他们在战后跟着获得了许多新的利益。比如，依据《马关条约》，打开了外国资本自由进出中国的通道，日本臣民可以按此约定到中国各通商口岸自由办厂，并享受优惠。而西方各国根据最惠国待遇原则，都同样享受这个权利，纷纷来中国抢占市场的洼地，通过向中国大幅度输出资本获得了巨大的经济利益。由此或许可以理解，为什么甲午战争后中国经济没有因为支付日本巨额侵略索赔而破产，反而在战后短时间内获得较大发展，民族工商业随之兴起。遍布全国的矿山资源陆续被外国资本开采，现代中国铁路路网的主干工程，也因外国资本的进入而奠定成型。

如果我们认真分析《马关条约》，就会发现其中中国在战后被迫实行的经济开放措施，比如允许外国资本自由进出中国、自由贸易、自由投资等，原本都可以在战前有序释放，逐步引入。如果中国能够在战前认识到世界近代化潮流的不可逆转，能够理解贸易和开放都可以是双向的，能够在战前将开放的步子迈得再大些，更多地吸收外国的资本和技术，以更积极的姿态融入世界经济体系，更积极主动地推进近代化的转型进程，或许历史会重新改写。可惜愚昧而保守的清政府错过了这样的历史机遇。

历史不能假设，但可以借鉴。社会转型涉及的因素众多，包括政治体制、经济基础、文化传统、民族特性、国民心理等诸多方面。甲午硝烟已经散去一百多年，以中国人口之多、经济体量之大、政治文化传统之深厚固执、外部环境之复杂，迄今为止我们向工业化的社会转型仍未最后完成，或许还需要一个较长的历史阶段。新时代，我们所能做的，是从历史中积累经验、吸取教训，以更好地把握现在，赢得未来。

在本节末尾，有必要附录一封信，这封信是战时日本联合舰队司令长官伊东佑亨写给北洋水师提督丁汝昌的劝降信。黄海海战之后，中国败局已定，丁汝昌率领北洋舰队仅有的几只军舰在威海军港休整。1894 年 12 月 25 日，日军在山东荣成登陆，包围了威海军港。1895 年 1 月 30 日，也就是除夕夜，伊东佑亨派人给丁汝昌递送了一封劝降书。丁汝昌不为所动，决心死战到底。2 月 12 日，日本海军司令再次劝降，丁汝昌毅然回绝，当晚，丁汝昌服鸦片自杀殉国，时年 59 岁。自杀殉国前，丁汝昌将北洋海军提督印截角作废，并将劝降书上交李鸿章，请求公布于众，让每个中国人都读一读这封劝降书。

劝降书里并没有诱劝丁汝昌放弃抵抗马上投降，而是从中华帝国的历史说起，比照日本曾经经历过的辛酸历史，冷静客观地分析中华帝国为什么衰败。即使在 21 世纪的现在仍振聋发聩，值得我们每一个中国人深思。

大日本国海军总司令官中将伊东佑亨致书与大清国北洋水师提督丁军门汝昌麾下：

时局之变，仆与阁下从事于疆场，抑何不幸之甚耶？然今日之事，国事也，非私仇也，则仆与阁下友谊之温，今犹如昨。仆之此书，岂徒为劝降清国提督而作者哉？大凡天下事，当局者迷，旁观者审。今有人焉，于其进退之间，虽有国计身家两全之策，而为目前公私诸务所蔽，惑于所见，则其友人安得不忠言直告，以发其三思乎？仆之渎告阁下者，亦惟出于友谊，一片至诚，冀阁下垂谅焉。

清国海陆二军，连战连北之因，苟使虚心平气以查之，不难立睹其致败之由，以阁下之英明，固已知之审矣。至清国而有今日之败者，固非君相一己之罪，盖其墨守常经，不谙通变之所由致也。夫取士必以考试，考试必由文艺，于是乎执政之大臣、当道之达宪，必由文艺以相升擢。文艺乃为显荣之梯阶耳，岂足济夫实效？当今之时，犹如古昔，虽亦非不美，然使清国果能独立孤往，无复能行于今日乎？

前三十载，我日本之国事，遭若何之辛酸，厥能免于垂危者，度阁下之所深悉也。当此之时，我国实以急去旧治，因时制宜，更张新政，以为国可存立之一大要图。今贵国亦不可不以去旧谋新为当务之急，亟从更张，苟其遵之，则国可相安；不然，岂能免于败亡之数乎？

与我日本相战，其必至于败之局，殆不待龟卜而已定之久矣。既际此国运穷迫之时，臣子之为家邦家致诚者，岂可徒向滔滔颓波委以一身，而即足云报国也耶？以上下数千年，纵横几万里，史册疆域，炳然庞然，宇内最旧之国，使其中兴隆治，皇图永安，抑亦何难？

夫大厦之将倾，固非一木所能支。苟见势不可为，时不云利，即以全军船舰权降与敌，而以国家兴废之端观之，诚以些些小节，何足挂怀？仆于是乎指誓天日，敢请阁下暂游日本。切愿阁下蓄余力，以待他日贵国中兴之候，宣劳政绩，以报国恩。阁下幸垂听纳焉。

贵国史册所载，雪会稽之耻以成大志之例甚多，固不待言。法前总统末古末哑恒曾降敌国，以待时机；厥后归助本国政府，更革前政，而法国未尝加以丑辱，且仍推为总统。土耳其之哑司末恒拔香，夫利加那一败，城陷而身为囚虏。一朝归国，即跻大司马之高位，以成改革军制之伟勋，迄未闻有挠其大谋者也。阁下苟来日本，仆能保我天皇陛下大度优容。盖我陛下于其臣民之谋逆者，岂仅赦免其罪而已哉？如榎本海军中将、大鸟枢密顾问等，量其才艺，授职封官，类例殊众。今者，非其本国之臣民，而显有威名赫赫之人，其优待之隆，自必更胜数倍耳。第今日阁下之所宜决者，厥有二端：任夫贵国依然不悟，墨守常经，以跻于至否之极，而同归于尽乎？抑或蓄留余力，以为他日之计乎？

从来贵国军人与敌军往返书翰，大都以壮语豪言，互相酬答，或炫其强，或蔽其弱，以为能事。仆之斯书，洵发于友谊之至诚，决非草草，请阁下垂察焉。倘幸容纳鄙衷，则待复书贲临。于实行方法，再为详陈。

谨布上文。[①]

（三）要警惕历史虚无主义对甲午战争的谬解

甲午战争的失败彻底激发了中国人民救亡图存的热情，开启了中国人民反抗帝国主义、封建主义的新篇章，成为中国走向现代化的催化剂。客观地讲，自由竞争时代的资本主义对抗腐朽落后的封建主义，有着极大的历史进步性，马克思在《共产党宣言》中专门论述过资产阶级在历史上的革命作用，包括带来了生产力的巨大发展，结束了封建专制制度，促进了城市的形成，推动了经济全球化等。

但有些人，特别是日本部分学者因此说甲午战争是“义战”，是日本的文明之师对落后大清国的帮助与拯救。这完全是偷换概念、混淆视听的谬论！进入帝国主义阶段之后的资本主义，尤其是在全世界开辟殖民地、半殖民地的资本主义，通过掠夺被殖民地而积累财富，给当地人民造成深重的苦难，其进步性逐渐丧失，而反动腐朽性更加显现。国内部分学者也随波逐流，不辨是非地抹杀甲午战争的侵略本质，走向了历史虚无主义。这些学者认为，半殖民地虽然使中国主权受损，但毕竟带来了比封建主义进步的资本主义因素。这种认识显然是机械而片面的。鸦片战争后，中国的社会性质由原来的封建社会变为半殖民地半封建社会。甲午战争之后，中国彻底

① 戚其章：《甲午战争史》，人民出版社1990年版，第374—375页。

堕入了半殖民地半封建社会的深渊。中国向近代化的转型是历史的必然，但以什么样的方式实现这样的转型，却并非必然。是被侵略的苦难让中国人猛醒，是半殖民地的深渊使中华民族置之死地而后生，却不能因此歌颂感谢侵略者和殖民掠夺。

马克思说："当我们把目光从资产阶级文明的故乡转向殖民地的时候，资产阶级文明的极端伪善和它的野蛮本性就赤裸裸地呈现在我们面前，它在故乡还装出一副体面的样子，而在殖民地它就丝毫不加掩饰了。"[①] 1840 年后，坚船利炮从外部强加给中国封建社会中的资本主义因素，正是在殖民主义蹂躏下的、依附于殖民主义的资本主义因素，相对于独立完整的封建主义而言，这种资本主义的历史进步性是有限的。它使殖民地半殖民地国家的人民经历着一切可怕的波折，而无法享用资本主义制度的一切肯定成果，它扼杀了我国明末清初自然萌生的具有进步意义的资本主义萌芽，使中国自然演进的近代化之路被打断，使中国人民付出了沉痛的代价。它使中国人民失掉了旧世界，而没有获得一个新世界。

二、民族复兴是近代中国最重要的历史主题

（一）民族复兴是中国人民的共同理想

从鸦片战争开始，中国逐步沦为半殖民地半封建社会，国家蒙

① 《马克思恩格斯文集》第 2 卷，人民出版社 2009 年版，第 690 页。

辱、人民蒙难、文明蒙尘，中华民族遭受了前所未有的劫难。从那时起，谋求民族独立、人民解放就成为最迫切的时代主题，救亡图存就是中国志士仁人的奋斗目标，实现中华民族伟大复兴就成为中国人民和中华民族最伟大的梦想。甲午战争的失败，使中国彻底堕入半殖民地半封建社会的深渊，有识之士前赴后继，从各个层面、各个角度进行了一系列救国的探索。

总结两次鸦片战争失败的原因，国人认为是败给了英、法等国的坚船利炮，于是救亡图存首先找到的突破口是学习西方的技术造枪、造炮、造船，建立起中国早期的军事工业，并逐渐向民用工业拓展，即以“自强”“求富”为口号的洋务运动。甲午战争的失败，事实上宣告了“中学为体西学为用”观念之下洋务运动的破产，说明仅从军事和经济领域进行改革是救不了中国的。

总结甲午战争失败的原因，对比日本的明治维新和中国的洋务运动，国人又认为是败给了日本的政治制度，由此产生了制度改良或制度革命的主张，是谓改良派和革命派。改良派主张向日本学习，进行君主立宪制改革，于是有了维新派人士康有为、梁启超等通过光绪帝进行的资产阶级改良运动——戊戌变法。戊戌变法从 1898 年 6 月 11 日开始实施，其主要内容有：改革政府机构，任用维新人士；鼓励私人兴办工矿企业；开办新式学堂吸引人才，翻译西方书籍，传播新思想；创办报刊，开放言论；训练新式陆军海军。同时规定，科举考试废除八股文，取消多余的衙门和无用的官职。变法因损害到以慈禧太后为首的守旧派的利益而遭到强烈抵制与反对。1898 年

9月21日，慈禧太后等发动戊戌政变，光绪帝被囚，康有为、梁启超分别逃往法国、日本，谭嗣同等“戊戌六君子”被杀，历时103天的变法宣告失败。戊戌变法是中国近代史上一次重要的政治改革，也是一次思想启蒙运动，它促进了思想解放，激起了一轮向西方寻求救国真理的热潮，对促进中国的社会进步和思想文化的发展起了重要的推动作用，成为五四新文化运动的前奏。但当时的维新派力量弱小，没有及时发动民众，很多措施提得虽好，却缺乏可操作性；另外，他们试图在不触动封建主义经济基础和不推翻封建统治的前提下，通过改良主义道路来达到进行社会改革的目的，取得日本明治维新那样的效果，使中国走上资本主义道路，这显然是一厢情愿、行不通的。

戊戌变法的失败，让更多的人看到了清政府的腐败，他们决心推翻清王朝，建立民主共和国。1894年11月24日，孙中山在檀香山创立兴中会。1905年，成立中国同盟会。1911年10月10日，武昌起义爆发。起义军掌控武汉三镇后，湖北军政府成立，黎元洪被推举为都督，改国号为中华民国，孙中山被推举为中华民国临时大总统。1912年2月12日，清朝最后一位皇帝溥仪发布退位诏书。辛亥革命在政治上、思想上给中国人民带来了不可低估的解放作用，结束了几千年的封建专制统治，建立了中华民国。但由于长期处在半殖民地半封建社会，中国的资本主义没有得到自然、充分的发展，因而中国的资产阶级具有很大的软弱性和妥协性。由于帝国主义列强的压迫，也由于孙中山在领导革命的过程没有掌握独立的武装力量，辛亥革命的胜利果实很快被封建军阀窃取。中华民国并没有成为真正的资产阶级共和国，国内仍然是军阀割据，国外仍然是列强环伺，中国半殖民地半封建社会的状况没有得到根本解决。孙中山去世之后，国民党背弃了三民主义的革命主张，把中华民国变成了一个代表地主和买办资产阶级利益的政权，不但没能改变中国半殖民地半封建社会的性质，而且在帝国主义、封建主义两座大山的基础上，又给中国加上了一座官僚资本主义的大山。

总之，20 世纪初的中国，救亡图存、民族复兴成为各领域、各阶层人们的共同理想，他们从各个角度进行救国的努力，君主立宪制、资产阶级共和制、多党制、议会制等逐一尝试，改良主义、自由主义、无政府主义、工团主义、民粹主义、实用主义、社会达尔文主义等纷纷登场，军事的、经济的、政治的各个领域一一试验，农民的、地主的、资产阶级的，起义的、改良的、革命的行动也多方努力，但都没能真正实现救亡图存、民族复兴。

（二）民族复兴是中国共产党的初心和使命

对于深陷半殖民地半封建社会的中国，什么样的主义、道路、理论能够实现中华民族的伟大复兴？谁能够成为民族独立和人民解放的领导者？中国共产党在历史的洪流中脱颖而出，成为中华民族伟大复兴事业的带头人。

马克思主义学说在 19 世纪 40 年代创立以后，最初的影响主要限于欧洲。19 世纪末 20 世纪初，马克思主义与众多西方社会革命理论同时传入中国。中文报刊上第一次出现马克思、恩格斯的名字是在1899年2月，上海广学会出版的122号《万国公报》上刊载了由李提摩太译、中国教士蔡尔康撰的《大同学》一文，文中介绍说："德国讲求养民学者，有名人焉。一曰马克思。一曰恩格思（即恩格斯）。"[①] 之后，马克思、恩格斯及其思想观点逐渐见诸各种译作之中，但这时候的中国人还没有真正了解马克思主义。

1917年，俄国十月革命的胜利促进马克思主义在中国的传播。十月革命的胜利，推动中国的先进分子把目光从西方转向东方，从资产阶级民主主义转向社会主义。十月革命中，俄国广泛发动工农劳动群众并由此赢得胜利的事实，给中国先进分子以新的革命方法的启示。人们注意到，马克思主义所具有的真理性、客观性，所描述的社会革命的条件与方式的相关理论与中国当时的社会现实有着高度契合性，从而，越来越多的人去研究、传播马克思主义。中国掀起了一个马克思主义的传播高潮。

李大钊是中国宣传马克思主义的第一人，在中国大地上率先举起马克思主义旗帜。1918年7月，李大钊发表《法俄革命之比较观》一文，认定资本主义文明"当入盛极而衰之运"[②]。1918年下半年，李大钊先后发表了《庶民的胜利》《布尔什维主义的胜利》《新纪元》等文章，用马克思主义观点分析讴歌俄国十月革命。1919年5月，李大钊为《新青年》主编《马克思主义研究专号》，发表自己撰写的

① 李提摩太译，蔡尔康笔述：《大同学》，上海广学会1899年版，第40页。
② 《李大钊全集》第2卷，人民出版社2013年版，第330页。

《我的马克思主义观》一文，明确地把马克思主义称为“世界改造原动的学说”[①]，并对马克思主义的唯物史观、剩余价值学说和阶级斗争理论做了比较系统的介绍。

1919年，五四运动为马克思主义在中国的进一步传播打开了大门，促进了马克思主义在中国的传播及其与中国工人运动的结合。五四运动后，马克思主义思潮在中国蓬勃兴起，在李大钊等人的影响和形势的推动下，一批进步的爱国青年，尤其是那些具有初步共产主义思想的知识分子经过各自的摸索，逐步划清了资产阶级民主主义和无产阶级社会主义、科学社会主义和其他社会主义流派的界限，走上了马克思主义的道路。

1920年，《共产党宣言》在中国翻译出版。1921年7月，各地研究马克思主义的小组派出代表在上海集会，讨论建立自己的政党，这就是中国共产党第一次代表大会，从此，中华民族的复兴事业就有了坚实的阶级基础和坚强的领导核心。

这是历史的事实，也是历史的选择。中国的先进分子从马克思主义的科学真理中看到了解决中国问题的出路，在马克思主义同中国工人运动结合的过程中，诞生了中国共产党。我们常说中国共产党是“应运而生”，这个“运”不是幸运的“运”，而是近代中国需要强大、中华民族需要独立、中国人民需要解放的命运，是近代中国积贫积弱、内外交困，左冲右突找不到出路，迫切需要新的革命

① 《李大钊全集》第3卷，人民出版社2006年版，第16页。

理论、新的革命道路、新的革命领导者的命运。自中国共产党诞生的那一天起，便将这个使命始终扛在肩上，从未忘怀。

中国梦说到底是中国人民的梦，它把国家的追求、民族的向往、人民的期盼融为一体，体现了中华民族和中国人民的整体利益，表达了每一个中华儿女的共同愿景。多少仁人志士为这个梦想赴汤蹈火，多少忠烈之士为这个梦想献出了宝贵的生命。在一个世纪的艰苦奋斗中，党领导人民在一穷二白的基础上艰难探索独立、富强之路，在探索中建立了全新的社会主义制度，在前进中逐渐积累起执政智慧和执政经验，在西方国家的重重围堵中独立自主、改革开放，建立并不断完善中国特色社会主义制度，取得政治、经济、文化、社会、生活各项事业的全面进步。

（三）民族复兴伟大事业进入新的历史阶段

习近平总书记在庆祝中国共产党成立 100 周年大会上的讲话中指出："中国共产党一经诞生，就把为中国人民谋幸福、为中华民族谋复兴确立为自己的初心使命。一百年来，中国共产党团结带领中国人民进行的一切奋斗、一切牺牲、一切创造，归结起来就是一个主题：实现中华民族伟大复兴。"①

民族复兴是一个宏大的历史使命，需要在很长的历史过程中去实现，而在每一个具体的历史阶段里，它表现为具体的历史任务。

① 习近平：《在庆祝中国共产党成立 100 周年大会上的讲话》，人民出版社 2021 年版，第 3 页。

在讲话中，习近平把中国共产党成立以来对“民族复兴”这一历史使命的担当表述为四个伟大胜利，分别体现了不同历史时期党对这一历史使命的认识和实践：

在新民主主义革命时期，我们推翻了三座大山，实现了民族独立、人民解放，建立了中华人民共和国，为实现民族复兴创造了根本社会条件；在社会主义建设和探索时期，我们创造了社会主义革命和建设的伟大成就，实现了中华民族有史以来最为广泛而深刻的社会变革，为实现民族复兴奠定了根本政治前提和制度基础；在改革开放新时期，我们创造了改革开放和社会主义现代化建设的伟大成就，为实现民族复兴提供了充满新的活力的体制保证和快速发展的物质条件；在新时代中国特色社会主义建设时期，我们创造了新时代中国特色社会主义的伟大成就，为实现民族复兴提供了更为完善的制度保证、更为坚实的物质基础、更为主动的精神力量。近代以来久经磨难的中华民族迎来了从站起来、富起来到强起来的伟大飞跃，实现中华民族伟大复兴进入了不可逆转的历史进程！

行百里者半九十。对于中华民族来讲，这是千载难逢的历史机遇，也是新的赶考之路，绝不是轻轻松松、敲锣打鼓就能实现的，必须准备付出更为艰巨、更为艰苦的努力。

（四）推进民族复兴大业要有忧患意识

新民主主义革命胜利的前夜，毛泽东曾告诫全党：“我们决不当李自成”，要牢记“两个务必”，牢记“生于忧患，死于安乐”，这个自觉意识得到了全党的高度认可。中国共产党是一个生于忧患、成长于忧患的政党，保持忧患意识，对新一代共产党人来说，既是一种责任，也是一种传承和警醒。忧患意识表现在很多方面，既包括对执政党执政能力的忧患，对党先进性、纯洁性的忧患，也包括对国家、社会发展的忧患，对国际局势、国际竞争压力的忧患等。

新时代，中华民族伟大复兴进入最后的攻坚阶段，但我们的国家和社会发展还有诸多问题和不足，国际国内都面临着很多压力与挑战：中国是世界最大的发展中国家，2020 年人均 GDP 居世界第 64 位，HDI 指数（人类发展指数）居世界第 85 位；小康社会虽已全面建成，但水平有待提高，经济和社会发展存在不充分、不均衡的问题，我们消除的只是绝对贫困，远未达到共同富裕；核心技术领域与发达国家存在诸多差距，受到诸多限制，比如芯片技术；向工业化的社会转型尚未完成，社会主义核心价值观尚未完全确立；国内深层次矛盾仍然存在，硬骨头还要继续啃下去；改革有待全面深化；随着中国崛起的步子加快，对原来的国际关系和世界秩序形成较大冲击，面对的外部阻力和挑战将会更加激烈；与经济、军事等硬实力的提升相比，软实力的差距更明显，国民素质有待提升，民族形象有待重塑，国际认同有待加强……

今天，站在新时代的历史节点，我们要胸怀两个大局，一是世界百年未有之大变局，二是中华民族伟大复兴战略全局。既要认识到我们仍处于发展的重要战略机遇期，也要认识到国际国内各种不利因素的长期性和复杂性；既要对已经取得的建设成就和中国特色社会主义发展道路抱有充分的自尊自信，又要戒骄戒躁，保持战略定力，做好自己的事情。

三、汲取历史智慧　致力民族复兴

以史为鉴，可以知兴替。以史为鉴，就是要洞察历史规律，汲取历史智慧，把握历史大势，不断解决新的历史课题，推动历史前进。

（一）从甲午战争看执政党建设

从近代中国的历史来看，国家的富强、民族的复兴必须要有一个坚强的领导核心，这个核心必须具有以下特质：

1. 要保持先进性，引领社会发展

回顾中国近代史，新民主主义革命以前的一切革命和战争之所以失败，其根本原因有两个：一是没有先进的思想武器，二是没有先进的领导力量。中国共产党诞生以来，中国革命和建设之所以能够实现从失败到胜利的伟大转折，之所以能推动中国从站起来到富起来再到强起来的伟大飞跃，根本经验是有了马克思列宁主义这个先进的思想武器和中国共产党这个先进的领导力量。中国共产党能够从小到大、由弱到强，团结带领全国各族人民取得革命、建设和改革的伟大成就，归根结底是因为党始终保持先进性。

永葆党的先进性，一是要保持与时俱进的理论品格，不断推进马克思主义中国化时代化大众化，以科学的思想理论引领社会发展。马克思主义是马克思、恩格斯在研究人类社会发展规律的基础上，根据西欧的历史发展、社会状况，他们所处时代西欧资本主义社会的阶级矛盾、阶级斗争的发展而建立起来的革命理论。马克思主义科学地总结了人类历史的发展规律，是人类迄今为止最先进的理论武器。但中国的历史沿革、民族特点、生产方式、发展阶段与西欧有着很大的不同，不能把西方的革命理论照搬照套到中国的具体革命实践中来，因此，需要完成马克思主义中国化时代化大众化，也就是把马克思主义对于人类社会发展的一般规律与中国的具体国情结合起来。迄今为止，我们党把马克思主义普遍原理与中国实际相结合，形成了马克思主义中国化的两大理论成果——毛泽东思想和中国特色社会主义理论体系。毛泽东思想是在中国革命和建设过程中形成的，回答和解决的是中国革命道路和社会主义制度建立的问题；中国特色社会主义理论体系是在中国改革开放的过程中形成的，回答和解决的是中国建设和发展的问题。习近平新时代中国特色社会主义思想是马克思主义中国化的最新理论成果，也是当前中国国家社会发展的理论和行动指南，必须学懂、弄通、做实。

永葆党的先进性，二是要保持开拓创新的实践品格，将理论付诸实践，既实事求是，又推陈出新。社会的发展总是从低级到高级，由简单到复杂，社会越是向前发展，就越需要思想的引导。当前中国特色社会主义事业进入了新阶段，新情况、新问题层出不穷，这些情况和问题都没有现成的答案，没有前例和经验可循，需要我们不断探索、不断总结，引领中国特色社会主义事业健康蓬勃发展。

2. 要保持纯洁性，增强凝聚力和号召力

保持党在思想上的纯洁性，是保证党的正确政治方向和团结统一的思想基础。一个政党的衰落，往往是从理想信念的丧失或缺失开始的。一个政党是否坚强有力，首先要看全党在理想信念上是否坚定不移。中国共产党自成立之日起，就十分重视自身建设，尤其重视思想建党，强调党员必须有共同的理想和严格的纪律。正是通过不间断的思想教育与党性教育，共产党变成了一个大熔炉，经过这个熔炉的锻造，共产党员变成有理想、有信仰、有觉悟、有党性的先进分子，成为社会进步的引领力量。

保持党在组织上的纯洁性，是保持全党步调一致，增强党的创造力、凝聚力、战斗力的组织保证。我们党是一个现在拥有 9500 多万名党员、480 多万个党组织的党，处在长期执政和改革开放的环境下，保持党员队伍和党的干部队伍的纯洁性，比以往任何时候都更为重要，也更为困难。从历史来看，一切封建王朝，一切剥削阶级、统治集团，之所以跳不出历史周期律，根本原因一是落后，二是腐败。而在各种腐败现象中，最危险的是政治腐败和吏治腐败。政治腐败的破坏性在于从根本上销蚀一个政权的建设性功能和积极因素，从而使其失去民众的支持，最终把自己推向人民的反面；吏治腐败的破坏性在于从根本上销蚀优胜劣汰的干部人才遴选机制，形成劣胜优汰的逆调节。一个政党、一个政权在政治上失去了建设性，就既不能调动和积聚积极因素，又培养不出适应统治需要的治国之才，垮台是不可避免的。

保持党在思想上的纯洁性，就要始终坚持全面从严治党，通过党的自我革命推进伟大的社会革命，要自重、自省、自警、自励，敢于正视自身存在的不足和问题，敢于向自己开刀，力求本质不变色，而生命力常新。

3. 要保持人民性，凝聚民众力量

中国共产党是马克思主义政党，马克思主义是科学真理与价值关怀的统一。马克思主义是科学真理，它科学地总结人类发展的客观规律，经得起实践的检验。马克思主义心怀天下，对全人类的苦难、命运怀有最深切的同情和关怀，以争取全人类的解放、自由为最终目标，带有强烈的利他精神和奉献精神。中国共产党是马克思主义政党，秉持着马克思主义的价值观和信仰，也体现着马克思主义和道路感召、凝聚人心的力量。

保持人民性，就要始终坚持人民立场，坚持全心全意为人民服务、人民至上的宗旨。何谓全心全意？在中国共产党成立 100 周年大会上的讲话中，习近平指出："中国共产党根基在人民、血脉在人民、力量在人民。中国共产党始终代表最广大人民根本利益，与人民休戚与共、生死相依，没有任何自己特殊的利益，从来不代表任何利益集团、任何权势团体、任何特权阶层的利益。"① 一百年来，

① 习近平：《在庆祝中国共产党成立 100 周年大会上的讲话》，人民出版社 2021 年版，第 11—12 页。

历代中国共产党人勇于担当、无私奉献、敢于牺牲，不仅为民族独立解放、国家繁荣富强做出了伟大贡献，而且号召、凝聚中国人民一起奋斗，引领重塑了中华民族精神，锻造了国民品格。历史的经验告诉我们，一个政党若不能激发民族精神、凝聚民心，就不可能在历史的大浪淘沙中脱颖而出。

毛泽东说过："战争的伟力之最深厚的根源，存在于民众之中。"[①] 人民群众是历史的创造者，决定着历史前进的方向。甲午战争与抗日战争前后相隔不过短短几十年，结局却截然不同，一个重要的原因是甲午战争中中国人心涣散，而抗日战争中中国人同仇敌忾。甲午战争中，打仗的只是北洋水师，老百姓袖手旁观，一盘散沙；抗日战争中，面对日军的"三光"政策，老百姓坚壁清野，万众一心，跟着共产党大打游击战，开拓根据地。面对同一个敌人，为什么老百姓的状态相差这么大？因为抗日战争时，中国有了一支崭新的领导力量——中国共产党。中国共产党号召全国建立抗日民族统一战线，凝聚起全国的民心民力。

抗日战争时期，是中华民族的民族精神空前高涨的时期，也是中国共产党赢得民心、为进而赢得胜利奠定基础的时期。抗日战争时，国民党在正面战场抗击了大量日军，这是他们不可否认的历史功绩；但当时首先放下党派之争，倡导停止内战一致对外，倡导建立爱国统一战线，把整个中华民族的各种爱国力量聚集起来的是中

① 《毛泽东选集》第 2 卷，人民出版社 1991 年版，第 511 页。

国共产党。为了民族大义，中国共产党勇往直前、舍生忘死，这种精神感染和号召着广大民众，使延安成为中国有识之士向往、投奔的地方。

国共两党的人心向背，此时已清晰可辨。到解放战争时期，表现得更为明显：国民党的军队往往要强征粮，拉壮丁；共产党的后方却是大拥军、大参军，人潮汹涌车轮滚滚，推出了一场又一场战役的胜利。都是本土的军队，为什么老百姓的选择截然相反？因为指挥这两支军队的政党不同。共产党是人民的党，为了民族的独立、解放，为了人民的自由、幸福，中国共产党始终和人民站在一起，这是我们取得胜利的根本原因。

—

今天的中国，虽然没有战火硝烟，但国家建设和民族复兴的大业同样需要尊重人民创造历史的力量，充分发动人民、引领人民、凝聚人民，充分发挥人民群众的创造力，充分发挥人民的伟大创造精神、伟大奋斗精神、伟大团结精神、伟大梦想精神，共同实现民族复兴的中国梦。

保持人民性，就要把人民利益放在心上，把人民的重托扛在肩上，把为人民服务的宗旨落实在行动上。这同样是历史给我们的告诫，要以人民为中心坚持发展，保障民生福祉，要善于倾听人民的呼声，解决民生疾苦。

不同历史时期，民生利益的范围也不相同。衣食住行是民生，独立、自由、解放是民生，安全、健康、教育、医疗是民生，自由、平等、公正、法治也是民生。民生利益没有小事，它与群众的生活和利益切实相关，对民生的重视和改善程度，反映一个政党的执政理念和执政能力，直接关系到民心向背。主义、制度、道路是否正确和优越，归根结底要在民生上得到体现。抗日战争年代，党打起的是民族大义，和人民群众一起取得抗击侵略的伟大胜利，建立起生死相依、血肉相连的紧密感情，这是民生；解放战争年代和中华人民共和国成立之初，党带领人民群众一起建设新中国，探索改革开放之路，从积贫积弱走向丰衣足食，这也是民生。如果说中国共产党的执政地位是历史的选择、人民的选择，那么历史和人民是否继续选择我们，要看我们执政的成效如何，人民是否满意。

承平日久，今天，有的人已经淡忘了百年前的耻辱，淡忘了那段民族抗争的历史，甚至以怀疑一切的态度拿历史开涮，否定英雄、消解正义，这应该引起我们的警惕。忘记历史就意味着背叛，甲午战争的硝烟未远，民心涣散的耻辱仍在，我们怎敢伤疤未好先忘了痛？清代龚自珍有句警世名言："灭人之国，必先去其史"。"去其史"，就去掉了这个民族的来龙去脉，去掉了他们的精神和灵魂，去掉了其得以团结凝聚的心理基础。

（二）从甲午战争看道路选择

1. 坚持道路选择，将改革开放进行到底

洋务运动之所以没有取得根本性的成就，原因之一在于其改革

措施是军事和经济方面的单兵突进，没有与政治体制改革、文化教育体制改革协同推进，缺乏系统性和联动性；原因之二在于统治阶层缺乏改革的共识，思想的保守和利益的固化使统治阶层本身成为改革的巨大阻力，因而举步维艰、进展缓慢；原因之三在于统治者对其改革取得的成就估计过高，小富即安，小成即满，缺乏对改革持续推进的动力。

历史殷鉴不远，过去的教训正是今天的我们应当铭记和吸取的。任何国家由富变强都不会轻而易举，更不可能一蹴而就，对于我国这样有着几千年封建社会历史，小农经济基础深厚，思想意识保守，城乡差距、东中西部差距巨大的发展中大国来说，改革的阻力尤其巨大，富强的任务尤其艰巨。由富到强不是财富的简单增长和叠加，而是一个国家的经济生活、政治生活、社会生活、文化生活等方面的质的提升变化。建设社会主义现代化强国，实现中华民族伟大复兴，是一场更为广泛、更为深刻、更为持久的伟大革命。今天中国的改革，必须不断打破利益固化的藩篱，不断打破保守的思想阻碍，将改革进行到底。

2. 加大创新力度，走科技强国之路

近代史上，我国之所以落后挨打，其中一个原因就是科技落后。事实已经反复证明，没有核心技术的发展、没有核心竞争力做支撑的经济，既缺少发展底气，也缺少发展后劲。只有把核心技术掌握在自己手中，才能真正掌握竞争和发展的主动权。

英国学者李约瑟在其编著的《中国科学技术史》中曾提出一个

问题：中国古代对人类科技发展做出了很多重要贡献，为什么科学和工业革命没有在近代的中国发生？这个问题被美国经济学家肯尼思·博尔丁称之为“李约瑟难题”。2005年，温家宝总理看望中国学界泰斗钱学森的时候，钱老感慨地说：“我们这么多年培养的学生，还没有哪一个的学术成就，能够跟民国时期培养的大师相比。”钱老接着问道：“为什么我们的学校总是培养不出杰出的人才?”这就是著名的“钱学森之问”，与“李约瑟难题”一样，都是对中国科学技术发展的关注与追问。

中华人民共和国成立以来，我们在科技上取得了长足进步，“两弹一星”的成功发射提升了我国的科技地位和军事实力；牛胰岛素的合成为人类认识生命、揭开生命的奥秘迈开了可喜的一步；原子弹和氢弹的成功试爆，使我国打断了西方大国的核垄断；激光照排技术是世界上第一个能用大屏幕整页编排组版中文日报的系统，实现由热排到冷排、由铅印到胶印的转变……改革开放后，我国的科技水平显著提高，高铁、大飞机、航空航天、北斗、量子通信、5G、高性能计算机、页岩气开发、桥梁建造等发展迅速，有些甚至居于世界领先地位。

当今世界，前期基础理论创新的红利将尽，再要实现发展必须培养自己强大的创新能力。与发达国家相比，我国在基础科学和核心技术领域仍然较为薄弱。因此要保持头脑清醒，在科技发展上奋起直追，把科技创新作为提高社会生产力和综合国力的战略支撑，切实摆在国家发展全局的核心位置，加快制定创新驱动发展战略的顶层设计，改革国家科技创新战略规划和资源配置体制机制，解决制约科技成果转化的关键问题，加快建立和提升国家创新体系，形成自主创新的强大推动力，加快建设创新型国家步伐，瞄准和赶超世界先进水平，实现从科技大国向科技强国的历史性跨越。要努力完善人才培养机制和社会环境，争取多出人才、快出人才、出好人才，多出成果、快出成果、出好成果，提高国家对世界科技优秀人才、拔尖人才的吸引力和凝聚力。要把科技和教育统筹起来考虑，切实加强教育基础，提升国民教育水平。

3. 建设一流军队，提高国防实力

天下虽安，忘战必危。和平发展期不应是军事发展的停滞期，反而更应坚持富国与强兵的统一。没有强大的军事实力，就不可能有真正的和平。要实现富国强兵，就必须在大力发展国民经济的同时，以适度的财力、物力和人力加强国防建设，使国民经济和国防力量的发展协调一致。

中华民族长期以农耕经济为基础，其核心价值观崇尚以和为贵，不主张对外侵略和掠夺，所以传统中国的军事一向以防守为主。时移势易，当代中国经过多年对外开放，已经深度参与全球化，中国的国民遍及全世界，中国的企业利益与国家利益已经延伸到世界各个角落，所以军队的使命不再只是看好家门，而是要具有在全球范围内的震慑力和打击力。中国始终坚持和平发展，文明崛起；始终希望不只自己发展，还愿意跟世界其他国家和地区携手并进，合作共赢，这是中国向世界传达的善意，是中国崛起中“文”的态度。

但历史的教训告诉我们，仅仅“文治”是不够的。尽管中国走的是和平崛起之路，但以中国的地域、人口、经济体量而言，其崛起本身就是对原有世界格局的冲击，尤其是对原有的以发达国家为主导的国际秩序和国际话语权的冲击。因此，中国的崛起和强大必然会受到遏制与打压。认识到这一点，会使我们更好地理解中国与当今世界强国之间的关系。崛起与反崛起的严峻斗争将长期存在，中国走和平发展道路要经受各种风险的考验，包括可能会到来的战争风险，因此，我们既要防止军事发展战略超越国家战略，又要积极作为，随时做好应对战争的准备，为国家长远发展保驾护航。

战略主动才是最大的主动。战斗力是唯一的根本的标准，要想避免甲午战争的悲剧重演，必须建设一支世界一流的军队，为人民和国家利益提供最大范围的有效保护。必须坚持党对军队的绝对领导，从严治军，关键时刻敢于亮剑，坚定捍卫国家主权、安全和发展利益；必须在推进这场伟大变革中建立起无坚不摧的现代军事力量体系，有力支撑中华民族伟大复兴的中国梦，这是中国崛起中“武”的态度。文武两道，文以安邦，武以定国，缺一不可。

总之，中华民族伟大复兴的宏伟目标已经成为不可逆转的趋势，通向民族复兴的路充满希望，也充满挑战。“道虽迩，不行不至；事虽小，不为不成。”只要我们时刻抱有忧患之心，敢啃硬骨头、敢于涉险滩，诚实劳动、实干兴邦，就没有什么能阻止中华民族的伟大复兴。

（三）从甲午战争看中国走向世界

甲午战争中，中日两国的战略决策和战后应对形成了鲜明对比，体现为对世界发展形势、世界秩序、国际规则的不同认知。日本抱持兼容并蓄之心，更主动地融入世界，因而其发展、改革更快、更深刻、更全面。甚至作为非正义的侵略者一方，因为对国际关系和国际规则的充分认识和熟练利用，竟然能够倒转乾坤，获得西方列强的国际支持。中国则因闭关锁国，不仅错过了融入世界发展体系的良机，还为此付出了被瓜分、被奴役的沉重代价。所以，一个国家、一个民族的发展，既要具备世界眼光，融入国际秩序，利用好国际资源，掌握国际话语权；又要有国际担当意识，与其他国家、其他民族分工协作，和平共处，共同发展。

1. 辩证把握和平与发展的时代主题

当今时代的主题是和平与发展。伴随经济全球化，世界各国在政治上、经济上、文化上互相影响，彼此协作，要充分认识和肯定全球化给中国带来的发展机遇和发展成果，坚持推动扩大对外开放。但世界从来没有完全的和平，发展也是竞争中的发展。在这样的背景下，如何处理好和平发展与有力竞争、主动进攻与积极防御、独善其身与大国责任等一系列关系，做到平衡而到位，需要极大的智慧。

要密切关注国际国内两个大局的调整和变化。当今世界仍然处在第二次世界大战以来广泛而深刻的战略格局变化和调整中，从苏联解体、东欧剧变到两极格局终结、美国战略东移，世界局势的变化扑朔迷离。要清醒把握时代的主流和趋势，清醒把握和平与发展两大主题，清醒把握世界矛盾全局、发展全局、战略全局的发展变化，清醒把握国际经济、政治格局的深刻调整和地缘政治格局的深刻改变，清醒把握中国逐渐强大带来的国际秩序变化和国际关系变革，清醒把握我国的战略利益，从而牢牢把握国际战略主动权，不断增强和扩大我国的国际影响力。既要创造有利于我国现代化建设的良好环境，实现国家的强大，不断增强综合国力和国防实力；也要做一个负责任的大国，为国际社会提供更多的公共产品，宣传中国理念，发出中国声音，提出中国方案，发挥中国作用，促进世界共同发展，维护世界和平。

2. 坚持开放包容，促进文明互鉴

历史上，中国大多数时期都开放包容，广泛开展与世界各国的交往联系，越是繁荣强盛的朝代，开放包容的程度越高。

秦汉时期，与我国主要往来的是近邻的朝鲜、日本、越南等国家。西汉时，张骞出使西域，打通丝绸之路，开辟了中西交流的新纪元，是这一时期我国外交关系最辉煌的体现；东汉晚期，我国和西亚、欧洲有了正式直接的往来。隋唐时期，经济发达，文化繁荣，对外交流的空间范围也随之扩大，中国逐步成为东方的人才培养中心和经济文化中心。当时，海运和陆运都很发达，除与东亚和东南亚交往密切外，中国与中亚、西亚、欧洲甚至非洲都已经有比较频繁的经济和文化往来。最显著的如大量波斯、阿拉伯的使节和商人来到中国，唐朝时还有一批留居中国不回故国的波斯人，光是首都长安居住的外国人就有 10 万之众。宋元时期，商品经济发展，内外贸易繁荣，对外航运的发展也突飞猛进，尤其是海上运输在世界名列前茅，广州、泉州是非常繁忙的大海港，中国船队是南中国海和印度洋上最活跃的船队，还出现了一批富有远航经验的国际大游历家。明初，郑和下西洋是中国古代规模最大、船只最多、海员最多、时间最久的海上航行，比欧洲国家的航海早半个多世纪，是明朝强盛的直接体现。后期由于东南沿海出现倭寇，国门才由开放转为闭关。清初以后，统治阶级继续采取闭关政策，包括对来华外国人的商务活动、居留期限、场所、活动范围、华夷交往等作出限制，设立公行制度，包办一切进出口贸易的独占权，严格限制对外贸易等。在闭关政策的影响下，中国的对外联系逐渐中断了。与外界联系的中断使中国一次次失去了融入国际社会的机会，导致了近代中国的保守、封闭、落后。

历史的经验证明，闭关自守是条死路。马克思在《共产党宣言》中早就指出："过去那种地方的和民族的自给自足和闭关自守状态，被各民族的各方面的互相往来和各方面的互相依赖所代替了。物质的生产是如此，精神的生产也是如此。各民族的精神产品成了公共的财产。民族的片面性和局限性日益成为不可能。"[①]

现在的世界是开放的世界，中国的发展离不开世界。独立自主从来不排斥学习与借鉴，特别是近代科技和经济的发展已经远远超越了一国一民族的范围，日益使整个地球成为一个联合体。经济在

① 《共产党宣言》，人民出版社 2018 年版，第 31 页。

交流中才能更好地发展，文明在互鉴中才能更好地进步。要以积极的态度学习和吸收人类文明的一切优秀成果，吸收和借鉴当今世界各国包括资本主义发达国家在内的一切反映现代社会化生产规律的先进经营方式、管理方法、文明理念、先进制度等。

3. 坚持中华文化价值观，推动构建人类命运共同体

（1）提高中华文化的影响力

西方哲学家斯宾格勒说："战争的精华，不是在胜利，而是在于文化命运的展开。"① 这句话道出了战争与文化关系的实质。中日两国在甲午战争中的胜负，其实是两国文化差距的实际体现。优秀的文化，对内可以塑造国民精神与灵魂，对外可以塑造民族形象，传播民族价值观。

在当代，优秀文化的价值更多体现在深刻的文化变革和文化进步，以文化的变革和进步推进科技、经济以及社会的整体发展。要在深刻了解中国历史和现实的基础上，构筑起中国精神、中国价值、中国力量，同时讲好中国故事。对内讲好自己的故事，为全体国民提供精神指引，增强民族自豪感和向心力；对外讲好中国故事，弘扬中国文化，向世界展示一个文明进步、开放包容、繁荣发展的中国，扩大中华文化影响力。

以侵略、掠夺为目的的两次世界大战给世界上众多落后民族带来灾难。战争的创伤促使人们展开深刻反思，世界向哪里去，人类

① 孙晔飞：《文化影响战争》，《当代军事文摘》2007 年第 4 期。

社会向哪里去？尤其是近年来，西方世界发动的局部战争持续不断，却没有解决任何实际问题，反而带来了国内外经济政治的系统性危机。

中国优秀传统文化中蕴藏着解决当代人类面临的难题的重要启示。道法自然、天人合一的哲学思想；己所不欲、勿施于人的人际原则；以民为本、仁者爱人的执政理念；和而不同、求同存异的价值追求……这些重要的理念，向世界展现了中华文化内蕴的独特哲思，也为21世纪人类整体性问题提供了中国智慧。现代社会越是发展，人与物之间的冲突越是剧烈，中华文明的传统价值越是凸现。

（2）共享中国智慧和中国方案

文化自信是一个国家、一个民族对自身文化价值的充分肯定和发展前景的强大信心，它既表现为广纳不同文化的有益成果，也表现为愿意积极地对外推广和分享自己的思想和智慧。

近代以来，西方国家的现代化历程几乎无一例外地都充满血腥与掠夺。从早期的英国、法国、德国、西班牙、葡萄牙、荷兰、俄国，到后期的美国、日本，其崛起过程中都有过殖民掠夺的历史，它们先后把世界10亿以上人口所在的地区变成了自己的殖民地和半殖民地，变成自己的原料产地和产品倾销地，从而实现了资本主义的原始积累。

世界上200多个国家和地区，其中国际公认的发达国家只有18个，再加上一部分中等发达国家，发展中国家和地区还有130多个，占世界陆地面积和总人口的70%以上。发展中国家地域辽阔，人口众多，有广大的市场和丰富的自然资源。除了拉丁美洲的一些国家早在20世纪初叶就已经赢得了民族独立和国家主权，亚洲、非洲、拉丁美洲的绝大多数国家和地区，包括中国都是在20世纪中叶的民族解放运动中赢得独立和解放，建立起自己的民主政权的。这些发展中国家有着相似的历史命运，由于被殖民被掠夺的历史，发展基础薄弱，发展过程艰难；这些发展中国家也有着共同的任务与愿望，渴望发展，渴望实现现代化，走上富强之路。

但是这条路怎么走？像西方列强那样靠战争掠夺实现资本积累已经不可能，照搬西方模式因为国情不同也行不通，搭上西方国家发展的战车又容易失去独立性，沦为发达国家的附庸。

中国坚持和平发展、和平崛起，在世界历史上走出了一条不同的现代化发展的新路——中国特色社会主义道路。中国特色社会主义道路、理论、制度、文化不断发展，拓展了发展中国家走向现代化的途径，给世界上那些既希望加快发展又希望保持自身独立性的国家和民族提供了全新选择，为解决人类问题贡献了中国智慧和中国方案。

中国的现代化道路一不靠侵略与掠夺，坚持和平发展、和平崛起；二不成为其他国家的附庸，坚持独立自主，自力更生；三不固步自封，坚持改革开放，借鉴汲取先进国家的经验。这样的发展路径和方式既是中华文化价值观的具体体现，同时也给其他发展中国家提供了借鉴与参考，那就是后发国家可以立足自己的国情，既开放学习，又保持独立性，走出一条自己的现代化之路。

（3）推动构建人类命运共同体

“命运共同体”是中国政府反复强调的关于人类社会的新理念。2011年，《中国的和平发展》白皮书提出，“要倡导人类命运共同体意识，在追求本国利益时兼顾他国合理关切，在谋求本国发展中促进各国共同发展”①。

推动建设人类命运共同体，源自中华文明的传统价值观。从“以和为贵”“协和万邦”的和平思想，到“己所不欲，勿施于人”的处世之道，再到“穷则独善其身，达则兼济天下”的价值追求，都是中华文化的重要基因。人类命运共同体就是中国向世界输出的中华价值观，这是中国文化的深厚魅力，也是中华民族的真诚善意。

推动建设人类命运共同体，符合世界各国人民的共同利益。人类只有一个地球，各国共处一个世界，相互联系和依存日益加深，各国人民休戚与共，既有对和平、发展、富强、文明的共同向往，也面临贫富分化、恐怖主义、重大传染性疾病、气候变化等共同挑战。没有哪个国家能够独自应对，也没有哪个国家能够自我封闭。如果奉行你输我赢、赢者通吃的老一套逻辑，如果采取尔虞我诈、以邻为壑的老一套办法，结果必然是封了别人的门，也堵了自己的路，侵蚀的是自己发展的根基，损害的是全人类的未来。

推动建设人类命运共同体，是新时代中国特色大国外交的责任担当。近些年，中国一直在努力建立更加公正合理的世界新秩序。

① 《十八大以来重要文献选编》（上），中央文献出版社2014年版，第37页。

从构建新型国际关系，到“一带一路”倡议的实施，再到国际安全维护、抗灾救援，中国以实际行动为构建人类命运共同体贡献中国力量，既为我国发展开拓了更广阔的空间，奠定了良好的外部条件，也实现了与世界各国的合作共赢。

因为符合各国人民的共同利益，响应各个民族的发展诉求，构建人类命运共同体因而得到了各国政党和人民的积极响应。当对话、分享、合作、共赢成为国际共识时，人类共同的更好的未来也就指日可待。

后记

对甲午战争以及中国近代史，原来的认知和储备，多是中学课本上背过的那些知识点：时间、人物、事件、影响……后来，读书的过程种对这段历史了解颇多，但较为零散，未成体系。

2016 年春，山东威海市委组织部和威海市委党校联合打造胶东（威海）党性教育基地，我参与了基地建设工作，负责讲授刘公岛教学版块的主题课程——《甲午国殇的历史镜鉴》，在备课、授课和与全国各地学员的交流中，展开了对这段历史的深入追寻与思考。

在阅读和梳理的过程中，我完成了一次奇妙的联结，把片断性的故事和人物、历史书本和社会现实、时代背景和历史渊源、传统中国和当今中国、中国和世界串连了起来，渐渐地，战争的本质和历史的逻辑开始自然浮现。这种联结既达到了知识上量的积累，又无形中催生了质的转化，我从中不只得到了思考的愉悦，也增强了在党校课堂上的底气。2019 年，《甲午国殇的历史镜鉴》一课入选山东省委组织部干部教育培训好课程，2021 年被评为省级优秀党课。

但甲午战争历史过程之复杂、影响之深远、教训之深刻，远非一堂课所能承载。为了更深入地研究这段历史，胶东（威海）党性教育基地和威海民族复兴研究会均将其列为重点课题，并委托党校进行跟踪研究。我承接了这项任务，在几年学习、思考和积累的基础上，终于完成了这部书稿。

这本书的出版是多方力量和资源凝聚的结果，首先要感谢那些孜孜不倦的历史研究者，是他们的刻苦钻研为我们挖掘、留存并丰富着民族的历史记忆，使后人可以学习借鉴；要感谢我的几位校长，曲赓、姚鸿健两位老领导对本书的写作提供了指导性建议，许祖强校长提供了明确的目标主导和制度支持，王绍臣校长为本书出版多方沟通、费心筹划，王肖杰校长作为本书第一读者提供了具体的修改意见与点评；还要感谢陈悦、孙建军两位老师对我真诚的帮助与鼓励；感谢责任编辑边梦飞老师，她以身体力行的敬业教会我学术的严谨，我将因此受益无穷。

本书部分内容取自杨东梁教授的《甲午较量：中日近代史上第一次大比拼》一书，并经杨教授正式授权同意。在此向杨教授致以诚挚谢意，感谢他对史学孜孜不倦的研究和对爱国主义教育的无私支持！

学术研究没有止境，因本人才学、视野等原因，书中难免有疏漏不足之处，诚恳期待各位读者批评指正。